으로 익히는

말랑말랑 알고리즘

파이썬 으로 익히는 말랑말랑 알고리즘

이 책의 대상 독자

알고리즘이 여전히 어려운 독자를 생각하며 도서를 집필했습니다. 기본적으로 파이썬 문법을 숙지하고 계신 분들이라면 해당 도서에서 진행하는 알고리즘에 대해 큰 어려움을 느끼지 않으실 거라 생각합니다. 쉽지 않은 알고리즘을 제대로 배우기 위해 도서를 구매했는데, 더 쉽지 않게 작성된 내용들로 알고리즘을 포기해왔던 독자분들, 알고리즘을 본격적으로 공부해야 하는데 어떻게 공부해야 할지 감이 잡히지 않는 독자분들, 그 모든 분들께 제가 소화한 알고리즘을 최대한 쉽게 알려드리고자 작성한 도서입니다. 혹시 파이썬 문법을 모르시는 분이라면, 문법을 먼저 공부하신 후에 다시 이 도서를 펼쳐보시기를 추천드립니다.

이 책을 읽는 방법

알고리즘은 요령, 편법을 기대하고 시작하면 안 됩니다. 여러분이 직접 알고리즘을 소화하고 여러분의 것으로 만드시려면, 가장 먼저 저와 함께 코드를 "직접" 작성해 보는 것입니다. 눈으로 익힌 코드는 '나의 코드'가 될 수 없습니다. 귀찮아도 어떻게 코드를 구현해야 할지 직접 고민해 보고, 작성해 보시기 바랍니다. 그리고 작성하신 코드와 책의 코드가 어떻게 다른지 비교해 보시기 바랍니다. 물론 제 코드만이 정답은 아닙니다. 하지만 제가 그렇게 코드를 쓴 이유는 코드마다 함께 작성된 "결과 해석"이나 이어지는 본문의 내용을 통해 이해하실 수 있을 것입니다. 그렇게 제 코드와 이유를 읽어 보시면서 여러분의 코드를 만들어 가시길 바랍니다. 여러분이 코드를 직접 작성하고 그렇게 작성한 이유를 설명할 수 있다면, 여러분은 엄청난 성장을 경험할 수 있을 겁니다. 조급하지 않은 마음으로 차분하게 성장하시기 바랍니다.

저자 소개

| 김경록 |

백엔드 개발자로 다양한 프로젝트에 참여하다, 현재는 오픈소스 컨설팅 전문기업 OSC Korea 에서 마이크로서비스 아키텍처(MSA) 컨설턴트로 즐겁게 일하고 있습니다. 개발자로서 새로운 기술을 익히고 이를 전파하여 한국 개발자 커뮤니티의 성장과 한국 IT업계의 파이를 키우는 데 관심이 있습니다.

블로그와 유튜브 채널 <뷰티풀 프로그래밍>을 운영하고 있습니다.

블로그 : http://krksap.tistory.com/
유튜브 : https://www.youtube.com/KyounRrock
저서 : 초보자를 위한 Node.js 200제(정보문화사), 한입에 웹크롤링(비제이퍼블릭)

이 책의 구성

이 책은 파이썬을 활용할 수 있는 독자들을 대상으로, 알고리즘 입문을 돕는 책입니다.
책의 실행 환경은 파이썬3이며, 도서는 3.8 버전에서 작성하였습니다.

이 책에서는 1장부터 3장까지, 알고리즘에 대한 기본 설명과 실제로 많이 활용되는 기본 알고리즘을 예시와 함께 배울 수 있습니다. 그리고 4장부터는 코딩 테스트에서 많이 활용되는 핵심 알고리즘을 하나씩 설명하며, 해당 알고리즘의 문제를 풀어 보는 방식으로 진행했습니다.

이 책에서 사용된 챕터별 최종 코드는 https://github.com/bjpublic/Algorithm에서 다운받거나 확인할 수 있습니다. 각 장의 설명을 보며 코드를 직접 작성해 보는 것을 권장하며, 코드를 전체적으로 확인하고 싶은 경우 저장소를 참고하길 바랍니다.

서문

이 책은 제가 이직을 결심하고 이력서를 넣으면서 시작되었습니다.

제가 취업 준비생일 때만 해도, 코딩 테스트를 보지 않고 회사에 들어갔습니다. 하지만 입사 4년 차, 제가 이직을 결심했을 당시에는 이력서를 쓰고 서류 통과를 했더니, 실무 경험을 물어보는 실무면접 말고도 다양한 형태의 알고리즘 문제를 풀어야 하는 코딩 테스트 관문이 생겼습니다. 물론 업계에서 5년 정도 일을 하며 어느 정도 자신감을 쌓아 왔던 저는, 무슨 질문이든 대답할 자신이 있었습니다.

하지만 제 예상과는 다르게 저는 알고리즘 문제 앞에서 산산조각이 났습니다. 면접은 보드마카 하나를 주면서 칠판 코딩을 해보라는 곳도 있었고, 온라인 코딩 테스트 사이트의 문제로 보는 곳도 있었으며, 종이에 문제를 인쇄해서 풀어 보라는 곳도 있었습니다. 처음엔 어떤 방식이든 상관없이 자신 있었지만, 막상 풀어 보니 어떤 방식이든 쉽지 않았습니다. 물론 5년의 개발생활 덕분에 완전히 손도 못 대는 최악의 상황은 면했지만, 제가 일했던 경험만으로는 잘 풀어낼 수 있는 문제들이 아니었습니다. 중학교, 고등학교 때 배웠던 수학의 개념들과 학부 때 배웠던 기초 과목인 자료구조, 알고리즘을 잘 알고 있어야만 풀 수 있는 문제였습니다.

이런 당황스러운 상황을 해결하기 위해, 공부하기에 적당한 알고리즘 책을 찾기 시작했습니다. 그런데 대부분의 알고리즘 책들이 C언어로 되어 있었고 가뜩이나 C언어 문법이 익숙하지 않은데, 거기에 어려운 알고리즘까지 더해지니 저는 결국 알고리즘 책으로 공부하는 것을 포기했습니다. 그리고 나니, 알고리즘을 파이썬 언어로 쉽게 풀어준 책이 있으면 좋겠다는 생각이 들었고, '시중에 없다면 내가 직접 써보자'는 다짐을 하게 되었습니다.

이 책은 알고리즘을 공부하면서 어려웠던 기억들을 고스란히 담아, 차근차근 풀어서 썼습니다. 처음엔 학부를 졸업했으면 당연히 알고리즘 문제 1~3단계 정도는 풀 수 있어야 하고, 상황에 맞는 알고리즘을 구현하여 서비스의 에러를 막는 일은 개발자라면 아무나 다 할 수 있는 건 줄 알았습니다. 그런데 막상 제게 알고리즘은 너무 어려웠고, 그때 느꼈던 당혹감을 하나하나 담아 책으로 풀어냈습니다. 이 과정에서 신성하게만 느껴졌던 알고리즘이 조금 익숙하게 다가왔습니다.

IT업계의 개발자 수요는 점점 늘어나고, 국가도 차세대 산업으로 인식하여 개발자 인재를 육성하기 위해 많이 노력하고 있습니다. 저 역시 이 도서가 개발자를 꿈꾸는 사람이 개발자가 되어 부가가치를 많이 창출하는 일에 도움이 되면 좋겠다는 마음입니다. 청년이라면 취업의 문제를 해결하는 데에, 취업을 했다면 보다 효율적으로 업무를 하는 데에 도움이 되었으면 합니다. 그래서 이미 수학에 대한 재능이 있고 알고리즘 문제를 척척 풀어내는 분들이 쓴 책에서 간혹 너무나 당연하게 슥 넘어가는 부분을 이 책에서는 단계별로 접근하면서 하나씩 풀어보는 친절을 담았습니다.

지금은 클라우드 시대입니다. 소프트웨어가 모두 클라우드에 올라와 있어, 우리는 바닥부터 개발할 필요 없이, 잘 만들어진 소프트웨어를 클라우드에서 갖다 쓰기만 하면 됩니다. 그리고 이제는 입력값이 있고 결과가 있는 그런 개발이 아니라, 데이터를 많이 넣고 거기에서 패턴을 찾아내는 머신러닝 개발 방식이 기존에 개발자가 짰던 로직의 빈 공간들을 채우면서 기존에 대세였던 기술들이 이제는 새로운 기술들로 대체되고 있습니다.

하지만 이런 시대에서도 알고리즘은 필요합니다. 알고리즘은 예측하는 능력을 길러주기 때문입니다. 내가 만든 서비스에 초당 100만 개의 요청이 왔을 때의 응답 속도는 어떻게 될 것 인지, 내가 띄운 2코어 16램의 서버로 처리할 수 있는지 없는지, 처리가 가능하다면 어디까지 가능한지 등 알고리즘으로 예측해 볼 수 있습니다. 어쩌면 알고리즘은 가장 인간적인 개발자의 영역이 아닌가 싶습니다. 알고리즘에 담겨 있는 변수 하나, 숫자 하나, 0인지 1인지와 같은 작은 차이들도 우리 머릿속에서는 완벽하게 예측할 수 없습니다. 하지만 그렇기 때문에 더 인간적이게 느껴지는 알고리즘의 매력을 이 도서에서 경험하시길 바랍니다.

마지막으로 해시 부분의 집필을 도와준 학교 후배 서영덕 군에게도 감사를 표합니다.

베타 리더 추천사

    요즘 IT 분야에서 꼭 통과해야만 하는 관문이 있습니다. 바로 코딩 테스트입니다. 특히, 많은 사람이 욕심내는 회사라면 더더욱 코딩 테스트를 필수로 실시하고 있습니다. 그래서 코딩 테스트 관문을 통과하기 위해 많은 사람이 알고리즘 공부를 하려고 하지만, 막상 공부를 시작하면 어디서부터 어떻게 해야 할지 막막합니다.

    이 책은 그런 막막함을 경험해 본 사람, 알고리즘을 전혀 모르는 독자도 쉽게 "바닥부터" 접근할 수 있도록 주요 알고리즘에 대한 예제와 함께 개념을 풍부하게 설명하고 있습니다. 무엇보다 코드를 단순히 따라 치기만 하는 것이 아니라 문제점을 개선하고자 스스로 생각하고 고민해 볼 여지를 책에서 제공한다는 점이 매우 좋았습니다. 그리고 요즘 코딩 테스트에 많이 사용되는 언어인 파이썬으로 설명되어 있어 더 좋았습니다. 시중에 나와 있는 다른 어떤 책보다 쉽고 재밌게 읽을 수 있도록 구성이 잘 되어 있어, 알고리즘 입문자들에게 이 책은 가장 적합한 입문서가 될 것입니다.

- 김건

    이 책은 알고리즘에 대해 배워 보길 원하는 사람, 알고리즘의 개념을 익히길 원하는 사람, 알고리즘의 개념을 문제에 적용해 풀이해 보고 싶은 사람, 모두에게 강력히 추천합니다.

    알고리즘의 핵심 개념에 대한 꼼꼼한 설명을 통해 기본 개념들을 확실히 익혀갈 수 있으며, 기본 개념을 파이썬으로 직접 구현해 보면서 알고리즘 테스트를 대비할 수 있어 매우 유익합니다. 또한 기능이 필요한 이유를 자세히 알려주고 직접 구현해보는 순서로 구성되어 있어서 보다 쉽게 이해할 수 있습니다.

    이와 더불어 알고리즘의 어려움을 공감하는 저자의 챕터별 도입부 글이, 학습의 활력소가 되어 줍니다. 보통 알고리즘을 학습할 때, 새로운 개념을 익히다 보면 어려움을 많이 겪게 되는데, 도입부의 글들을 읽을 때마다 공감되면서 함께 어려움을 극복해 보자는 동료애까지 느껴져 정말 힘이 되었습니다.

    이 장점들이 이 책이 남다르다고 느꼈던 부분이며, 제가 이 도서를 강력히 추천하는 이유입니다.

- 문주영

다양한 알고리즘 도서가 출간되고 있지만, 대부분의 알고리즘 도서가 모든 범주의 알고리즘을 폭넓게 다루는 편입니다. 그러다 보니 오히려 입문자들은 폭넓은 범위에 압도되어, 어떤 것을 공부해야 할지부터 고민하는 어려움을 겪습니다.

하지만 이 책은 몇 가지 중요 알고리즘을 푸는 방법을 하나하나 설명해 주기 때문에 즐겁게 알고리즘을 공부하며 성취감도 경험할 수 있는 것 같습니다. 왜 알고리즘이 필요한지에 대한 관점으로 문제를 설명하는 저자의 생각이, 다른 책들과 차별화된 느낌을 가지게 했습니다. 쉽게 설명되어 있고, 따라 하기 편하게 구성되어 있어, 누구에게나 도움이 될 수 있는 책이라는 생각이 들었습니다.

- 박찬웅

학생과 직장인, 공학과 비공학을 구분할 것 없이 코딩에 대한 관심이 높아지고 있는 가운데 '바닥부터 시작하는' 시리즈가 정말 많이 나오고 있습니다. 강의를 위해 여러 알고리즘 입문 책들을 살펴보았지만, 이름에 알맞게 프로그래밍과 알고리즘에 익숙하지 않은 사람도 이해할 수 있도록 친절하게 설명하는 쉬운 난이도의 책은 쉽게 찾아볼 수 없었습니다. 하지만 '말랑말랑 알고리즘'은 제가 강의를 하면서 알고리즘의 입문자들에게 어떻게 전달해야 할까 고민했던 많은 부분에 대한 해답이 제시되어 있었습니다.

알고리즘을 처음 공부하시는 분들이라면 한 단계씩 로직을 만들어 가는 과정을 통해 작은 성취감을 얻을 수 있도록 구성되어 있었고, 실행 과정을 한 줄씩 보여주기 때문에 재귀와 같이 직관적으로 이해하기 어려운 알고리즘의 중간 과정을 정확하게 파악할 수 있었습니다. 또한 같은 동작을 하는 코드를 다양한 방식으로 풀어내어, 필요에 따라 적절한 코드를 활용할 수 있을 뿐 아니라 적절한 변수명과 함수명을 사용하는 것, 곰곰이 생각한 뒤 코드를 작성하는 등 처음 프로그래밍을 접하는 사람들이 가지면 좋을 습관도 섬세하게 챙겨주었습니다. 그렇기 때문에 파이썬에 처음 입문해서 중급자로 넘어가려는 분들에게 이 책은 기본기와 알고리즘을 모두 갖출 수 있도록 도와주는 좋은 이정표가 될 것이라고 생각합니다.

- 정윤식

저는 프로그래밍 비전공자입니다. IT업계에 취업하기 위해, 최근 프로그래밍 공부를 시작하게 되었습니다. 취업 준비를 위해 알고리즘 공부를 하고 있는 제게, 이 책은 많은 도움을 주었습니다. 알고리즘 문제에 대한 접근 방식을 기초부터 차근차근 설명해주기 때문에 비전공자인 저도 큰 어려움 없이 쉽게 따라갈 수 있었습니다.

이 책을 읽고 저자의 설명대로 따라가다 보면 누구나 알고리즘에 대한 기본 지식을 쌓을 수 있을 것입니다. 알고리즘을 공부하는 학생이나 IT업계 취업 준비생에게 이 책을 적극 추천합니다.

- 조영홍

"해야지…" 말만 하던 알고리즘을 밑바닥 지식부터 차근차근 쌓게 도와줘 할 수 있다는 자신감을 갖게 해줍니다. 도서의 제목처럼 말랑말랑하게 알고리즘이 느껴지는 것 같았습니다.

이 도서로 '알고리즘의 모든 것'을 파헤칠 순 없지만, 그래도 어느 정도 쌓인 탄탄한 기본 지식으로 앞으로의 문제를 해결해 갈 수 있을 거란 생각이 들어, 기대가 됩니다.

- 하진욱

목차

이 책의 대상 독자 ·· 5
이 책을 읽는 방법 ·· 5
저자 소개 ··· 6
이 책의 구성 ··· 6
서문 ··· 7
베타 리더 추천사 ··· 9

1장. 알고리즘이란?

1.1. 알고리즘을 공부하는 이유 ························· 24
1.2. 알고리즘이 어려운 이유 ····························· 25
1.3. 코딩 테스트 준비의 시작 ····························· 25
1.4. 코딩 테스트를 보는 이유 ····························· 27
1.5. 좋은 알고리즘이란? ······································· 28
1.6. 알고리즘을 잘하는 개발자가 좋은 개발자인가요? ··· 28
1.7. 이 책의 목표 ··· 29

2장. 아는 것 같지만 떠올리기 어려운 기술들

2.1. 글자 개수만큼 배열 만들기 ·························· 32
    2.1.1. len()으로 개수 세기 ···························· 33
    2.1.2. 반복문을 이용해 개수만큼 반복하기 ····· 34
    2.1.3. 인덱스로 배열에 접근하기 ················ 36
    2.1.4. 인덱스로 배열에 값 넣기 ················· 37
    2.1.5. 빈 리스트에 인덱스로 접근하기 ········ 38
    2.1.6. 빈 리스트에 값 할당하기 ················· 39
    2.1.7. .append()로 값 초기화하기 ·············· 40
    2.1.8. None이 100개 들어 있는 리스트 만들기 ···· 43
2.2. 리스트 안의 숫자 개수 세기 ························ 45
2.3. 자리 바꾸기 swap ·· 48
2.4. 배열의 인덱스 값 바꾸기 ····························· 50

2.5. 중복 제거하기 ··· 52
    2.5.1. 셋(Set)이란? ··· 52
    2.5.2. List를 Set으로 바꾸기 ·· 53

2.6. 빈(empty) 리스트([])에서 값을 뽑게 될 때 ··································· 54

3장. 입문용 알고리즘

3.1. 짝수, 홀수 구하는 함수 만들기 ·· 58
    3.1.1. '%' 연산자로 나머지 구하기 ·· 60
    3.1.2. 구한 나머지를 이용해 짝수, 홀수 판단하기 ···························· 62

3.2. 배수인지 알아보기 ··· 67
    3.2.1. 배수(multiple)란? ·· 67
    3.2.2. % 연산자로 나머지 구하기 ·· 68
    3.2.3. 배수인지 아닌지 True, False로 나오게 하기 ·························· 69

3.3. 자릿수들의 합 구하기 ·· 70
    3.3.1. / 연산자로 몫 구하기 ··· 71
    3.3.2. // 연산자로 몫 구하기 ·· 72
    3.3.3. 10으로 나누어 보기 ··· 72
    3.3.4. 한 번 더 몫과 나머지 구하기 ·· 73
    3.3.5. 1의 자리만 있는 숫자를 10으로 나누기 ································· 74
    3.3.6. 반복문 넣기 ·· 75
    3.3.7. quotient(몫) 변수 빼기 ··· 76
    3.3.8. remainder(나머지) 변수 빼기 ·· 77

3.4. 최댓값(max), 최솟값(min) 구하기 ·· 78
    3.4.1. 핵심 로직 ·· 80
    3.4.2. 반복문으로 숫자 하나씩 확인하기 ·· 81
    3.4.3. result 변수 선언하기 ·· 82

3.4.4. 최댓값 교체하는 로직 넣기 ·· 83
3.4.5. 음수가 주어졌을 때 문제점 ··· 84
3.4.6. 변수 result의 초기값 설정 ··· 86
3.4.7. 불필요한 연산 제거 ·· 87
3.4.8. 최댓값이 들어있는 인덱스(Index) 출력하기 ······························ 88
3.4.9. Index를 리턴하도록 로직 변경하기 ·· 90
3.4.10. Index에 있는 값들 비교 ··· 91
3.4.11. 개선할 부분 ·· 92
3.4.12. 최솟값 구하기 ··· 93

4장. 무차별 대입법[Brute Force]

4.1. 통장 비밀번호 풀기 ·· 96
4.2. 통장 비밀번호 푸는 알고리즘 개발하기 ··· 98
4.3. 핵심로직 ·· 99
    4.3.1. 0000부터 0009까지(0 0 0 h) ·· 99
    4.3.2. 0000부터 0099까지(0 0 h i) ··· 100
    4.3.3. 0000부터 0999까지(0 h I j) ·· 101
    4.3.4. 0000부터 9999까지(h I j k) ·· 102
    4.3.5. 입력받은 암호와 같으면 return ··· 103

5장. 스택[Stack]

5.1. 스택(Stack)은 처음부터 있었을까요? ··· 106
    5.1.1. 스택(Stack)을 쓰는 이유 ··· 107
    5.1.2. 위 구조의 문제점 ·· 110
    5.1.3. 스택(Stack) 연산 사용 방법 ··· 103
    5.1.4. 스택(Stack) 구현하기 ·· 113
    5.1.5. .pop() 구현하기 ··· 117

5.1.6. 스택이 비었을 때 .pop()의 기능 수정 ·········· 125
5.1.7. .empty() 구현하기 ·········· 128
5.1.8. .peek() 구현하기 ·········· 129

5.2. 괄호 문제 풀기 ·········· 133
5.2.1. 괄호 문제 풀기 전에 알아둘 것 ·········· 133
5.2.2. 스택(Stack)을 안 쓰고 괄호 풀기 ·········· 134
5.2.3. 문자열 빼기 ·········· 135
5.2.4. 반복문 적용 ·········· 137
5.2.5. 문자열 빼는 로직 붙이기 ·········· 141
5.2.6. s의 값 업데이트 ·········· 144
5.2.7. break 적용 ·········· 145
5.2.8. 얼마나 반복해야 할까요? - while 적용 ·········· 146
5.2.9. .split('()'), ''.join 적용 ·········· 148
5.2.10. 함수로 만들기 ·········· 149
5.2.11. 스택(Stack)을 꼭 사용해야 하나요? ·········· 150

5.3. 스택을 이용해 괄호 문제 풀기
5.3.1. 핵심로직 ·········· 155
5.3.2. st.push() 이용하기 ·········· 155
5.3.3. Stack1 클래스 파일로 분리하기 ·········· 158
5.3.4. .pop()하기 ·········· 159
5.3.5. 닫는 괄호 ')'부터 나올 때의 처리 ·········· 161
5.3.6. 함수로 만들기 ·········· 164
5.3.7. 속도 테스트 ·········· 165
5.3.8. 더 빠르게 하는 방법 ·········· 166

5.4. {}, []도 있는 경우 ·········· 167
5.4.1. 스택을 사용하지 않았을 때 속도 테스트 ·········· 168
5.4.2. 정규식을 쓰는 경우 속도가 더 빠를까요? ·········· 169

5.4.3. 스택으로 구현하기 · 171
5.4.4. 스택에서 꺼내는(.pop()) 조건 · 172
5.4.5. 짝이 맞는 괄호인지 판단하기 · 173

6장. 해시[Hash]

6.1. 해시의 탄생 · 181
6.2. 해시 구현 · 182
6.3. 해시 테이블 구현 · 184
6.4. 해시 충돌(Hash Collision) · 188
6.5. 오픈 어드레싱(Open addressing) · 192
6.6. 체이닝(Chaining) · 198
6.7. 완주하지 못한 선수 · 206

7장. 소수[Prime]

7.1. 단순하게 구하기
    7.1.1. n % i 구하기 · 213
    7.1.2. 조건문 적용 · 214
7.2. 에라토스테네스의 체 · 215
    7.2.1. 1 지우기 · 217
    7.2.2. 2의 배수 지우기 · 217
    7.2.3. 3의 배수 지우기 · 218
    7.2.4. 4의 배수 지우기 · 219
    7.2.5. 5의 배수 지우기 · 219
    7.2.6. 6의 배수 지우기 · 219
    7.2.7. 7의 배수 지우기 · 219

7.3. 에라토스테네스 체 알고리즘 구현하기 ··· 221
   7.3.1. 2부터 n까지 숫자가 들어있는 배열 만들기 ································ 221
   7.3.2. 배수 반복문 만들기 ··· 222
   7.3.3. 뒤에서부터 반복하기 ·· 223
   7.3.4. 나누어 떨어지면 지우기 ·· 228
   7.3.5. 함수로 만들기 ·· 231
   7.3.6. 속도 문제 ··· 231
   7.3.7. while문을 이용한 속도 개선 ··· 233

7.4. 숫자를 지우지 않는 에라토스테네스의 체 ··· 237
   7.4.1. check 배열 만들기 ·· 237
   7.4.2. while문으로 반복하기 ·· 240
   7.4.3. ns[i]의 배수를 False로 표시하기 ·· 242
   7.4.4. 반복문 시작 숫자를 식(Statement)으로 ································ 248
   7.4.5. 체에 친 결과 출력하기 ·· 250
   7.4.6. 함수로 만들기, 속도 테스트 ·· 251
   7.4.7. 중복으로 처리되는 값들에 대해 ··· 253

8장. 단순 탐색(Simple Search)과 이진 탐색(Binary Search)

8.1. 심플 서치(Simple Search) - 단순 탐색 ··· 257
8.2. 바이너리 서치(Binary Search) - 이진 탐색 ···································· 260
   8.2.1. 중간값(mid index) 찾기 ·· 263
   8.2.2. 중간에 있는 값과 찾고자 하는 값 비교하기 ························· 265
   8.2.3. 중간값이 대상값보다 작을 때, 클 때 ·································· 267
   8.2.4. 찾을 때까지 반복하기 ··· 269
   8.2.5. 코드 정리 & 찾는 값이 없을 때 ·· 270
   8.2.6. 최종 코드 정리 ··· 272

9장. 정렬[Sort]

9.1. 버블정렬 ········· 274
9.1.1. 대상 배열 선언하고 결과 쓰기 ········· 275
9.1.2. 첫 번째와 두 번째 값 뽑기 ········· 276
9.1.3. 자리 바꾸기 ········· 277
9.1.4. 배열에 적용하기 ········· 280
9.1.5. 4번째 숫자와 비교하기 ········· 282
9.1.6. 변수 대신 인덱스로 변경 ········· 284
9.1.7. for문 적용하기 ········· 286
9.1.8. 배열 크기에 따라 실행 횟수 바뀌게 하기 ········· 288
9.1.9. 중첩 for문 적용하기 ········· 289
9.1.10. 배열에 숫자가 추가되어도 정렬이 잘 되게 하기 ········· 293

9.2. 퀵정렬 ········· 295
9.2.1. 퀵정렬이 빠른 이유 ········· 295
9.2.2. 퀵정렬 구현하기 ········· 297

10장. 재귀[Recursive]

10.1. 1에서 100까지 loop문 안 쓰고 출력하기 ········· 304
10.1.1. 1에서 100까지 loop문으로 반복하기 ········· 304
10.1.2. 파라미터 만들기 ········· 305
10.1.3. 자신을 호출하도록 만들기 ········· 306
10.1.4. 파라미터에 값 넘겨주기 ········· 307
10.1.5. 탈출 조건 넣기 ········· 308
10.1.6. 1씩 커지는 로직 넣기 ········· 310
10.1.7. 정리하기 ········· 311

10.2. 리턴(return) 값이 있는 재귀 - 배열의 모든 값 sum하기 ········· 312
    10.2.1. 배열에서 인덱스로 값 뽑아서 더하기 ················· 312
    10.2.2. 변수 사용하기 ················· 313
    10.2.3. arr.pop() 이용해서 맨 뒤의 값 뽑아내기 ················· 314
    10.2.4. pop 한 번 더 사용하기 ················· 316
    10.2.5. 재귀 호출하기 ················· 320
    10.2.6. 쌓이는 부분 만들기 accu ················· 322
    10.2.7. 탈출 조건 적용하기 ················· 324
    10.2.8. accu에 뽑은 값을 더하는 로직 ················· 325
    10.2.9. 소스코드 정리하기 ················· 327

10.3. 팩토리얼(Factorial) - 재귀 호출의 과정 ········· 327
    10.3.1. 재귀로 팩토리얼 구하기 ················· 329

10.4. 피보나치 수열 만들기 ········· 331
    10.4.1. 피보나치 수열의 인덱스 ················· 331
    10.4.2. 피보나치 수열 구현하기 ················· 332
    10.4.3. 3번째 값을 넣는 부분 반복하기 ················· 333
    10.4.4. 연산 반복하기 ················· 334
    10.4.5. 한 개의 숫자를 리턴하도록 바꾸기 ················· 335

10.5. 재귀로 피보나치 수열 만들기 ········· 336
    10.5.1. return에서 재귀 호출 ················· 337
    10.5.2. 피보나치 재귀의 핵심 로직 추가 ················· 338
    10.5.3. 탈출 조건 만들기 ················· 342

10.6. 최대공약수 구하기(GCD: Greatest Common Divisor) ········· 334
    10.6.1. gcd(a, a) = a 로직 추가하기 ················· 347
    10.6.2. a > b 일 때, gcd(a, b) = gcd(a - b, b) 로직 추가하기 ················· 348
    10.6.3. a < b 일 때, gcd(a, b) = gcd(a, b - a) 로직 추가하기 ················· 349

11장. 다이내믹 프로그래밍(Dynamic Programming)

11.1. LCS(Longest Common Subsequence) ·········· 353
- 11.1.1. LCS 핵심 로직 ·········· 353
- 11.1.2. i = 0일 때 (D와 ABCDCBA 비교) ·········· 355
- 11.1.3. i = 1일 때 (DC와 ABCDCBA 비교) ·········· 357
- 11.1.4. i = 2일 때 (DCA와 ABCDCBA 비교) ·········· 360
- 11.1.5. i = 3일 때 (DCAB와 ABCDCBA 비교) ·········· 364
- 11.1.6. i = 4일 때 (DCABD와 ABCDCBA 비교) ·········· 366
- 11.1.7. i = 5일 때 (DCABDC와 ABCDCBA 비교) ·········· 368
- 11.1.8. 코드로 구현하기 ·········· 370
- 11.1.9. 메모(memo) 배열 만들기 ·········· 370
- 11.1.10. 비교할 문자열 하나씩 보기 ·········· 372
- 11.1.11. 비교하면서 메모장에 기록하기 ·········· 373

11.2. 최적의 전략(Optimal Strategy) 찾기 ·········· 380
- 11.2.1. 가장 큰 숫자 가지고 오기 ·········· 380
- 11.2.2. 더 좋은 방법 찾아보기 ·········· 382
- 11.2.3. 알고리즘 구현하기 ·········· 386
- 11.2.4. 숫자가 3개 있는 경우 ·········· 389
- 11.2.5. 40을 가지고 오게 된 이유 ·········· 392
- 11.2.6. 2를 가지고 오는 경우 ·········· 394
- 11.2.7. 40을 가지고 오는 경우 ·········· 394
- 11.2.8. 7, 40, 19에서 최적의 선택은? ·········· 396
- 11.2.9. 2, 7, 40, 19에서 최적의 선택은? ·········· 399
- 11.2.10. 2, 7, 40, 19, 4, 9에서 최적의 선택은? ·········· 401
- 11.2.11. dp[1][3] 구하기 ·········· 405
- 11.2.12. 식으로 j = 2, j = 3일 때 결과 구하기 ·········· 408
- 11.2.13. 숫자를 4개 사용하는 경우 ·········· 410

- 11.2.14. 코드로 구현하기 ··· 412
- 11.2.15. 함수 선언하고 n 구하기 ······························ 412
- 11.2.16. 4 x 4의 표 만들기(dp) ································ 413
- 11.2.17. 숫자가 1개만 있는 경우 ······························ 415
- 11.2.18. 숫자가 3개 이상인 경우 ······························ 418

11.3. 최소 비용 경로(Min Cost Path) ························· 420
- 11.3.1. 최소 비용 어떻게 구할까요? ····························· 421
- 11.3.2. 단계별로 기록하기 ·· 426
- 11.3.3. 코드로 최소 비용 알고리즘 구현하기 ·················· 433
- 11.3.4. 첫 번째 칸에 표시하는 로직 ······························· 434
- 11.3.5. 첫 번째 줄에 표시하는 로직 ······························· 435
- 11.3.6. j = 0일 때 처리하기 ··· 437
- 11.3.7. i 〉 0 and j 〉 0일 때 처리하기 ························· 439

찾아보기 ·· 442
에필로그 ·· 444

1장
알고리즘이란?

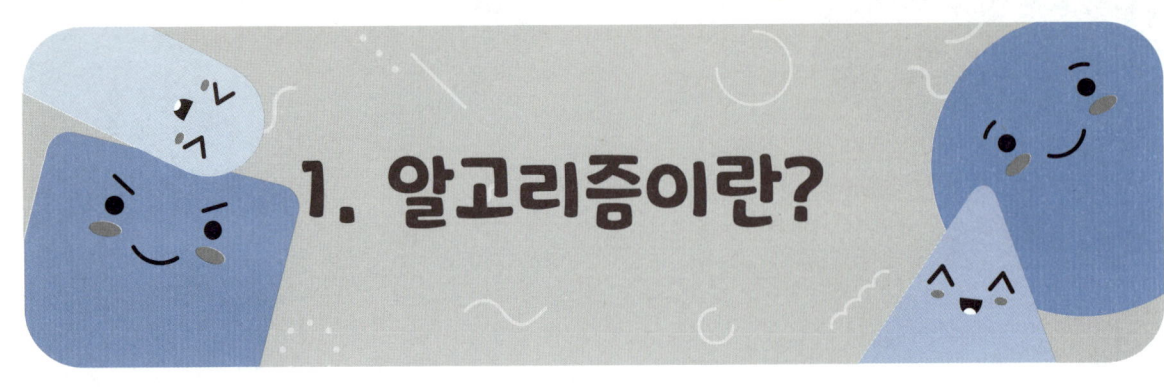

1. 알고리즘이란?

알고리즘이란 현실 세계에서 일어나는 일을 컴퓨터가 풀 수 있도록, 작업 순서를 만들어서 컴퓨터에게 전달하는 일입니다.

1.1. 알고리즘을 공부하는 이유

알고리즘을 공부하다 보면 컴퓨터가 어떻게 일을 처리하는지 알 수 있습니다. 그리고 컴퓨터가 어떻게 일을 처리하는지를 알면 효율적으로 프로그램을 만들 수 있습니다.

예를 들어 강남역 근처, 월세를 1000만원씩 내는 식당이 있다고 합시다. 홀에 테이블은 30개가 있고 시간은 제일 바쁜 금요일 저녁이라고 가정합시다. 손님은 몰려오고 있는데 화구(가스레인지)가 두 개밖에 없다고 한다면, 손님들이 가게에 다 앉을 수는 있을지 몰라도 음식이 제때 나갈 수는 없을 것입니다.

프로그램도 마찬가지로 서버에서 사용자들이 요청을 계속 보내는데 비효율적인 코드 때문에 요청에 응답을 주는 시간이 1~2초만 늦어져도 사용자들은 속도가 느리다고 생각하게 됩니다. 그리고 이 과정이 반복되면 사용자들은 결국 속도가 더 빠른 경쟁 사이트나 앱으로 옮겨 갈 것입니다.

1.2. 알고리즘이 어려운 이유

알고리즘은 어떤 정리나 정의가 있으면 그것을 프로그래밍으로 구현하는 것이 알고리즘입니다. 쉽게는 1 + 1 = 2와 같은 단순 덧셈부터 소수 구하는 법이나 최적화 알고리즘 등 복잡한 식을 프로그래밍으로 구현하는 것입니다.

우리가 알고리즘을 구현할 때 어려움을 겪는 이유 중 하나가 이러한 정리나 정의, 식 등을 프로그램으로 정확하게 '해석'하는 방법을 잘 모르기 때문일 것입니다.

여러분의 쉬운 이해를 돕기 위해 한 가지 예를 들어보겠습니다. 여러분들은 처음 영어를 배우던 때가 기억나시나요? 영어를 한글로 해석하는 것과 한글을 다시 영어로 작문하는 것이 쉽지 않았던 기억이 있으실 것입니다. 특히나 영어 말할 때, 우리의 표현이 어색해서 외국인들이 이해를 못 할 때가 있지 않았나요? 반대로 외국인이 한국말을 쓰는 것을 들을 때 이해하기가 어색하지 않으셨나요?

마찬가지로 프로그래밍 언어도 컴퓨터와 소통하기 위한 언어이기 때문에 컴퓨터가 제대로 이해할 수 있도록 써줘야 합니다. 그러려면 영어를 처음 배울 때 어휘(단어)부터 알아야 하듯이 컴퓨터가 이용하는 개념들부터 알아야 합니다.

이것을 잘 모르고 알고리즘에 접근한다면 손도 못 댈 수 있습니다. 컴퓨터와 대화하기 위해 알고리즘 공부를 하면서, 우리는 먼저 새롭고 낯선 개념들에 익숙해질 필요가 있습니다. 익숙하지 않은 개념들을 이용해 문제를 풀고 코드를 만들어 낸다는 것은 음식을 먹지 않고 설거지를 먼저 하는 것과 같이 순서가 맞지 않는 방법입니다. 그러니 어렵더라도 한 단계씩 차근차근 공부하다 보면 어느 순간 발전한 내 모습을 볼 수 있을 것입니다.

1.3. 코딩 테스트 준비의 시작

코딩 테스트를 게임이라고 비유한다면, 불친절하고 어려운, 매운맛 게임으로 볼 수 있습니다. 많은 모바일 게임이 진입 장벽을 낮추기 위해 자세하고 친절한 튜토리얼, 편리한 UI, 자동 물약, 자동 사냥 등 편한 요소를 추가해서 사람들이 쉽게 게임을 즐길 수 있도록 만듭니다. 와서 계정만 만들고 켜놓기만 하면 게임은 자동으로 되는거죠.

하지만 아쉽게도 코딩 테스트는 매운맛, 하드코어 게임이기 때문에 불친절한 UI와 퀘스트, 튜토리얼은 따로 없고 내 캐릭터는 약하지만 상대해야 할 몬스터는 다양하고 힘도 강한, 매우 어려운 게임에 비유할 수 있습니다.

요즘은 소프트웨어 개발도 개발의 편의성을 향상시켜 주는 프레임워크, FaaS(Function as a Service), SaaS(Service as a Service) 등 이미 다 만들어진 것을 바로 사용할 수 있는 편리한 소프트웨어들도 많습니다. 이런 환경에 익숙해져 있다가 전혀 다른 세계의 매운맛 코딩 테스트를 만나면, 갑작스럽고 상당히 어렵게 느껴질 것입니다.

코딩 테스트는 보통 5~7가지의 알고리즘과 2~3가지의 수학적인 개념을 코드로 구현할 수 있는지 알아보는 테스트입니다. 보통은 2~3문제로 테스트하며 한 개의 문제에 2~3가지 알고리즘과 1~2가지의 수학적인 개념을 알아야 풀 수 있는 문제가 나옵니다. 문제를 받았을 때 이 문제에서 사용된 알고리즘이 어떤 것인지 어떤 수학적인 개념이 사용되었는지를 먼저 알 수 있어야 제대로 문제를 풀어낼 수 있습니다. 이것을 잘 모른다면, 코딩 테스트의 결과는 좋지 않을 것입니다.

Level 1 몬스터

불 내성

마치 매운맛 게임에서 상대 몬스터가 불 내성일 경우, 불 속성 공격이 상대에게 데미지를 줄 수 없기 때문에 얼음이나 번개 스킬 같은 다른 공략 방법을 알고 있어야 하는 것과 같습니다. 아무리 몬스터가 레벨이 낮고 체력이 약해도, 내가 가지고 있는 스킬이 불이고 몬스터가 불 내성이라면 내 스킬로는 몬스터를 잡을 수 없는 거죠.

알고리즘 문제는 이런 속성별 몬스터를 상대한다고 생각하시면 됩니다. 불, 얼음, 번개, 독, 금속, 대지, 암흑, 신성, 비전, 물리 등 몬스터가 가진 내성과는 다른 스킬을 사용해서 몬스터를 잡아야 합니다. 마찬가지로, **우리가 알고리즘이라는 몬스터를 잡지 못하는 이유는 그 몬스터 자체가 강해서가 아니라 몬스터를 무찌를 적절한 스킬을 아직 배우지 않았기 때문입니다.** 이제 여러분은 이 책을 통해 적절한 스킬을 배울 수 있습니다. 그리고 이 책으로 공부를 마친 후 적절한 스킬을 갖춰, 여러분이 원하는 알고리즘 몬스터를 사냥하러 떠나시면 됩니다.

1.4. 코딩 테스트를 보는 이유

개발팀에서 코딩 테스트를 보는 이유는 지원자가 얼마나 컴퓨터스럽게 생각할 수 있는지를 알아보기 위함입니다. 외국으로 유학을 가려고 할 때 영어 능력 시험인 텝스, 토플을 보는 것과 비슷하다고 생각하면 됩니다.

사실 요즘에는 알고리즘을 구현해 놓은 라이브러리들이 많기 때문에 라이브러리를 활용하면 됩니다. 여기서 라이브러리란, 이미 있는 기능 중 많이 쓰는 기능들만 모아 놓은 코드의 묶음을 의미합니다. 그래서 알고리즘을 굳이 알 필요가 있을까? 하는 생각이 들 수도 있습니다. 예를 들어 알고리즘 도서에 단골로 등장하는 정렬 알고리즘도 이미 최적화 상태로 구현한 .sort()와 같은 메소드를 사용하면 되니까요.

하지만 아키텍처를 설계하거나 실제로 개발을 할 때 초당 1000번 혹은 10000번을 호출하는 메소드라면, 알고리즘을 알고 자원을 효율적으로 사용할 수 있는 개발자의 코드와 그렇지 못한 개발자의 코드 사이에는 큰 차이가 있습니다. 그리고 서버나 프로그램이나 앱이 극한의 상황에서 꺼지지 않고 제 역할을 잘 할 수 있도록 개발을 할 수 있는지 여부를 알아보기 위해 코딩 테스트를 진행하는 것입니다.

알고리즘을 공부하고 나면 개발을 할 때 조금 더 신중해집니다. 사용자들이 몰리거나 요청이 많아졌을 때 혹은 자원(CPU, 메모리)이 부족해졌을 때, 에러가 났을 때 등 다양한 상황에서 안정적인 코드는 어떤 것인지 생각해 볼 수 있게 됩니다.

이전에는 데이터를 보여주면 됐지만 지금은 100만 건, 1000만 건을 넘는 방대한 데이터의 평균

값, 1억 건에 달하는 데이터의 특정 필드 값의 합계 등 단순히 데이터뿐만 아니라 데이터를 분석한 자료들도 함께 보여 주어야 합니다. 그래서 더욱 효율적인 연산이 필요합니다. 특히 최근에 많이 사용하는 클라우드(AWS, GCP, Azure와 같이 서버 장비를 구매하지 않아도 서버를 이용할 수 있게 만든 서비스)에서는 CPU와 메모리가 모두 비용과 직결되기 때문에 최대한 효율적으로 만드는 것이 중요합니다. 그래야 연산을 줄이고 메모리 사용을 줄여, 더 적은 비용으로 서비스를 운영할 수 있기 때문입니다. 이렇게 고정비용을 줄이면, 회사의 리스크는 줄이고 수익률은 높이는 데에 큰 도움이 됩니다. 그래서 개발자 채용에 알고리즘 테스트가 빠지지 않는 것 같습니다.

1.5. 좋은 알고리즘이란?

알고리즘 공부의 목표는 좋은 알고리즘을 만드는 것입니다. 그러면 좋은 알고리즘이란 어떤 것을 의미하는 걸까요? 바로 가성비가 좋은 알고리즘을 말합니다. 결국 가격 대비 성능이 좋다는 뜻인데, 자원은 적게 사용하면서 속도는 빠르고 정확한 결과가 나오는 알고리즘을 좋은 알고리즘이라고 하는 것입니다. 물론 요즘은 하드웨어가 좋아져, CPU 파워를 충분히 활용해도 문제가 되지 않는 경우가 많습니다. 10번 연산을 해도, 10,000번 연산을 해도 1초가 안 걸립니다.

하지만 이렇게 속도가 빨라지고 가격이 저렴해지면서, 이전에는 하지 않았던 계산들을 직접 하고 결과를 받아봅니다. 심지어 10년 전엔 슈퍼컴퓨터가 있어야만 가능했던 연산을, 요즘은 개인 PC에서 합니다. 딥러닝 같은 것들이 그것입니다. 딥러닝이란 네트워크 같은 계층을 만들어 데이터를 학습시키는 AI 개발 방법론 중 하나를 의미하는데, 단순 계산을 많이 하기 때문에 효율 좋은 알고리즘이 필요합니다. 이렇게 딥러닝이 확대됨에 따라, 연산의 양은 앞으로도 계속 많아질 것이기 때문에 알고리즘은 계속해서 중요할 수밖에 없습니다.

1.6. 알고리즘을 잘 하는 개발자가 좋은 개발자인가요?

다 잘하는데 알고리즘까지 잘한다면 가장 좋겠지만, 인간이 사용할 수 있는 시간은 하루에 24시간으로 정해져 있습니다. 우리가 회사에 출근해서 퇴근할 때까지 8시간 동안 일을 한다고 가정했을 때, 8시간 내내 일에 집중했다면 일을 굉장히 잘했다고 할 수 있습니다. 여기서 우리의 일하는 시간 역시, 일종의 자원이기 때문에 자원을 잘 활용한 거죠.

자원에 대해 좀 더 얘기해 보겠습니다. 알고리즘을 굉장히 잘하는 10년 차 개발자가 1시간 동안 직접 구현한 스택을 사용합니다. 그리고 대학교를 갓 졸업한 인턴 개발자가 이미 구현되어 있는 스택 라이브러리를 사용합니다. 이 두 가지의 경우, 누가 자원을 효율적으로 사용했다 볼 수 있을까요? 10년 차 개발자가 경험이 훨씬 많을 테니 10년 차 개발자처럼 스택을 직접 구현해서 쓰는 것이 자원을 덜 낭비하는 것일까요? 사실 절대적인 정답은 없습니다. 왜냐하면 직접 구현해서 쓰는 것이 더 효율적일 때가 있고, 이미 구현된 라이브러리를 사용하는 것이 더 효율적일 때가 있기 때문입니다. 예를 들어 많은 시간과 정성을 들여 스택을 직접 구현하면 좋겠지만, 제대로 구현하기 위해선 시간과 노력이 그만큼 필요할 수밖에 없습니다. 더불어 오랜 기간 훈련된 개발자의 많은 노하우를 녹여야 할 수도 있습니다. 그런데 스타트업이라면, 오랜 시간과 돈을 들여 잘 만드는 것보다 제품을 빨리 만들어 투자를 받고 몸집을 키워야만 살아남을 수 있는 경우도 있습니다. 이렇게 빨리 제품을 만들어야 한다면, 스택을 직접 구현해서 만드는 것보다 기존에 있는 라이브러리를 사용하는 것이 더 효과적입니다. 그래서 제품을 빨리 만드는 것이 최우선인 스타트업에서 개발하시는 분들이라면, 시간 복잡도나 공간 복잡도를 하나하나 생각해 보는 게 중요하지 않을 수도 있는 거죠. 그렇기 때문에 각자의 상황에 맞는 방법을 선택할 줄 아는 것이 제일 좋은 개발자입니다.

1.7. 이 책의 목표

앞서 나온 알고리즘 책의 대다수가 이미 입문 단계를 벗어나 알고리즘을 많이 해 본 독자를 대상으로 만들어졌습니다. 프로그래밍의 기본을 넘어, 정보 올림피아드를 준비해 본 사람들이 보면 좋을 수준으로 구성된 경우가 많아, 알고리즘 입문자에겐 도서의 내용이 쉽지 않을 것입니다. 더불어 대부분의 책이 C언어로 되어 있어, 프로그래밍 입문을 C로 하지 않은 분들이 보기엔 다소 어렵게 느껴질 것입니다.

그와 달리, 이 책은 본격적으로 알고리즘 공부를 시작할 수 있도록 '알고리즘 문제에 어떻게 접근할 것인지'부터 다루는 "진짜" 알고리즘 입문서입니다. 그래서 이 책은 알고리즘이라는 높은 산을 오르려는 독자들과 함께, 준비운동을 하고 기초체력을 기르는 것을 목표로 하고 있습니다. 우리 모두 다치지 않고 건강하게 알고리즘 정상에 오르기까지, 함께 최선을 다해 보겠습니다.

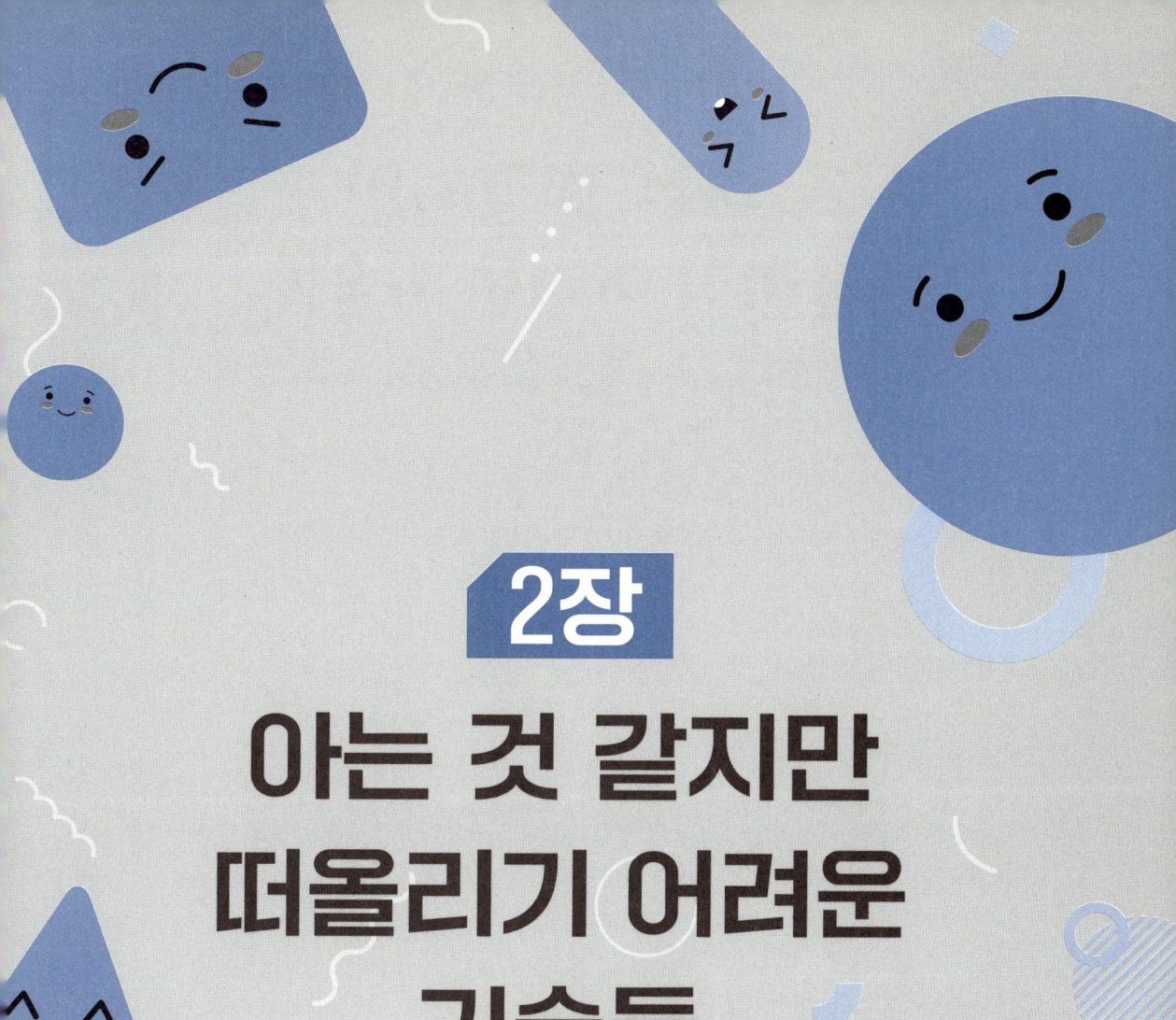

2장
아는 것 같지만 떠올리기 어려운 기술들

2. 아는 것 같지만 떠올리기 어려운 기술들

알고리즘을 공부하려고 마음을 먹었을 때 보통은 다음과 같은 과정을 거칩니다.

1. 알고리즘 문제를 풀어 보거나 자료구조 책을 봅니다.
2. 하지만 실제로 문제를 풀고자 하면 어떻게 풀어야 하는지 잘 떠오르지 않습니다.
3. 그렇다 보니 재미가 없어집니다.
4. 포기하게 됩니다.

이렇게 알고리즘이라는 산에 오르는 선택을 오랫동안 유보하시는 분들을 위해 이 장에서는 알고리즘 문제에 어떻게 손을 댈 것인지에 대해 알아볼 것입니다.

2.1. 글자 개수만큼 배열 만들기

개수만큼 배열을 만드는 기술은 알고리즘 문제를 풀 때 특히 많이 나옵니다. 이 기술은 공간 복잡도와 뒤에서 배울 다이내믹 프로그래밍(dynamic programming) 문제를 풀 때 꼭 필요합니다. 아무것도 아닌 것 같지만 문제를 접하면 이 방법이 떠오르지 않아서 진행이 되지 않을 때가 많습니다.

글자 개수만큼 칸이 있는 배열을 만드는 것은 그렇게 어려운 일이 아니지만 알고리즘 문제를 풀 때 이 방법을 떠올려서 문제를 풀어 봐야겠다고 생각하기는 알고리즘 문제를 처음 푸는 개발자에게는 쉬운 일은 아닙니다.

아래에 나오는 len(), for, index에 대해서 파이썬에서는 어떻게 작동되는지 직접 코드를 작성해 보고, 결과를 확인해 보면서 우리가 생각하는 대로 실제로 움직이는지 관찰해 볼 필요가 있습니다.

2.1.1. len()으로 개수 세기

알고리즘을 만들 때 가장 많이 쓰는 기능 중 하나가 개수 세는 기능입니다. 숫자가 많아지면 개발자가 눈으로 다 셀 수 없기 때문에 내가 만든 로직이 원하는 대로 잘 실행되는지 확인할 때도 많이 사용하고, 개수만큼 반복할 때도 많이 사용합니다.

파이썬에서 문자나 리스트의 개수를 세는 명령어는 len()입니다. 아래와 같이 len()에 개수를 세고 싶은 리스트나 문자열을 넣고 실행하시면 됩니다.

```
len([1, 2, 3])
len('ABC')
```

⊘ 결과
```
3
3
```

문제를 풀다 보면 어떤 작업을 개수만큼 반복해야 하는 경우, 개수 -1만큼 반복해야 하는 경우, 개수 +1만큼 반복해야 하는 경우 등 개수를 세고 작업을 진행하는 경우가 많이 있습니다.

len을 이용해 문제를 하나 풀어 보겠습니다.

> **문제**
> 문자열 S의 길이를 출력해 보세요.
> 문자열 S 길이는 1 이상 100만 이하입니다.
>
> ex)
> 'ABC' → 3
> 'ABCDEDE' → 7

아주 간단한 문제입니다.

예제에 나온 'ABC'와 'ABCDEDE'라는 문자열의 길이는 눈으로도 3글자, 7글자인 것을 알 수 있습니다. 하지만 한눈에 바로 3글자라는 것을 알 수 있는 ABC와는 달리, ABCDEDE는 한 글자씩 보면서 세야 7글자라는 것을 알 수 있습니다. 만약 AOEUOIAOETHEBHCRNB와 같이 글자의 개수가 더 많아진다면 직접 개수를 세기가 쉽지 않습니다. 문제에서는 문자열 S가 1 이상 100만 이하의 길이라고 제시했는데, 만약 문자열의 길이가 1000개 가량만 되어도 눈으로 세는 데에 큰 무리가 있습니다.

그렇기 때문에 개수를 셀 일이 있다면 눈으로 직접 세는 것이 아니라, len() 함수를 통해 컴퓨터에게 맡기시는 것이 좋습니다. 특히 알고리즘 문제를 풀 때에도 len()은 많이 사용됩니다. 이번에는 len()을 사용해서, 글자의 개수도 세어 보고 리스트에 항목이 몇 개 들어있는지도 세어 보겠습니다.

```python
string = "ABCDEDE"
print(len(string))


list = [0, 0, 0]
print(len(list))
```

⊘ 결과

```
7
3
```

⊘ 결과 해석

소스코드의 2번째 줄은 7을 출력하였고 5번째 줄은 3을 출력하였습니다. len()을 이용하면 문자열의 길이뿐만 아니라 리스트에 값이 몇 개가 들어있는지도 알 수 있습니다.

2.1.2. 반복문을 이용해 개수만큼 반복하기

앞에서는 개수를 세는 len()에 대해 알아보았습니다. len()은 특히, 반복문과 함께 짝을 이뤄 자주 활용됩니다. 반복문은 사실 우리가 컴퓨터를 사용하는 이유라고 할 만큼 우리는 컴퓨터를 통해 반복작업을 많이 하는데요. 알고리즘 문제를 풀 때뿐만 아니라 실제로 개발을 할 때도 주어진 개수만큼 반복하는 로직을 만들 일은 아주 많아 len()과 반복문의 활용은 잘 알아두는 것이 좋습니다.

그렇다면 아주 간단한 반복문을 직접 작성해 보겠습니다. 실행을 해 보지 않아도 아래 반복문 코드의 결과가 짐작되는 분도 있겠지만 코드를 짐작하는 걸로 끝내지 마시고, 그 짐작이 얼마나 정확한지 파이썬으로 직접 코딩하고 실행해서 결과를 꼭 확인해 보시기 바랍니다.

글자의 개수를 세서 그 개수만큼 반복하는 코드입니다.

```python
string = "ABCDEDE"
array = []

for i in range(len(string)):
    print(i)
```

⊙ 결과

```
0
1
2
3
4
5
6
```

문자열 "ABCDEDE"는 개수가 7개이기 때문에 0, 1, 2, 3, 4, 5, 6 이렇게 7개의 숫자가 나왔습니다. i로 받아서 출력을 해 보면 0부터 6까지 나옵니다. 배열은 인덱스로 접근을 하기 때문에 첫 번째 값에 접근을 하려면 0번 인덱스로 접근하고 마지막 값이 필요하면 6번 인덱스로 접근을 하기 때문에 range()에 len()으로 센 값을 넣으면 range(0, 7)이 되어, 0부터 6까지 생성되는 것입니다.

인덱스가 생성되었으니 이번엔 배열에 접근해서 값을 넣어 보겠습니다. for문에서 변수 i는 i 대신 a, b, idx 등 사용하기 좋은 이름으로 설정해 주면 됩니다. 예를 들어 '나이'로 한다고 하면 i 대신 age로 하거나, '돈'을 다루는 로직이라면 money를 쓰는 등 나중에 알아보기 쉽게 써주면 작성한 코드를 이해하는데 훨씬 좋을 것입니다.

특히, 처음 알고리즘을 배울 때는 a, b, i, r 등 한 글자로 쓰는 것보다는 구체적으로 쓰는 것이 좋습니다. 예를 들어 위 코드에서 작성한 i는 index의 i를 줄여서 쓰는 것이기 때문에, i라고 작성하기 보다 이해하기 쉽게 idx를 사용하는 것도 좋은 방법입니다. 보통 result나 response 등을 줄여서 r을 사용하기도 하는데, 아직 코드 작성이 익숙하지 않다면 전체 단어를 다 써 주거나 res 등 변수 명의 의미를 바로 알 수 있도록 쓰는 것이 좋습니다.

```python
for idx in range(0, 10):  # 이런 식으로 조금 더 구체적으로 써 보세요
    print(idx)
```

나중에 익숙해진다면 다시 한 글자로 쓰셔도 됩니다만 처음 공부할 때는 구체적인 이름을 작성하여 쓰는 것을 추천 드립니다.

2.1.3. 인덱스로 배열에 접근하기

알고리즘 문제를 풀다 보면 문제를 어떻게 풀어야 할지도 잘 떠오르지 않는데, 아주 쉬운 부분에서부터 에러가 나면 문제를 풀고 싶은 의욕마저 사라져 버립니다. 배열에 접근하는 문제도 그중의 하나입니다.

3년 차가 지나 이직을 준비하면서 원하는 회사, 혹은 이름을 들어본 회사에 지원을 해보거나, Linked in 같은 곳에 이력서를 올려놓으면 헤드헌터로부터 연락이 와서 코딩 테스트를 보게 됩니다. 그런데 나름 산전수전 겪어봤다고 생각하는 3년 차였는데, 이런 사소한 곳에서부터 코딩이 막힌다면 자기 자신이 너무 초라해집니다. 하지만 의외로 이런 부분이 잘 생각나지 않을 때가 있습니다. 늘 알던 것도 가끔 까먹을 때가 있는 것처럼 자연스러운 것이니, 너무 자책하지 않아도 됩니다. 그럼 필요할 때에 잘 기억날 수 있도록 차근차근 한 번 같이 풀어보겠습니다.

파이썬에서 빈 리스트(list)에 인덱스로 접근이 가능할까요? 빈 리스트 array에 string에 있는 문자열 개수만큼의 인덱스를 만들고 접근해 보겠습니다.

```python
string = "ABCDEDE"
array = []

for i in range(len(string)):
    print(array[i])

print(array)
```

⊘ 결과

```
Traceback (most recent call last):
  File "/Users/kyeongrok/git/python/python_algorithm/chapter01_begin/05_make_array/03_access_array.py", line 5, in <module>
    print(array[i])
IndexError: list index out of range
```

⊘ 결과 해석

위 코드를 실행해 보면 에러가 납니다. 그 이유는 현재 array는 비어있는 상태이기 때문입니다. 그런데 비어있는 리스트에 특정 인덱스로 접근하려고 하니 에러가 난 것입니다. 그래서 이와 같은 에러를 막기위해 인덱스로 리스트에 접근을 하는 로직을 만들 때에는, 리스트에 원하는 만큼의 None을 채워주고 시작합니다.

2.1.4. 인덱스로 배열에 값 넣기

문자열을 다루는 알고리즘 문제를 풀 때, 배열에 중간 연산 결과를 저장해 놓고 불러와서 사용해야 할 때가 있습니다. 하지만 빈 리스트에 인덱스로 접근하려고 하면 에러가 나기 때문에, 이럴 때에는 배열에 값을 넣어서 초기화해 주어야 합니다.

예를 들자면 TV를 방에 가져다 놓고 전기를 켜는 작업을 초기화 작업이라 할 수 있습니다. TV

에 전기가 들어오지 않은 상태에서 물체로의 TV를 우리 눈으로 볼 수는 있지만, 그것이 진정한 의미의 TV 시청이 아닌 것처럼 변수나 배열을 선언하는 것도 마찬가지입니다. TV를 가져다 놓는 것을 변수나 배열을 선언하는 과정으로, TV에 전기를 연결해 전원을 켜는 것과 초기화하는 것을 같다고 생각하면 이해가 쉬울 것입니다.

2.1.5. 빈 리스트에 인덱스로 접근하기

먼저 초기화를 안 하면 어떻게 되는지 확인해 보겠습니다. 아래와 같이 array = [] 이렇게 빈 리스트를 선언하고 인덱스로 접근을 시도해 보겠습니다.

```python
string = "ABCDEDE"
array = []

for i in range(len(string)):
    array[i] = 0

print(array)
```

⊘ 결과

```
Traceback (most recent call last):
  File "/Users/kyeongrok/git/python/python_algorithm/chapter01_begin/05_make_array/04_assign_value.py", line 5, in <module>
    array[i] = 0
IndexError: list assignment index out of range
```

⊘ 결과 해석

콘솔에 **IndexError: list assignment index out of range** 에러가 나는 것을 볼 수 있습니다. 인덱스 범위를 초과했다는 내용입니다. 리스트에 아무것도 없는데 i번째에 접근을 하려고 하기 때문에 나는 에러입니다. 그래서 필요한 만큼 값을 초기화해 줄 필요가 있습니다.

위 for문에서는 array[i]로 접근했을 때 에러가 났습니다. 그렇다면 이번에는 for를 활용한 반복문 말고 빈 리스트 array에 array[i] 대신 array[0]으로 접근해 보겠습니다.

```python
array = [] # 배열 선언
print(array[0]) # 0번째 배열에 접근
```

◇ 결과

```
Traceback (most recent call last):
  File "/non_list.py", line 2, in <module>
    print(array[0])
NameError: name 'none_list' is not defined
```

◇ 결과 해석

'파이썬이라면 내가 생각한 대로 작동을 해주겠지'라는 생각으로 array[0]을 출력하기를 기대했지만, None이나 Null 등이 출력되지 않고 에러가 났습니다. 그 이유 역시 빈 리스트에서 특정 인덱스로 접근을 시도했기 때문입니다.

2.1.6. 빈 리스트에 값 할당하기

그러면 '빈 리스트에 특정 인덱스로 접근은 못하지만 값은 할당할 수 있지 않을까?'라고 여기까지 힘들게 떠올렸습니다. 그러면 이번에는 list[0] = 1을 이용해 빈 리스트의 특정 인덱스에 값을 넣는 테스트를 해보겠습니다.

```python
list = []
list[0] = 1    # 0번 인덱스에 값 1 할당하기
print(list)
```

◇ 결과

```
Traceback (most recent call last):
  File "/Users/kyeongrok/git/python/python_algorithm/chapter01_
```

```
begin/05_make_array/08_write_value.py", line 2, in <module>
    list[0] = 1
IndexError: list assignment index out of range
```

결과는 이번에도 에러가 났습니다. list[0] = 1을 하면 list[0]번이 생기고 1이라는 값이 할당된 코드가 실행될 줄 알았지만, 특정 인덱스에 값을 넣으려는 시도 역시 실패했습니다.

조금 더 생각해 보면 list = [], 이렇게 빈 리스트에 list[2] = 2 이런 식으로 0과 1을 넘어 2번 인덱스에만 값 2를 넣으려는 시도 자체가 말이 되지 않습니다. 왜냐하면 파이썬에는 크기가 고정되어 있는 '칸'들의 집합인 배열이 없고 리스트(list)만 있기 때문입니다. 만약 배열을 선언했을 때 크기가 제한되어 있다면 칸마다 인덱스가 있어, 인덱스로 접근이 가능할 것입니다. 하지만 파이썬의 리스트는 배열처럼 사용할 수는 있으나 기본적으론 리스트며, 리스트는 값을 넣기 전에는 '길이'라는 것을 가지지 않습니다. 그렇기 때문에 길이가 없고, 인덱스도 당연히 없는 빈 리스트에 인덱스로 접근하여 값을 넣으려는 위 코드는 에러가 날 수밖에 없습니다.

배열과 리스트

배열은 길이가 정해져 있어서 지정한 개수만큼만 값을 넣을 수 있습니다. 하지만 리스트는 값을 추가하면 길이가 늘어나는 배열보다 조금 유연한 자료구조입니다.

2.1.7. .append()로 값 초기화하기

.append()함수는 리스트에 값을 넣는 함수입니다. 빈 리스트에 인덱스로 바로 접근을 시도하면 에러가 나기 때문에 리스트에 인덱스로 접근했을 때 에러가 나지 않도록 배열에 무언가 넣어서 초기화해 주어야 합니다. 초기화하는 방법으로는 for문을 이용할 수 있습니다.

```
string = "ABCDEDE"
array = [] # 빈 배열을 선언합니다
```

```
for i in range(len(string)):      # string의 개수만큼 반복하기 위해 len()
                                  을 이용했습니다
    array.append(0)               # 0을 len()번 추가해 줍니다

print(array, len(array))
```

◎ 결과

```
[0, 0, 0, 0, 0, 0, 0] 7
```

◎ 결과 해석

string의 개수만큼 0이 생겼습니다. 이와 같이 초기화 작업을 해주면 array[0], array[1] 이렇게 인덱스로 접근이 가능합니다.

초기화 작업을 했으니, 앞에서 에러가 났던 array[0], array[1]에 다시 접근해 보겠습니다.

```
string = "ABCDEDE"
array = []

for i in range(len(string)):      # string만큼 반복해 줍니다
    array.append(0)               # .append()로 0을 넣어 줍니다

print(array, len(array))
print("index 0:",array[0])
print("index 1:",array[1])
```

◎ 결과

```
[0, 0, 0, 0, 0, 0, 0] 7
index 0: 0
index 1: 0
```

✓ 결과의 해석

결과의 첫 번째 줄에 [0, 0, 0, 0, 0, 0, 0] 7은 array와 array의 길이인 len(array)를 출력했기 때문에 한 개의 리스트 []와 7이 출력되었습니다. 리스트 [] 안에는 7개의 0이 있고 len함수로 []안에 있는 값들의 개수를 세었기 때문에 7이 출력되었고, 두 번째 줄과 세 번째 줄에는 array[0]과 array[1]의 값을 받을 수 있었습니다. 이제는 .append() 함수 덕분에 인덱스로 접근할 수 있습니다.

아래와 같이 for문을 돌면서 바로 값이 들어간 array를 만들 수도 있습니다. 아래의 표현 방식을 이용하면 코드를 작성할 때 코딩을 덜 해도 되기 때문에 코드 작성하기가 편합니다.

```
string = "ABCDEDE"
array = [0 for i in range(len(string))]
print(array)
```

✓ 결과

```
[0, 0, 0, 0, 0, 0, 0]
```

결과는 똑같이 0이 7개가 들어있는 배열을 만들어 낼 수 있습니다.

comprehension 방식 코드

array = [0 for i in range(len(string))]

위 코드는 아래 3줄의 코드를 한 줄로 표현한 코드 입니다.

```
array = []
for i in range(len(string)):
    array.append(0)
```

반복문을 이용해 리스트에 값을 넣는 코드는 많이 사용하는 방식이기 때문에 위와 같이 한 줄로 줄여서 쓰면, 코딩할 때 시간도 적게 걸리고 가독성도 높아져 보기 좋습니다. 이 방식을 comprehension이라고 합니다.

더 간단한 방법도 있습니다.

```python
string = "ABCDEDE"
array = [0] * len(string)
print(array)
```

⊘ 결과
[0, 0, 0, 0, 0, 0, 0]

이런 식으로 N개만큼 구멍이 뚫린 배열을 생성할 일이 알고리즘 문제를 풀다 보면 많이 있기 때문에 제시한 코드들이 익숙하지 않다면 한 번 더 연습을 해 보시는 것을 추천합니다.

2.1.8. None이 100개 들어있는 리스트 만들기

리스트의 각 인덱스에 0 말고도 None을 채워 넣을 수도 있습니다.

```python
none_list = [None] * 100
print(none_list)
```

⊘ 결과
[None, None, None, None, None, None, ⋯ 생략]

⊘ 결과 해석
none_list를 출력해 보면 list 안의 값들이 모두 None으로 되어 있습니다.

list = []일 때, 위의 그림과 같이 인덱스도 생성되지 않고 들어있는 값도 없던 리스트가 아래의 표처럼 인덱스도 생성되고 각 인덱스의 값이 None으로 채워졌습니다.

0	1	2	3	4	5	6	7	8	...
None	None	None	None	None	None	None	None	None	.....

그렇다면 앞에서 에러가 났던, 인덱스로 접근하는 코드 none_list[0]가 이번에도 에러가 발생하는지 테스트해 보겠습니다.

```
none_list = [None] * 100
print(none_list[0])      # 인덱스 0번에 접근하기
```

◎ 결과

```
None
```

◎ 결과 해석

None으로 초기화한 이후에도 에러가 나지 않고 None이 나옵니다.

이번에는 앞에서 에러가 났던 인덱스에 값을 할당하는 코드를 테스트해 보겠습니다.

```
none_list = [None] * 100  # None으로 값이 초기화된 리스트
none_list[0] = 1
print(none_list[0])
```

◎ 결과

```
1
```

◎ 결과 해석

앞에서 인덱스도, 값도 없던 배열에 none_list[0] = 1 코드로 인덱스 0번에 값을 할당하려는 시도를 했을 때, 에러가 발생했습니다.

0	1	2	3	4	5	6	7	8	...
None	None	None	None	None	None	None	None	None	.....

하지만 위의 그림과 같이 인덱스가 생성되고 None으로 값이 채워지고 나서는, none_list[0] = 1 코드에서 에러가 발생하지 않습니다. 왜냐하면 인덱스와 값이 모두 없는 경우, none_list[0] = 1 코드가 제대로 작동할 수 없기 때문입니다.

0	1	2	3	4	5	6	7	8	...
1	None	None	None	None	None	None	None	None	.....

인덱스와 값이 모두 있을 경우, 위와 같이 인덱스 0번에 1이 잘 들어갑니다.

2.2. 리스트 안의 숫자 개수 세기

앞에서 해 본 'N개의 칸이 있는 배열 만들기'를 이용해 풀어볼 만한 문제가 있습니다. 아래와 같이 리스트 안에 들어있는 각 숫자가 몇 개인지 개수를 세는 문제를 풀어 보겠습니다.

> **문제**
>
> [4, 0, 4, 4, 1, 8, 8, 2, 2, 5, 0, 6, 5, 6, 0]
> 위와 같이 0부터 9 사이의 숫자가 들어있는 배열에서 각 숫자가 몇 개씩 들어 있는지를 출력해 보세요.
>
> 결과
> 0 3   5 2
> 1 1   6 2
> 2 2   7 0
> 3 0   8 2
> 4 3   9 0

비슷한 문제로는 아래 문제와 같이 문자열을 주고 가장 많이 등장하는 알파벳이 무엇인지 찾기 혹은 가장 많이 등장하는 알파벳의 개수 세기 문제가 있습니다.

> **문제**
> 가장 많이 등장하는 문자열을 출력하세요. 만약 입력이 test라면 t를 리턴하면 됩니다.
>
> ex) test → t
> hello → l

보통 이 방법이 사용되는 문제는 예시문제와 같은 패턴들의 문제거나 아니면 문제에서 이 방법을 사용해야만 다음 과정으로 넘어갈 수 있는 조금 더 어려운 문제들입니다. 물론 위에서 배운 방법 대신 이미 구현되어 있는 collections 모듈의 Counter를 사용할 수 있습니다. 실제로 괜찮은 방법이죠.

```python
from collections import Counter
numbers = [4, 0, 4, 4, 1, 8, 8, 2, 2, 5, 0, 6, 5, 6, 0]
for k, v in Counter(numbers).items():
    print(k, v)
```

⊘ 결과

```
4 3
0 3
1 1
8 2
2 2
5 2
6 2
```

결과를 정렬해서 보여 주고 싶다면 sorted()로 정렬을 해주고 Counter()에 넣으면 됩니다.

```python
from collections import Counter
numbers = [4, 0, 4, 4, 1, 8, 8, 2, 2, 5, 0, 6, 5, 6, 0]
numbers = sorted(numbers)
for k, v in Counter(numbers).items():
    print(k, v)
```

◎ 결과

```
0 3
1 1
2 2
4 3
5 2
6 2
8 2
```

◎ 결과 해석

0은 3개, 1은 1개, 2는 2개, 4는 3개, 5는 2개, 6은 2개, 8은 2개가 있다는 것을 순서대로 알 수 있습니다.

하지만 상황에 따라 collections를 사용하지 않고 반복문만 이용해서 풀어야 할 수도 있기 때문에 앞에서 배운 방법을 적용해서 풀어 보겠습니다.

```python
numbers = [4, 0, 4, 4, 1, 8, 8, 2, 2, 5, 0, 6, 5, 6, 0]
memo = [0] * 10     # 0이 10개 있는 리스트를 만듭니다
for n in numbers:
    memo[n] += 1

for i in range(len(memo)):
    print(i, memo[i])
```

⊘ 결과

```
0 3
1 1
2 2
3 0
4 3
5 2
6 2
7 0
8 2
9 0
```

⊘ 결과 해석

배열에 숫자가 4, 0, 4, 4, 1, 8, … 순으로 들어 있기 때문에 for n in numbers:에서 n은 4, 0, 4, 4, 1, 8, … 순으로 들어갈 것입니다. 즉, memo[n]은 memo[4], memo[0], memo[4], memo[4], memo[1], memo[8] … 이런 식으로 들어가게 됩니다. 그러면 각 인덱스에 +1을 해 주기 때문에 숫자별로 몇 개인지 알 수 있습니다.

2.3. 자리 바꾸기 swap

알고리즘 공부를 시작할 때 바로 떠오르지 않는 로직 중 하나가 자리를 바꾸는 로직입니다. 특히 정렬 알고리즘을 풀 때 자리 바꾸기를 할 일이 많은데 이때 자리 바꾸는 로직이 기억나지 않으면 당황하게 됩니다.

연차가 쌓인 개발자들도 알고리즘에 관심이 없거나 전혀 쓸 일이 없다면 의외로 이 로직을 바로 떠올리지 못하는 경우도 있습니다. 하지만 한 번 공부해 놓으면 보다 쉽게 떠올릴 수 있기 때문에 어렴풋하게라도 기억날 수 있도록 공부해 보겠습니다.

문제

입력한 두 숫자의 자리를 바꾼 결과를 출력하는 함수를 만들어 보세요.
예) 1 2를 입력하면 2 1로, 3 4를 입력하면 4 3으로 자리를 바꿔 출력합니다.

ex)
1 2 => 2 1
3 4 => 3 4
4 5 => 5 4

간단한 로직이지만 갑자기 하려면 바로 떠오르지 않을 수 있습니다. 반복문도 가끔 생각이 안 나서 찾아볼 때가 있는 것 처럼요. 하지만 꼼꼼히 공부해두면 분명 필요할 때에 유용하게 사용할 수 있을 겁니다. 그러면 필요할 때 제대로 사용할 수 있도록 함께 로직을 차근차근 구현해보도록 하겠습니다. temp라는 변수를 선언하는 방식입니다.

```python
def swap(a, b):
    temp = a     # 임시 변수 선언하여 a에 있는 값을 보관하기
    a = b        # a값이 들어 있던 자리에 b값으로 덮어쓰기 (a값은 없어집니다)
    b = temp     # a변수에 있던 값이 b로 덮어쓰기되어 있으므로 대신 저장해 놓은 temp값 넣기
    print(a, b)  # 값 출력하기

swap(1, 2)
```

swap()이라는 함수를 만들고 a, b에 순서대로 1, 2라고 넣은 후에 a, b를 출력하여 값이 바뀌었는지 확인합니다.

✓ 결과
2 1

a = b 이 코드를 실행하면 a에 있던 값이 b의 값으로 대체가 됩니다. 그래서 a = b, b = a 이렇

게 코드를 작성하면 a 자리에는 b의 값이 들어가지만, 그다음 b = a 코드의 a가 이미 b의 값으로 되어 있어, 코드가 의도한 대로 적용되지 않습니다.

위의 예시로 설명하자면, a는 2이고 b는 1입니다. a = b 했을 때는 a에 1이 들어갈 것입니다. 그런데 바로 b = a를 한다면 a는 이미 1로 바뀌었고, b는 원래 1이기 때문에 a, b 둘 다 모두 1이 들어가 있게 되는 거죠.

```
a = b   # a는 1이 들어감
b = a   # b에도 a에 있던 1이 들어감
print(a, b)   # 결과는 1, 1이 나옵니다
```

그래서 자리를 바꿀 때는 temp라는 변수를 선언 해놓고 거기에 a의 값을 넣어줍니다.

자리 바꾸는 로직이 사용되는 대표적인 예는 '정렬 알고리즘'입니다. 정렬 알고리즘을 배울 때 가장 먼저 배우는 것이 버블정렬인데, 곧 나올 버블정렬에서 자리 바꾸기를 어떻게 해야 할지 떠오르지 않는다면 이 부분을 다시 한번 읽어보고 공부하시면 훨씬 쉬울 것입니다.

2.4. 배열의 인덱스 값 바꾸기

> **문제**
> list = [1, 2, 3]
> 위 list에서 0번 인덱스에 있는 값과 1번 인덱스에 있는 값을 바꿔 보세요.

이런 문제가 나오면 어떻게 하면 좋을까요?

list[0]에는 list[1]값을 넣고 list[1]에는 list[0]값을 넣는 코드는 아래와 같습니다.

```
list[0] = list[1]    # 인덱스 0번에 인덱스 1번의 값을 넣기
list[1] = list[0]    # 인덱스 1번에 인덱스 0번의 값을 넣기
```

이렇게 하면 어떤 문제가 있을까요? 한번 보겠습니다.

```python
list = [1, 2, 3]
print("before:", list)

list[0] = list[1]    # list[0]의 값을 list[1]의 값으로 바꿉니다
list[1] = list[0]    # list[1]의 값을 list[0]의 값으로 바꿉니다

print("after:", list)
```

◎ 결과
```
before: [1, 2, 3]
after: [2, 2, 3]
```

◎ 결과 해석

1, 2, 3에서 0번과 1번의 자리를 바꿨으니 2, 1, 3이 나올 줄 알았는데 2, 2, 3이 나왔습니다. 왜냐하면 list[0]에는 list[0] = list[1] 때문에 이미 2가 들어가 있는데, 거기서 list[1] = list[0]이라고 하니, 다시 2가 들어갈 수밖에 없습니다.

이와 같은 문제를 발생시키지 않으려면, temp라는 변수에 저장해 놓았다가 넣어야 합니다.

```python
list = [1, 2, 3]
print("before:", list)

temp = list[0]
list[0] = list[1]
list[1] = temp

print("after:", list)
```

⊘ **결과**
```
before: [1, 2, 3]
after: [2, 1, 3]
```

⊘ **결과 해석**

변수 temp에 미리 list[0]에 있는 값을 저장해 놓은 후 list[0]에 list[1]값을 넣고, list[1]에 는 변수 temp의 값을 넣었기 때문에 순서가 무사히 바뀔 수 있었습니다.

2.5. 중복 제거하기

알고리즘 문제를 풀 때, 결괏값에 중복된 값이 나오면 하나로 취급한다는 조건이 달려 있는 경우가 많습니다. 그렇기 때문에 중복을 제거하는 방법 역시 알고리즘의 기본 기술로 많이 사용됩니다. 여기서는 먼저, 제일 많이 활용되는 셋(set)을 통해 중복을 제거해 보겠습니다.

> **문제**
> 입력 받은 리스트 L에서 중복을 제거한 리스트를 리턴하는 함수를 만들어 보세요.
>
> ex) [1, 2, 3, 3] ----> [1, 2, 3]

2.5.1. 셋(Set)이란?

셋(set)은 리스트(List), 딕셔너리(Dictionary), 튜플(Tuple)과 같이 파이썬의 내장 자료구조 중 하나입니다. 셋은 중복을 허용하지 않는 자료 구조로, 셋에 들어있는 각각의 값은 중복된 값이 없는 고유 값입니다. 셋은 {}, 중괄호로 정의합니다.

```
set_a = {1, 2, 3, 3}
print(set_a)
```

⊘ **결과**

{1, 2, 3}

⊘ **결과 해석**

set은 중복을 허용하지 않기 때문에 {1, 2, 3, 3} 이렇게 중복된 값을 넣으면 한 개만 남기고 제거합니다.

2.5.2. List를 Set으로 바꾸기

중복된 값이 들어있는 리스트에서 중복을 없애기 위해 set으로 바꿔 보겠습니다.

```python
l1 = [1, 2, 3, 3, 4, 4] # 3과 4가 각각 2개씩 존재
s1 = set(l1) # list를 set으로 변경
print(s1)
```

⊘ **결과**

{1, 2, 3, 4}

⊘ **결과 해석**

리스트(list)를 set으로 바꾸면 리스트 안에 중복된 값들도 한 개만 남기고 모두 없어집니다.

리스트를 셋으로 바꾸어서 중복을 제거했습니다. set은 list로 변환할 수 있습니다. 특정 객체를 list로 바꿔 주는 함수는 list()입니다.

```python
l1 = [1, 2, 3, 3, 4, 4] # 3도 2개, 4도 2개
s1 = set(l1) # list를 set으로 변경
l2 = list(s1) # 중복 제거된 set을 다시 list로
print(l2)
```

◇ 결과
[1, 2, 3, 4]

◇ 결과 해석

셋(set)은 중괄호({})로 감싸져 있습니다. 대괄호([])로 감싸져 있는 것이 리스트입니다. 리스트였던 [1, 2, 3, 3, 4, 4]를 set()을 이용해 셋으로 바꿔 중복을 제거하고, 중복 제거된 {1, 2, 3, 4}를 list()를 이용해 다시 리스트로 바꾸었습니다.

2.6. 빈(empty) 리스트([])에서 값을 뽑게 될 때

만약 []처럼 비어 있는 리스트에서 .pop()이나 .pop(0)을 시도하면 어떻게 될까요? 실제로 알고리즘 문제를 풀다 보면 이런 상황을 꽤 자주 만날 수 있습니다.

```python
list = [1, 2, 3, 4]

for num in range(len(list) + 1):
    print(list.pop(0))
```

◇ 결과

```
1
2
3
4
Traceback (most recent call last):
  File "/Users/kyeongrok/git/python/python_algorithm/chapter01_begin/06_queue/05_empty_pop.py", line 4, in <module>
    print(list.pop(0))
IndexError: pop from empty list
```

```
Process finished with exit code 1
```

pop from empty list 에러가 납니다. 4까지는 잘 뽑았는데, 리스트가 비었을 때 한 번 더 .pop(0)을 하면 더 이상 뺄 것이 없기 때문에 에러가 난 것입니다.

파이썬 같은 모던 언어에서는 for each(인덱스로 반복하는 방식이 아닌 리스트와 같은 컬렉션에서 값을 하나씩 뽑아서 반복하는 방식의 반복문)가 최적화가 잘 되어 있고 많이 사용되기 때문에 **IndexError: pop from empty list** 같은 에러를 만날 일이 자주 있진 않지만, 알고리즘 문제를 풀다 보면 이런 에러를 만나는 경우가 종종 있습니다. 이럴 때는 while문으로 처리해 보시기 바랍니다.

```python
list = [1, 2, 3, 4]

while list:
    print(list.pop(0))
```

◇ 결과

```
1
2
3
4
```

◇ 결과 해석

while list:를 이용하면 리스트에 값이 있는 동안은 True, 값이 없으면 False가 되기 때문에 리스트가 빌 때까지만 값을 뽑아 줍니다.

3장
입문용 알고리즘

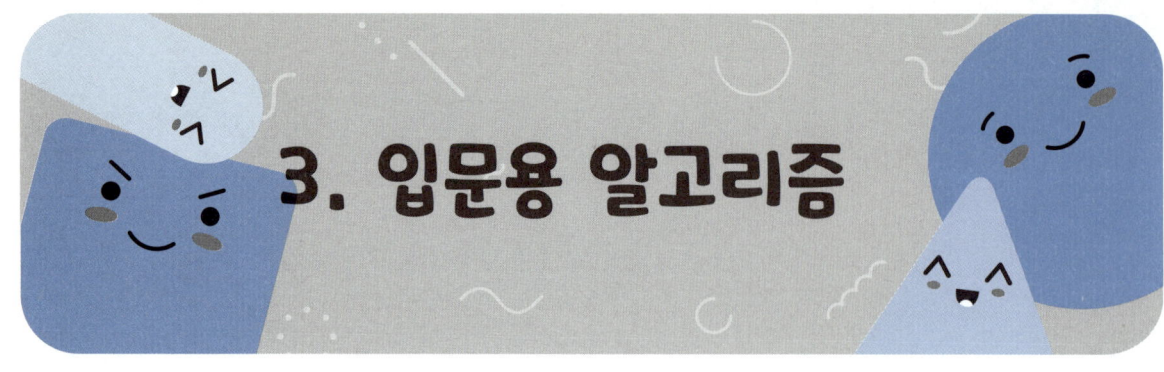

3. 입문용 알고리즘

알고리즘 문제들 중 어려운 문제들이 많습니다. 하지만 처음부터 어려운 문제에 도전했다가 손도 못 대보고 풀지 못하면 알고리즘을 공부할 의욕이 꺾이게 됩니다. 그래서 비교적 쉬운 문제부터 하나씩 직접 풀어 보면서 알고리즘 공부를 시작해 보겠습니다. 지금 알고리즘을 잘하는 분들도 태어날 때부터 잘했던 것은 아니기 때문에 어렵다고 포기하지 마시고 차근차근 하다 보면 어느 순간 문제를 잘 풀고 있는 나를 만날 수 있습니다.

3.1. 짝수 홀수 구하는 함수 만들기

알고리즘 문제는 쉬운 것부터 차근차근 풀어가는 것이 좋습니다. 알고리즘에 익숙해지기 위한 단계를 거치는 거죠. 그런 용도로 풀어보기 좋은 짝수, 홀수를 판별하는 함수를 함께 만들어 보겠습니다.

> **문제**
> 1번 문제 : 짝수면 True, 홀수면 False가 나오는 함수를 만드세요.
> 2번 문제 : 홀수면 True, 짝수면 False가 나오는 함수를 만드세요.

짝수인지 홀수인지를 판단하는 예제입니다. 먼저 1번, 짝수인지 판단하는 문제를 풀어 보겠습니다.

어떤 숫자가 짝수인지 홀수인지를 우리는 어떻게 판단할까요? 만약 4라는 숫자가 있다고 해 봅시다. 어떤 숫자가 짝수인지 홀수인지 판단하는 방법은 이 숫자를 2로 나누어 보는 것입니다.

```
4 / 2 = 2
2 × 2 + 1 = 5
```

2로 나누어 보고 나머지가 0이라면 짝수입니다. 그리고 2로 나누었을 때의 나머지가 0이 아닌 위의 예시처럼 1인, 5와 같은 숫자라면 그 숫자는 홀수입니다. 우린 짝수, 홀수를 판별하는 문제를 풀기 위해서 2로 나눈 나머지의 값에 집중해야 합니다.

4라는 숫자를 2로 나누었을 때 몫(quota)은 2, 나머지(remainder)는 0입니다.

```
q = 2
r = 0
4 = q × 2 + r
```

q는 몫이고 r은 나머지입니다. 4는 2 × 2 + 0으로 이루어진 수입니다.

10을 2로 나누면 quota는 5, remainder는 0입니다.
11을 2로 나누면 quota는 5, remainder는 1입니다.
12를 2로 나누면 quota는 6, remainder는 0입니다.

수의 크기가 작거나 큰 것에 상관없이, 2로 나누면 나머지는 0과 1, 둘 중 하나의 경우밖에 없습니다.

12121212121212를 2로 나누면 quota는 어떤 수가 나올 것이고, remainder는 0입니다.
13을 2로 나누면 quota는 6, remainder는 1입니다.
12121212121213을 2로 나누면 quota는 어떤 수가 나올 것이고, remainder는 1입니다.
13131313131313을 2로 나누면 quota는 어떤 수가 나올 것이고, remainder는 1입니다.
이처럼 어떤 숫자를 2로 나누었을 때 나머지는 0 또는 1밖에 나올 수가 없습니다.

이 간단한 작업을 여러 번 한다고 해서 지루해 하시면 안 됩니다. 이렇게 여러 번 반복하는 과정에서, 제대로 정리가 되기 때문입니다. 함수를 만들기 전, 간단한 작업의 반복을 통해 익숙하게 만들 필요가 있습니다. 그리고 여기서 몫과 나머지를 굳이 영어로 쓰는 이유는 나중에 모든 수를 '어떤 수 = aq+r' 형태로 나타내기 위해서입니다. 여기서 'q'는 quota이고 'r'은 remainder입니다. 짝수는 영어로 even number입니다.

지금부터는 입력받은 숫자 num이 짝수일 때, True를 리턴하는 is_even이라는 함수를 만들고 이 함수가 제대로 실행되는지 확인해 보겠습니다.

```python
def is_even(num):           # 함수 이름은 is_even입니다
    print(num)              # num이라는 숫자를 입력 받고 바로 출력합니다

result = is_even(3)
print(result)
```

⊙ 결과
```
3
None
```

⊙ 결과 해석

is_even(3)에서 is_even을 호출할 때 3을 넘겨주었습니다. 우리는 3을 입력했을 때 이 숫자가 짝수인지 홀수인지를 알아보려고 합니다. 그래서 3을 넘겨 num이라는 파라미터를 이용해 값을 받아, 바로 print했기 때문에 3이 출력됐습니다. 그리고 함수에 return을 써주지 않았기 때문에 return이 없을 때의 기본값인 None이 출력된 것입니다.

3.1.1. '%' 연산자로 나머지 구하기

여기에서 %라는 연산자가 처음 나옵니다. 파이썬에서는 % 연산자는 나머지를 구하는 연산자입니다. 이 내용은 계속 설명 드릴 테니 조금만 더 읽어 보시기 바랍니다.

그리고 연산자라는 말이 아직 익숙하지 않으신 독자님들을 위해 '연산자'를 간단히 설명해 드리면 연산자는 +, -, ×, ÷와 같이 더하기, 빼기, 곱하기, 나누기 등의 '연산'을 표시해 주는 기호

입니다. 예를 들어 +는 더하기 연산자입니다. 10 + 2는 +연산자를 이용해, 10과 2를 더하라는 의미입니다. 10 % 2는 10을 2로 나눈 나머지를 구하라는 뜻입니다. 그래서 10 % 2의 결괏값은 10을 2로 나눈 나머지의 값, 즉 0이 됩니다. 그리고 '피연산자'라는 말도 있습니다. 10 + 1에서 연산자는 +이고, 피연산자는 10과 1입니다.

이번에는 함수 안에서 print(num)으로 입력받은 숫자를 그대로 출력하는 대신 나머지를 구해 보겠습니다. num을 2로 나누었을 때의 나머지를 result라는 변수에 저장하겠습니다.

```
def is_even(num):
    # 짝수인지 판단하는 함수
    result = num % 2    # 2로 나누었을 때의 '나머지'
    print(result)
result = is_even(3)
print(result)
```

◇ 결과

```
1
None
```

◇ 결과 해석

출력된 결과는 1과 None입니다. 1은 첫 번째 print(result)에서 출력 되었습니다. result는 3 % 2한 결과를 담고 있습니다. 3을 2로 나눈 나머지는 1이기 때문에 result에는 1이 담겨 있고 print(result)에서 1을 출력하였습니다. 그리고 여전히 is_even 함수에는 return을 쓰지 않았기 때문에 두 번째 print(result)에서 결괏값 None을 출력한 것입니다.

이제는 2로 나누었을 때 생기는 나머지가 0인지 1인지에 따라 True 또는 False가 출력되도록 하는 연산자를 이용해 보겠습니다. 두 값이 같은지 비교하는 연산자는 == 연산자입니다.

```
print( 1 == 0 )
```

◉ 결과
```
False
```

◉ 결과 해석

위 코드에서 1이 0과 같은지 == 연산자를 이용해서 비교했습니다. 1은 0과 같지 않기 때문에 결과는 False가 나왔습니다. 앞으로 == 연산자를 활용하여 문제를 풀어 보겠습니다.

3.1.2. 구한 나머지를 이용해 짝수 홀수 판단하기

num을 2로 나누었을 때 생기는 나머지가 0이라면 변수 zero에는 True가 들어가고, 변수 one에는 False가 들어가도록 코드를 작성해 보겠습니다. 반대로 num을 2로 나눈 나머지가 1이라면 zero는 False, one은 True가 출력될 것입니다. 예를 들어, 3을 2로 나누면 quota가 1, remainder가 1이기 때문에 zero는 False, one은 True로 출력되는 것이죠.

```python
def is_even(num):
    # 홀수인지 짝수인지 판단
    # 2로 나누었을 때 '나머지'
    zero = num % 2 == 0    # zero가 num을 2로 나눴을 때 나머지가 0이 맞는지 비교
    one = num % 2 == 1     # one이 num을 2로 나눴을 때 나머지가 1이 맞는지 비교
    # 비교해서 맞다면 참(True), 다르다면 거짓(False)
    print("zero:", zero)
    print("one:", one)

result = is_even(3)
print(result)
```

◉ 결과
```
zero: False
one: True
None
```

✓ 결과 해석

결과에는 False, True, None이 출력되었습니다. num을 2로 나눈 나머지가 0인지에 대해서는 False가 나왔고 1인지에 대해서는 True가 나왔습니다. None이 나온 이유는 is_even() 함수에 여전히 return이 없기 때문입니다.

결과의 가독성을 높여 보겠습니다. zero, one 대신에 함수에 있는 식이 출력되도록 해 보겠습니다.

```python
def is_even(num):
    # 홀수인지 짝수인지 판단
    # 2로 나누었을 때 '나머지'
    zero = num % 2 == 0
    one = num % 2 == 1
    print("num % 2 == 0:", zero)
    print("num % 2 == 1:", one)

result = is_even(3)
print(result)
```

✓ 결과

```
num % 2 == 0: False
num % 2 == 1: True
None
```

그리고 num 대신에 3이 출력되도록 하겠습니다. 알고리즘을 공부할 때는 이렇게 간단한 것도 하나하나 뜯어볼 필요가 있습니다. 눈대중으로 안다고 넘어가게 되면 조금만 복잡한 단계에 들어갔을 때 반드시 헷갈리게 됩니다.

```python
def is_even(num):
    # 홀수인지 짝수인지 판단
```

```python
    # 2로 나누었을 때 '나머지'
    zero = num % 2 == 0
    one = num % 2 == 1
    print(3, "% 2 == 0:", zero)
    print(3, "% 2 == 1:", one)

result = is_even(3)
print(result)
```

◉ 결과

```
3 % 2 == 0: False
3 % 2 == 1: True
None
```

이제는 아까 위에 있던 두 문제 중에 1번 문제를 풀어볼 차례입니다. 짝수면 True가 나오고 홀수면 False가 나오도록 하면 됩니다. 짝수를 2로 나누었을 때 나머지가 0이므로 zero 변수를 return하면 될 것입니다.

```python
def is_even(num):
    # 홀수인지 짝수인지 판단
    # 2로 나누었을 때 '나머지'
    zero = num % 2 == 0
    one = num % 2 == 1
    print(3, "% 2 == 0:", zero)
    print(3, "% 2 == 1:", one)


    # 짝수면 True, 홀수면 False
    return zero


result = is_even(3)         # 3이라는 숫자가 홀수인지 짝수인지 판단한 결과를
```

result에 넣습니다
```
print(result)
```

◎ 결과
```
3 % 2 == 0: False
3 % 2 == 1: True
False
```

지금의 코드를 통해 원하는 결과를 얻긴 했지만, 코드에 주석도 많고 불필요한 변수도 많이 있습니다. 때문에 보다 간결하고 깔끔한 코드를 위해 꼭 필요한 부분만 남기고 함수를 정리해 보겠습니다.

```
def is_even(num):
    zero = num % 2 == 0
    return zero

print(is_even(3))
```

◎ 결과
```
False
```

이 코드에서 한 번 더 간결하게 zero 변수도 삭제시킬 수 있습니다. 수의 크기와 상관없이 짝수인지 홀수인지 판별할 수 있는 is_even 함수가 완성되었습니다.

```
def is_even(num):
    return num % 2 == 0

print(is_even(3))
print(is_even(4))
```

✅ 결과
```
False
True
```

지금까지 함수를 만들어서 짝수인지 홀수인지 판별하는 코드를 작성했지만, 사실 함수를 굳이 선언할 필요가 없다면 더 간단하게 홀수와 짝수를 판별할 수 있습니다.

```python
print(3 % 2 == 0)
print(3 % 2 == 1)
```

✅ 결과
```
False
True
```

1번 문제를 해결했으니 이제는 2번 문제를 풀어 보겠습니다. 1번 문제와 비슷합니다. 다만 이때는 나머지가 1이면 True, 0이면 False로 출력되는 것입니다. 홀수는 odd number이니까 is_odd라는 함수를 선언해 줍니다.

```python
def is_odd(num):
    return num % 2 == 1    # 홀수인지 판별

print(is_odd(3))
print(is_odd(4))
```

✅ 결과
```
True
False
```

✅ 결과 해석

is_odd()함수에 3을 넣으면 3은 홀수이기 때문에 True를 반환하고 4를 넣으면 4는 짝수이기

때문에 False를 반환했습니다.

지금까지 숫자 num을 입력받아서 해당 숫자가 짝수인지 홀수인지를 알아보는 함수를 만들어 보았습니다. 여기서 기억해야 할 것이 두 가지가 있습니다. 바로 숫자 2와 % 연산자입니다. 특정 숫자를 2로 나누고, 연산자 %를 활용하여 나머지가 0인지 1인지 확인하여 홀수 또는 짝수인지를 판별하는 이 과정을 꼭 기억하시기 바랍니다.

3.2. 배수인지 알아보기

이번에는 짝수, 홀수를 판단하는 로직을 응용한 문제를 풀어 보겠습니다. 바로 배수인지 아닌지를 판단하는 문제입니다. 짝수, 홀수를 판단하는 문제는 2로 나누어서 나머지가 0인지 1인지를 확인하면 값을 구할 수 있었습니다. 그렇다면 배수인지 아닌지는 어떻게 확인해서 값을 구할 수 있을까요?

3.2.1. 배수(multiple)란?

먼저 배수에 대해 알아보겠습니다. 10은 2의 배수이고 11은 2의 배수가 아닙니다. 배수는 '몇 배를 한 수'입니다. 예를 들어 2를 1배 하면 2 × 1이므로 2입니다. 2는 2의 배수가 됩니다. 그리고 4, 6, 8, 10 등은 모두 2의 배수입니다. 2에 어떤 숫자를 곱해서 나오는 수는 2의 배수라고 할 수 있습니다. 그러면 0은 2의 배수일까요? 2에 0을 곱하면 2 × 0 = 0입니다. 2에 어떤 수 0을 곱했더니 나온 수가 0입니다. 2뿐만 아니고 1000, 10000, 억, 조 모든 수에 0을 곱해도 0이 나옵니다. 그래서 0은 모든 수의 배수입니다.

배수가 무엇인지 정의해 보니, 배수인지 어떻게 확인할지 방법이 감이 오시나요? 배수인지 확인하는 방법 역시, 나누어 보면 됩니다. 하지만 0으로는 나눌 수 없습니다. 0으로 나누면 Divide by 0 에러가 납니다. 그래서 0을 제외한 다른 숫자들로 나눠야 합니다. 10이 2의 배수인지 알아보려면 10을 2로 나누었을 때 나머지가 0인지 아닌지를 판단하면 됩니다. 나머지가 0이라면 배수이고 나머지가 0이 아니면 배수가 아닙니다. 배수에 대해 필요한 수학적 지식은 이 정도면 충분한 것 같으니 이제 문제를 풀어 보겠습니다.

> **문제**
> 두 숫자 a와 b가 주어질 때 숫자 a가 b의 배수이면 True를, 아니면 False를 리턴하는 함수를 만들어 보세요. 단, b는 0보다 큽니다.
>
> ex)
>
> | a | b | 결과 | 설명 |
> |---|---|------|------|
> | 10 | 2 | True | 10은 2의 배수이므로 True를 리턴 |
> | 2 | 2 | True | 2도 2의 배수이므로 True를 리턴 |
> | 15 | 7 | False | 15는 7의 배수가 아니므로 False를 리턴 |
> | 0 | 2 | True | 0은 모든 수의 배수 |

3.2.2. % 연산자로 나머지 구하기

나머지 연산은 실제 로직을 구현할 때도 꽤나 유용합니다. 왜냐하면 숫자가 아무리 커도 나머지는 꽤나 일정한 패턴으로 나오기 때문입니다. 예를 들어 1000번에 한 번씩 count가 +1이 되거나 알람이 오는 등의 로직을 구현하고 싶을 때 유용합니다.

```
0 % 1000 = 0
1 % 1000 = 1
2 % 1000 = 2
...
999 % 1000 = 999
1000 % 1000 = 0
2000 % 1000 = 0
```

1000으로 나누어서 나머지가 0일 때 count + 1을 해주면 됩니다. 위와 같이 0 % 1000은 0이고 999 % 1000까지는 나머지가 0이 나오지 않습니다.

나머지를 구하는 연산자인 %를 이용해 a를 b로 나눈 나머지를 구해 보겠습니다.

```python
def multiple(a, b):
    remainder = a % b
    print(remainder)

multiple(5, 2)
multiple(10, 2)
multiple(0, 1)
```

◎ 결과

```
1
0
0
```

◎ 결과 해석

5를 2로 나눈 나머지, 10을 2로 나눈 나머지, 0을 1로 나눈 나머지가 각각 1, 0, 0으로 나왔습니다. 0은 어떤 수로 나누든 곱하든 0입니다.

3.2.3. 배수인지 아닌지 True, False로 나오게 하기

앞에서는 5를 2로 나눈 나머지, 10을 2로 나눈 나머지, 0을 1로 나눈 나머지를 각각 구해 보았습니다. a가 b의 배수라면 a를 b로 나눈 나머지가 0일 것이고 a가 b의 배수가 아니라면 a를 b로 나눈 나머지가 0이 아닌 다른 수가 나올 것입니다. 그래서 a % b == 0을 리턴해 주면 a가 b의 배수인지 아닌지를 알려 주는 함수가 완성됩니다.

```python
def multiple(a, b):
    return a % b == 0

print(multiple(5, 2))
print(multiple(10, 2))
print(multiple(0, 1))
```

◎ 결과
```
False
True
True
```

◎ 결과 해석

5는 2의 배수가 아닙니다. 왜냐하면 2로 나누었을 때 나머지가 0이 아니기 때문입니다. 10은 2의 배수입니다. 10을 2로 나누면 나머지가 0이기 때문입니다. 0은 어떤 수로 나누거나 곱해도 0입니다. 그래서 차례대로 False, True, True가 리턴되었습니다.

3.3. 자릿수들의 합 구하기

자릿수들의 합을 구하는 문제는 나머지 연산자 %를 이용하는 한 단계 어려운 문제입니다. 앞에서 배웠던 % 나머지 연산에 대해 잘 알고 있어야 할 뿐만 아니라 몇 가지 더 고려해야 할 것이 있습니다. 아래 문제를 한번 풀어 보겠습니다.

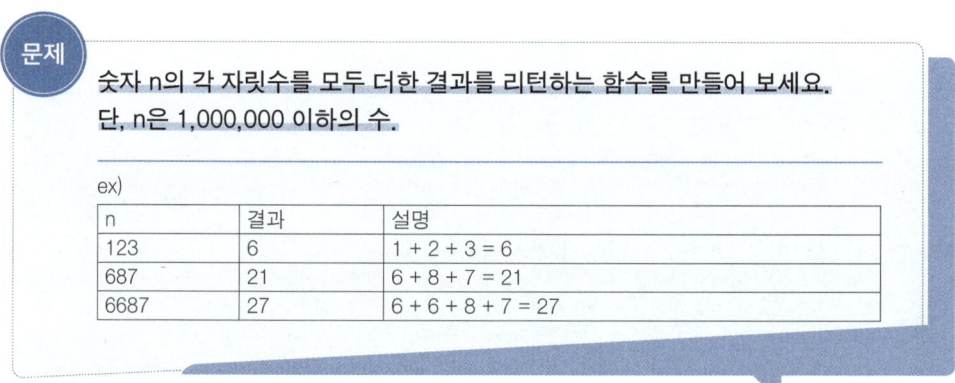

문제: 숫자 n의 각 자릿수를 모두 더한 결과를 리턴하는 함수를 만들어 보세요.
단, n은 1,000,000 이하의 수.

ex)

n	결과	설명
123	6	1 + 2 + 3 = 6
687	21	6 + 8 + 7 = 21
6687	27	6 + 6 + 8 + 7 = 27

123은 100 + 20 + 3이지만 100의 자리, 10의 자리, 1의 자리의 숫자는 각각 1, 2, 3입니다. 각 자리에 있는 숫자의 합은 1 + 2 + 3 = 6입니다. 687의 각 자릿수의 합은 6 + 8 + 7 = 21입니다. 이런 식으로 자릿수의 합을 구하는 문제입니다.

이 알고리즘을 푸는 핵심 로직은 각 자리에 있는 숫자를 분리해 내는 것입니다. 만약 문자열이라면 for number in "687"과 같이 한 자리씩 뽑아 진행하면 되겠지만, 여기서 687은 문자가 아니라 숫자이기 때문에 분리를 하려면 다른 방법을 이용해야 합니다.

사실 이 문제는 몫과 나머지를 프로그래밍에서 어떻게 처리하고 사용해야 하는지, 정확한 이해와 사용법을 알고 있는지 물어보는 문제입니다. 그리고 좀 더 어렵게 하려면, N이 1000 이하의 숫자일 때 각 자릿수의 합이 '소수'가 되는 N의 최댓값을 구하라와 같은 문제가 나올 수 있습니다. 이와 같이 자릿수의 합과 소수를 구하는 두 개의 알고리즘 모두 알아야 풀 수 있는 문제들도 얼마든지 나올 수 있으니 알고리즘을 하나씩 정확하게 이해하는 것이 중요합니다. 소수는 뒤에서 다룰 예정이니 먼저 자릿수의 합을 구하는 문제를 풀어 보겠습니다.

3.3.1. / 연산자로 몫 구하기

이 문제를 풀려면 먼저 몫을 구하는 법을 알아야 합니다. 파이썬에서 / 연산자로 나누기 연산을 하면 몫이 바로 구해질 것 같지만 그렇지 않습니다. 어떤 결과가 나오는지 직접 나누어 보겠습니다. 4를 2로 나누고, 5를 2로 나누고, 10을 3으로 나누어 보겠습니다.

```python
print(4 / 2)  # 4를 2로 나누기
print(5 / 2)  # 5를 2로 나누기
print(5 % 2)  # 5를 2로 나눈 나머지
print(10 / 3) # 10을 3으로 나누기
print(10 % 3) # 10을 3으로 나눈 나머지
```

⊘ 결과

```
2.0
2.5
1
3.3333333333333335
1
```

◎ 결과 해석

4 / 2는 2입니다. 나누어 떨어지기 때문에 4 / 2의 몫은 / 연산자로 구해도 되지만 딱 맞게 나누어 떨어지지 않을 경우, 소수점이 나오기 때문에 다른 방법을 이용해야 합니다.

3.3.2. // 연산자로 몫 구하기

a를 b로 나눈 몫을 구할 때 / 연산자를 쓰면 나누어 떨어지지 않는 경우 소수점이 나오는 문제가 있습니다. 이럴 때, 소수점 없이 몫만 구할 수 있는 // 연산자를 이용합니다.

```
print(4 // 2) # 4를 2로 나눈 몫
print(5 // 2) # 5를 2로 나눈 몫
print(10 // 3) # 10을 3으로 나눈 몫
```

◎ 결과

```
2
2
3
```

◎ 결과 해석

4를 2로 나눈 몫, 5를 2로 나눈 몫, 10을 3으로 나눈 몫을 //를 이용해 구해 보았습니다. 이번에는 소수점으로 나오지 않고 몫만 잘 구해진 것을 볼 수 있습니다.

3.3.3. 10으로 나누어 보기

앞에서 몫을 구하는 // 연산자와 나머지를 구하는 % 연산자에 대해 배워 보았습니다. 이 문제는 주어진 숫자 687을 10으로 나눈 몫과 나머지를 먼저 구해야 합니다. 이 생각을 해내지 못한다면 이 문제가 나왔을 때 당황할 수 있습니다.

687을 10으로 나눈 몫과 나머지를 구해 보겠습니다. / 연산자는 피하시기 바랍니다. 미궁으로 빠지기 시작하기 때문입니다.

```
num = 687
quotient = num // 10
remainder = num % 10
print("quo:",quotient, "re:",remainder)
```

◎ 결과
```
quo: 68 re: 7
```

◎ 결과 해석

quotient 변수에는 687을 10으로 나눈 몫인 68을 저장하고 remainder에는 687을 10으로 나누었을 때의 나머지를 저장했습니다.

결과를 보면 687을 10으로 나눈 몫은 68이고 나머지는 7인 것을 볼 수 있습니다. 벌써 6, 8, 7 중 7을 분리해 냈습니다. 이제 68에서 8을 분리하고 또 6을 분리해서 더하면 우리가 원하는 결과를 얻을 수 있을 것 같습니다.

3.3.4. 한 번 더 몫과 나머지 구하기

687을 68과 7로 분리하고, 다시 68을 6과 8로 분리할 수 있도록 몫과 나머지 연산을 진행하는 코드를 작성하겠습니다. 그리고 이 코드를 활용하여, 특정수를 받아 각 자리의 수를 더한 결과를 리턴해주는 sum 함수를 만들어 보겠습니다.

```
def sum(num):
    quotient = num // 10
    remainder = num % 10
    print("quo:",quotient, "re:",remainder)

    quotient2 = quotient // 10
    remainder2 = quotient % 10
    print("quo:",quotient2, "re:",remainder2)
```

```
num = 687
print(sum(num))
```

◇ 결과
```
quo: 68 re: 7
quo: 6 re: 8
None
```

◇ 결과 해석

68을 10으로 나눈 몫은 6이고 나머지는 8입니다. 따라서, remainder에는 7, remainder2에는 8이 들어있습니다. 지금까지 6, 8, 7중 7과 8을 분리하는 데에 성공했고, 이제 6만 남았습니다.

3.3.5. 1의 자리만 있는 숫자를 10으로 나누기

687에서 시작해서 계속 10으로 나누었더니 아래의 몫과 나머지가 나왔습니다.
```
quo: 68 re: 7
quo: 6 re: 8
```

이제는 나눌 숫자가 한 자리 숫자인 6만 남았습니다. 6 나누기 10의 몫과 나머지는 무엇일까요? 작은 수에서 큰 수를 나누면 몫은 0이고 나머지는 해당 숫자가 됩니다. 6을 10으로 나누었으니 몫은 0이고 나머지는 6입니다.

```
num = 687
def sum(num):
    quotient = num // 10
    remainder = num % 10
    print("quo:",quotient, "re:",remainder)
    quotient2 = quotient // 10
    remainder2 = quotient % 10
```

```
    print("quo:",quotient2, "re:",remainder2)

    quotient3 = quotient2 // 10
    remainder3 = quotient2 % 10
    print("quo:",quotient3, "re:",remainder3)
print(sum(num))
```

◎ 결과
```
quo: 68 re: 7
quo: 6 re: 8
quo: 0 re: 6
None
```

◎ 결과 해석

687을 10으로 나눈 몫 68과 나머지 7을 구하고, 10으로 나눈 몫인 68을 가지고 다시 10으로 나누어 몫 6과 나머지 8을 구하고, 또다시 몫 6을 나누어 몫 0과 나머지 6을 구하면 687에서 7, 8, 6 순으로 숫자가 반복되는 패턴이 보이시나요? 10으로 나눈 몫과 10으로 나눈 나머지 두 값을 구하는 로직이 반복되고 있습니다. 여기서 코드를 간결하게 하기 위해, 반복되는 부분을 계속 쓰지 말고 반복문으로 처리해 보겠습니다.

3.3.6. 반복문 넣기

위에서 10으로 나눴을 때, 몫과 나머지를 구하는 식이 반복되었습니다. 그래서 이 부분을 반복문으로 처리해 보겠습니다. 반복문은 몫이 저장되는 quotient의 값이 0보다 클 때까지만 반복하겠습니다. 여기서 한 가지 주의할 점은 몫보다 나머지를 먼저 구해야 한다는 것입니다.

```
def sum(num):
    result = 0
    quotient = num
    while(quotient > 0):
```

```python
        remainder = quotient % 10 # 나머지 구하기
        result += remainder # 나머지를 result에 누적
        quotient = quotient // 10 # 몫을 저장
        print("quo:",quotient, "result:",result)
    return result

num = 687
print(sum(num))
```

◎ 결과
```
quo: 68 result: 7
quo: 6 result: 15
quo: 0 result: 21
21
```

◎ 결과 해석

while문의 조건이 quotient(몫)가 0보다 큰 동안은 계속 실행되게 했습니다. quotient는 몫이기 때문에 계속 10으로 나누다 보면 대상 값이 10보다 작은 경우에는 0이 됩니다. 여기에서는 6을 10으로 나누는 경우에 몫이 0이 됩니다.

결과가 위와 같이 나오지 않는다면 몫을 나머지보다 먼저 구하지 않았는지 확인해 보시기 바랍니다. 우리가 나눗셈을 배울 때는 항상 몫을 구하고 그 후에 나머지를 구했기 때문에 여기에서도 습관적으로 몫을 먼저 구하는 경향이 있습니다. while문 안쪽에서 나머지를 구하고 result에 더한 후에 quotient 변수에 변화를 주는 로직이 들어가야 순서가 맞습니다.

3.3.7. quotient(몫) 변수 빼기

변수 선언은 최소한으로 하는 게 좋습니다. 공간 복잡도를 낮출수록 좋기 때문입니다. 위 로직에서 빼도 되는 변수가 quotient입니다. 변수를 새로 선언하는 대신 기존에 num으로 쓰던 파라미터의 이름을 quotient로 바꾸어 줍니다.

```python
def sum(quotient):  # 파라미터 이름을 바꿈
    result = 0
    while(quotient > 0):
        remainder = quotient % 10
        result += remainder  # 나머지를 result에 누적
        quotient = quotient // 10
    return result

num = 687
print(sum(num))
```

◎ 결과

```
21
```

◎ 결과 해석

로직은 바꾸었지만 결과는 6 + 8 + 7로 21이 잘 나온 것을 볼 수 있습니다.

3.3.8. remainder(나머지) 변수 빼기

변수 remainder는 이해를 돕기 위해, 나머지를 result에 누적할 때 사용하려고 만들었습니다. 하지만 변수 remainder를 사용하지 않아도 같은 결과를 낼 수 있을 것 같습니다.

```
remainder = quotient % 10
result += remainder  # 나머지를 result에 누적
```

위 로직에서 remainder만 빼주고 식만 남겨서 result에 누적해 주어도 결과는 같습니다.

```python
def sum(quotient):
    result = 0
    while(quotient > 0):
```

```
        # 변수 remainder를 없애고 바로 result에 더하기
        result = result + quotient % 10
        quotient = quotient // 10
    return result

print(sum(6879))
```

✅ 결과
```
30
```

자릿수가 많아져도 잘 작동하는지 테스트해 보기 위해 687에서 한자리가 추가된 6879를 넣고 코드를 실행해 보았습니다. 687이었을 때 결과가 21이었으니, 6879는 21에 9를 더한 30이 나와야 합니다. 결과를 보면, 30이 잘 나온 것을 확인할 수 있습니다.

이 로직에서는 나머지를 먼저 구해 나머지를 result에 더한 뒤, 몫을 구해 quotient 값을 바꾸어주는 이 순서가 핵심입니다. 꼭 기억하시기 바랍니다.

3.4. 최댓값(max), 최솟값(min) 구하기

이번에는 수준을 한 단계 높여서 최댓값과 최솟값을 구해 보겠습니다. 최댓값, 최솟값을 구하는 알고리즘을 만들고 싶다면 리스트, 반복문, 조건문을 알아야 합니다. 앞에서 나오지 않았던 반복문과 조건문의 조합이 있기 때문에 생각할 게 조금 더 있습니다. 먼저, 최댓값부터 구해 보겠습니다. 문제는 아래와 같습니다.

> **문제**
> [] 리스트 안에 [9, 22, 3, 7, 4, 5] 이렇게 6개의 숫자가 있을 때 최댓값을 구하는 함수를 만들어 보세요.
>
> ex) [9, 22, 3, 7, 4, 5] 답: 22

이미 구현되어 있는 max(), min()함수를 사용하면 되는 것 아니냐고 하실 수도 있습니다. 그러면 문제가 아래와 같이 나온다면 어떻게 할까요?

> **문제**
> [] 리스트 안에 [9, 22, 3, 7, 4, 5] 이렇게 6개의 숫자가 있을 때 최댓값이 들어있는 인덱스를 반환하는 함수를 만들어 보세요
>
> ex) [9, 22, 3, 7, 4, 5] 답: 1

단순히 최댓값, 최솟값을 구하는 것이 아닌 최댓값 혹은 최솟값이 들어있는 인덱스를 구하라는 식으로 문제가 나온다면, max(), min() 함수를 사용하지 않고 실제로 기능을 구현할 수 있어야 합니다. 알고리즘 코딩 테스트는 단순히 결과를 구하는 것보다는 알고리즘을 제대로 이해하고 응용할 수 있는지 여부를 알아보기 위함이 더 크기 때문에, 실제 기능을 구현하는 코드를 작성해 보겠습니다.

이번 장에서는 리스트 안에 있는 최댓값, 최솟값과 그 인덱스를 구하는 것까지 배워 보겠습니다. 만약 최댓값을 구하라는 문제가 위처럼 6개의 숫자만 주고 이 중에서 찾으라고 한다면 우리는 함수를 구현할 것도 없이 22라고 바로 대답할 수 있습니다. 우리는 눈으로 9, 22, 3, 7, 4, 5를 순서대로 보고 22가 크다는 것을 바로 알 수 있습니다. 하지만 숫자가 6개가 아니고 6만 개라면 보자마자 정확하게 최댓값을 찾기는 어렵습니다. 또한 65527, 63527 이런 식으로 한 자리만 다른 경우 숫자가 많아지면 인간은 실수할 수 있습니다. 그래서 단순 연산은 컴퓨터가 하도록 알고리즘을 짜 넣는 것입니다. 최댓값, 최솟값을 구하고 싶다면 최소한 리스트에 있는 모든 숫자를 한 번씩은 스캔해야 합니다.

예를 들어 [9, 22, 3, 7, 4, 5] 이렇게 6개의 숫자가 있을 때는 22까지 스캔을 한 다음, 그다음의 작은 값들은 보지 않아도 22가 최댓값입니다. 하지만 [9, 22, 3, 7, 4, 23]과 같이 맨 뒤에 23이 있는데 22까지만 보고 답을 22로 낸다면 그건 오답이 됩니다. 한 가지 예를 더 들어 보자면 [1, 1, 1, 1, 1 …… 2, 3] 이런 리스트가 있을 때 1이 1억 개가 있고 2가 한 개, 3이 한 개 들어있는 경우 앞부분만 보고 1만 있다고 생각하고 2와 3까지 확인을 안하면 . 2와 3까지 모두 확인해

야 최댓값을 정확히 알 수 있습니다.

Big-O 표기법으로 복잡도를 표현해 보면 주어진 문제는 O(N)으로 리스트에 6개의 숫자가 들어있기 때문에 O(6)이 됩니다. 최소한 6번은 숫자를 탐색해야 하죠. 숫자가 6개가 있든 1억 개가 있든 맨 뒤에 있는 숫자까지 모두 한 번씩은 꼭 확인을 해 줄 필요가 있습니다.

3.4.1. 핵심 로직

핵심 로직은 9, 22, 3, 7, 4, 5를 모두 한 번씩 확인하면서 현재 순서의 가장 큰 숫자를 변수에 저장해 놓고 그것보다 큰 숫자가 나오면 그 변수에 있는 값을 업데이트해 주는 방식입니다. 그래서 '최댓값'이라는 변수를 한 개 선언해서 이용할 것입니다. 아래 칸에서 색칠된 부분이 수를 비교하는 연산이 진행되고 있는 부분입니다.

9, 22, 3, 7, 4, 5 중 첫 번째 숫자인 9까지만 확인을 하면 아래와 같이 9가 가장 큰 값입니다. 첫 번째 값만 확인을 한다면 답이 첫 번째 값이기 때문에 최댓값 변수에 첫 번째 값을 할당하고 시작해도 됩니다.

변수:	최댓값 = 9					
배열:	9	22	3	7	4	5

9, 22, 3, 7, 4, 5 중 두 번째 숫자까지만 확인하면 9와 22 중 뒤에 나온 22가 더 크기 때문에 22가 최댓값입니다. 물론 9와 22를 비교했을 때 22가 최댓값이라는 것은 한눈에 알 수 있지만, 정확한 최댓값을 찾기 위해 최댓값 변수에 있는 9와 배열에 있는 22를 비교합니다.

변수:	최댓값 = 9					
배열:	9	22	3	7	4	5

'최댓값'에 들어있는 9와 배열에 있는 22를 비교한 결과 배열에 있는 22가 더 크기 때문에 변수 '최댓값'을 현재 확인한 값인 22로 바꿔줍니다.

변수:	최댓값 = 9	최댓값 = 22				
배열:	9	22	3	7	4	5

9, 22, 3, 7, 4, 5 중 세 번째 숫자인 3까지 확인을 한다고 했을 때 9, 22, 3을 모두 비교하는 것이 아니라 '최댓값' 변수에 들어있는 22와 3, 두 가지 숫자만 비교합니다. '최댓값'에 들어있는 9와 배열에 있는 22를 비교한 결과 변수에 있는 22가 더 크기 때문에 22가 최댓값입니다.

변수:	최댓값 = 9	최댓값 = 22				
배열:	9	22	3	7	4	5

위와 같은 방식으로 9, 22, 3, 7, 4, 5를 모두 변수 '최댓값'과 비교해 본 후 변수 '최댓값'에 최종으로 남아 있는 숫자가 최댓값이 됩니다.

◇ 결과

변수:	최댓값 = 9	최댓값 = 22				
배열:	9	22	3	7	4	5

마지막 번째 숫자인 5까지 모두 확인을 한 후 변수에 남아 있는 값은 22이므로 22가 최댓값이 됩니다.

3.4.2. 반복문으로 숫자 하나씩 확인하기

앞에서 알아본 핵심 로직은 '배열'에 있는 숫자와 변수 '최댓값'에 있는 숫자를 비교하여 '최댓값'에 있는 값이 더 크면 값을 바꾸지 않고 현재 값이 더 크면 변수 '최댓값'을 현재 값으로 바꾸는 것이었습니다.

이 로직을 파이썬 코드로 구현해 보겠습니다. 먼저 함수를 하나 선언하고 최댓값을 골라내야 할 값들을 하나씩 돌면서 출력해 보겠습니다. 각 숫자를 하나씩 꺼내며 출력하기 위해 반복문

for를 이용할 것입니다.

```
def solution(numbers):
    for num in numbers:  # numbers에서 num을 하나씩 뽑는다
        print(num)
numbers = [9, 22, 3, 7, 4, 5]
solution(numbers)
```

◎ 결과

```
9
22
3
7
4
5
```

◎ 결과 해석

numbers에 있는 6개의 수 9, 22, 3, 7, 4, 5가 콘솔에 모두 출력되었습니다.

3.4.3. result 변수 선언하기

앞에서 핵심 로직을 알아볼 때 변수를 선언해서 현재까지의 최댓값을 저장했습니다. 변수를 하나 선언해 놓고 사용하면 앞에 있는 모든 값과 비교할 필요 없이 현재 값과 변수에 있는 값 두 가지만 비교할 수 있기 때문에 최댓값을 저장하는 변수를 하나 선언해 주어야 합니다. 변수 이름은 result로 하겠습니다. 초기값은 0을 넣어주고 시작하겠습니다. result변수에 대해서는 뒤에서 자세히 다루겠습니다.

```
def solution(numbers):
    result = 0
    for num in numbers:
```

```
        print(num)

numbers = [9, 22, 3, 7, 4, 5]
solution(numbers)
```

실행 결과는 위와 같아서 생략합니다. 아직 result라는 변수를 선언만 했지 사용하지 않고 있는 상태입니다. 이번에는 result 변수를 사용하는 로직을 추가해 보겠습니다.

3.4.4. 최댓값 교체하는 로직 넣기

if조건문을 사용하여 result가 num보다 클 때 num을 result 변수 값에 할당해줌으로써 마지막 result 값을 return하면 최댓값인 22가 출력됩니다. for문을 돌면서 디버깅할 수 있도록 print함수를 사용하여 print(num, result)로 기록을 남겨주면 중간 결과를 확인하면서 로직을 만들어나가는 데에 도움을 받을 수 있습니다.

```
def solution(numbers):
    result = 0
    for num in numbers:
        if num > result: # num과 지금까지의 가장 큰 수 비교
            result = num # 조건에 맞으면 교체
        print(num, result)
    return result

numbers = [9, 22, 3, 7, 4, 5]
print(solution(numbers))
```

✓ 결과

```
9 9
22 22
3 22
```

```
7 22
4 22
5 22
22
```

✓ 결과 해석

if문 다음에 나오는 print(num, result)는 나중에 지우거나 주석 처리해도 됩니다. print(num, result)에서는 num이 9, 22, 3 … 5까지 바뀌는 것과 현재 result에 어떤 값이 들어있는지 콘솔에 출력되기 때문에 코드가 제대로 동작하고 있는지 확인할 수 있습니다. 9까지만 확인했을 때는 9가 최댓값이기 때문에 result에 9가 남아 있고 9, 22까지 확인했을 때는 22가 최댓값이므로 result에 있던 값이 22로 교체된 것을 확인할 수 있습니다. 그리고 3, 7, 4, 5는 모두 result에 있는 22보다 작기 때문에 result에 있는 22가 다른 값으로 교체되지 않고 남아 있습니다. 그래서 return result를 하면 콘솔의 맨 마지막 줄에 22가 출력됩니다.

이렇게 해서 최댓값을 구하는 로직이 완성되었습니다. 하지만 이 로직에는 치명적인 문제가 하나 있습니다.

3.4.5. 음수가 주어졌을 때 문제점

우리가 만든 로직의 문제점은 음수가 나온다면 최댓값을 제대로 구하지 못하는 경우가 발생한다는 것입니다. 앞에 나왔던 문제를 다시 한번 보겠습니다.

> **문제**
>
> [] 리스트 안에 [9, 22, 3, 7, 4, 5] 이렇게 6개의 숫자가 있을 때 최댓값을 구하는 함수를 만들어 보세요.
>
> ex) [9, 22, 3, 7, 4, 5] 답: 22

우리가 함께 만들어 보았던 최댓값을 구하는 함수는 숫자가 9, 22, 3, 7, 4, 5 이렇게 주어졌다면 최댓값인 22를 리턴하여 우리가 원하는 결과를 얻을 수 있었습니다. 하지만 테스트 케이스로 [-9, -22, -3, -7, -4, -5] 이런 배열이 주어진다면 앞에서 만들었던 함수는 제대로 된 결과를 리턴하지 못합니다.

[-9, -22, -3, -7, -4, -5]를 넣고 실행해 보겠습니다.

```python
def solution(numbers):
    result = 0
    for num in numbers:
        if num > result: # num과 지금까지의 가장 큰 수 비교
            result = num # 조건에 맞으면 교체
        print(num, result)
    return result

numbers = [-9, -22, -3, -7, -4, -5]
print(solution(numbers))
```

◎ 결과

```
-9 0
-22 0
-3 0
-7 0
-4 0
-5 0
0
```

◎ 결과 해석

-9, -22, -3, -7, -4, -5 중 최댓값은 -3입니다. 하지만 결과는 -9, -22, -3, -7, -4, -5 중에 어떤 숫자가 나온 것도 아닌 엉뚱한 0이 나왔습니다. 0은 어디에서 왔을까요?

최댓값이 저장될 result변수를 만들고 초기화할 때 result = 0 이렇게 0으로 초기화를 했습니

다. 최댓값이 0으로 설정되었기 때문에 0보다 크거나 같은 숫자들이 들어온다면 잘 작동하지만 0보다 작은 음수가 들어왔을 때는 0이 제일 큰 수가 되기 때문에 최댓값이 0이 됩니다. 그래서 이 부분을 수정해 보겠습니다.

3.4.6. 변수 result의 초기값 설정

초기값을 0이 아닌 numbers 안에 있는 값으로 하면 들어오는 값을 기준으로 비교하기 때문에 0으로 초기화하면서, 최댓값이 0이 되는 문제를 해결할 수 있습니다. 그래서 result에 0이 아닌, numbers[0]을 값으로 넣겠습니다.

```python
def solution(numbers):
    result = numbers[0]  # numbers의 첫 번째 값을 할당하고 시작
    for num in numbers:
        if num > result:
            result = num
        print(num, result)
    return result

numbers = [-9, -22, -3, -7, -4, -5]
print(solution(numbers))
```

⊘ 결과
```
-9 -9
-22 -9
-3 -3
-7 -3
-4 -3
-5 -3
-3
```

✓ 결과 해석

결과의 첫 번째 줄에 -9 -9 이렇게 출력이 되었습니다. result에 -9가 들어있고 num이 numbers의 첫 번째 값인 -9일 때는 num과 result의 값이 같기 때문에 result가 num으로 교체되지 않아서 print(num, result)를 하는 시점에서는 -9 -9가 출력되었습니다.

num에 numbers의 두 번째 값인 -22가 왔을 때도 역시 result에 있는 -9보다 -22가 작기 때문에 값을 교체하지 않았습니다. num에 numbers의 세 번째 값인 -3이 왔을 때는 기존 result에 -9가 들어있고 num이 -3이기 때문에 -3이 더 큽니다. 그래서 result의 값이 -3으로 들어가고 print(num, result)를 하는 시점에서는 -3 -3이 출력되었습니다. -9, -22, -3, -7, -4, -5 중 -3이 가장 크기 때문에 끝까지 교체되지 않고 남아서 리턴이 됩니다.

3.4.7. 불필요한 연산 제거

앞에서 음수일 때도 문제없이 로직이 작동할 수 있도록 수정했습니다. 물론 이대로도 크게 문제는 없지만, 좀 더 완벽한 로직을 위해 일부 개선할 부분이 있습니다.

앞에서 [-9, -22, -3, -7, -4, -5]의 최댓값을 구할 때 result = 0 이렇게 넣어 놓으면 최댓값이 0으로 리턴되는 문제가 있어서 result = numbers[0]으로 바꾸어 해결했습니다. 하지만 그 아래 if num > result: 로직에서 불필요한 연산이 진행되는 부분이 있습니다.

다시 로직을 꼼꼼히 보겠습니다. result = numbers[0]으로 시작하면 result에는 초기값으로 -9가 들어갑니다. for num in numbers:에서 numbers에 있는 모든 숫자를 하나씩 꺼내서 연산을 할 때도 num은 -9, -22, -3… 이렇게 numbers에 있는 모든 숫자가 한 번씩 나옵니다. 그러면 if num > result: 연산은 -9 > -9, -22 > -9, -3 > -22 이렇게 result와 numbers 안에 있는 모든 숫자를 비교하게 됩니다.

여기에서 문제는 자기 자신을 비교하는 -9 > -9 연산입니다. result에 들어있는 -9도 numbers[0]이고, for문에서 num에 가장 처음 들어오는 값도 numbers[0]입니다. 굳이 자기 자신을 다시 비교할 필요는 없고, for문에서는 numbers의 두 번째 값인 -22부터 비교해 주면 됩니다.

그러면 이에 맞게 다시 코드를 수정해 보겠습니다. 1번 인덱스에서 시작하려면, 코드를 numbers[1:]와 같이 바꾸어 주면 됩니다.

```python
def solution(numbers):
    result = numbers[0]  # numbers의 첫 번째 값을 할당하고 시작
    for num in numbers[1:]:  # numbers의 두 번째 값부터 비교
        if num > result:
            result = num
        print(num, result)
    return result

numbers = [-9, -22, -3, -7, -4, -5]
print(solution(numbers))
```

◎ 결과

```
-22 -9
-3 -3
-7 -3
-4 -3
-5 -3
-3
```

◎ 결과 해석

결과의 첫 번째 줄이 -22 -9로 시작됩니다. 이전 로직에서는 -9 -9부터 출력이 되었는데 이번에는 반복문을 두 번째 값부터 반복하게 해 놓았기 때문에 -22와 -9부터 비교를 합니다. 이 로직의 속도는 O(N)이기 때문에 0번부터 비교하나 1번부터 비교하나 거의 차이 없지만 앞으로 더 복잡한 로직들, 반복 연산이 많은 로직들은 이 한 번의 차이가 N번의 차이를 만들 수 있기 때문에 쉬운 로직을 만들 때부터 퍼포먼스를 고려하는 연습을 할 필요가 있습니다.

3.4.8. 최댓값이 들어있는 인덱스(Index) 출력하기

지금까지 주어진 리스트에서 최댓값을 구하는 로직을 만들었습니다. 하지만 코딩 테스트 문

제는 응시자가 이 알고리즘을 이해뿐만 아니라 응용까지 할 수 있는지 검증하려는 목적이 있기 때문에, 변형을 주어 문제를 출제하는 경우가 많습니다.

> **문제**
> [] 리스트 안에 [9, 22, 3, 7, 4, 5] 이렇게 6개의 숫자가 있을 때 최댓값이 들어있는 인덱스를 반환하는 함수를 만들어 보세요.
>
> ex) [9, 22, 3, 7, 4, 5] 답: 1

만약 위와 같이 최댓값을 구하는 문제가 아닌 '최댓값이 들어있는 인덱스'를 구하는 문제가 나왔다면 어떻게 할까요?

먼저 생각나는 방법은 앞에서 구현했던 함수를 이용하여 최댓값을 구하고, 구한 최댓값이 들어있는 인덱스를 반환하는 .index() 함수를 써서 찾는 방법이 있겠죠. 물론 최댓값도, 앞에서 구현했던 것처럼 만들지 않고 이미 구현되어 있는 max() 함수를 써도 됩니다.

```python
def solution(numbers):
    result = numbers[0]  # numbers의 첫 번째 값을 할당하고 시작
    for num in numbers[1:]:  # numbers의 두 번째 값부터 비교
        if num > result:
            result = num
    return result

numbers = [-9, -22, -3, -7, -4, -5]
print(numbers.index(solution(numbers)))
```

✓ **결과**
```
2
```

결과는 2로 -3이 들어있는 2번 인덱스를 잘 알려 줍니다. 하지만 이렇게 하면 로직의 속도가

O(2N)입니다. O(2N)도 O(N)이기 때문에 속도상으로는 크게 문제가 없겠지만, 문제가 조금 더 복잡하거나 데이터가 많아지면 이 차이도 꽤나 커질 수 있습니다. 한번 스캔해서 찾을 수도 있지만 이렇게 되면 두 번을 스캔해야 해서 이론상 속도가 2배 더 걸립니다. 또한 이 문제를 가지고 면접에서 '여기에 더 개선할 점은 없을까요?'라는 질문을 받았다면 여러분은 어떤 대답을 해야 할까요?

3.4.9. Index를 리턴하게 로직 변경하기

앞에서는 numbers에서 숫자를 하나씩 꺼내서 반복했다면 이번에는 index를 구해야 하기 때문에 numbers의 값에 index로 접근하여 값을 하나씩 출력해 보겠습니다.

len(numbers)를 이용해 numbers에 몇 개의 숫자가 들어있는지 구한 후에 range를 이용해 인덱스를 생성합니다. numbers에 들어있는 숫자가 6개이기 때문에 0, 1, 2, 3, 4, 5 이렇게 0번부터 5번까지 생성하면 됩니다. 그리고 numbers[i]로 접근하면 numbers에 있는 값들을 모두 출력할 수 있습니다.

```python
def solution(numbers):
    result_idx = 0 # 여기에서 0은 0번 인덱스
    for i in range(len(numbers)):
        print(numbers[i])

numbers = [-9, -22, -3, -7, -4, -5]
solution(numbers)
```

◎ 결과

```
-9
-22
-3
-7
-4
-5
```

> **결과 해석**

특별할 것 없이 numbers에 있는 모든 숫자를 콘솔에 한 번씩 출력했습니다.

3.4.10. Index에 있는 값들 비교

값들을 한 번씩 출력했으니 이번에는 앞에서 최댓값을 구할 때 적용했던 로직을 활용해 보겠습니다. 앞에서 적용했던 로직은 현재 숫자가 result 변수에 들어있는 숫자보다 더 큰 경우에 result의 값을 현재 값으로 교체해 주고 아니면 넘어갔습니다. 예를 들어, result에 -22가 들어 있다면 -3일 때 -3이 -22보다 크기 때문에 result를 -3으로 교체하는 로직이었습니다. 이제는 문제가 조금 바뀌었기 때문에 result 대신에 result_idx라는 변수명을 이용하겠습니다. 앞에서는 result에 최댓값을 저장했지만 result_idx에는 최댓값이 들어있는 인덱스를 저장할 것입니다. 변수에는 인덱스를 저장하지만 실제로 비교하는 것은 값이기 때문에 numbers[i], numbers[result_idx] 이런 식으로 변수에 인덱스로 접근하게 로직을 수정해 주어야 합니다.

```python
def solution(numbers):
    result_idx = 0 # 여기에서 0은 0번 인덱스
    for i in range(len(numbers)):
        if numbers[i] > numbers[result_idx]:
            result_idx = i
        print(i, numbers[i], result_idx)
    return result_idx

numbers = [-9, -22, -3, -7, -4, -5]
print(solution(numbers))
```

> **결과**
```
0 -9 0
1 -22 0
2 -3 2
3 -7 2
```

```
4 -4 2
5 -5 2
2
```

> **결과 해석**

반복문 안에 print(i, numbers[i], result_idx), 이렇게 print로 연산 과정이 출력되도록 했기 때문에 위와 같이 한 줄에 결괏값이 3개 나왔습니다. i는 인덱스이고, numbers[i]는 numbers에 i번째에 있는 값입니다. 그리고 result_idx는 최댓값이 들어있는 인덱스입니다.

3번째 값이 0, 0, 2, 2, 2, 2로 출력이 되었습니다. i가 0일 때는 numbers[i]가 -9이고 numbers[result_idx]도 -9이기 때문에 result_idx가 바뀌지 않아 그대로 0입니다. 0에서 2로 바뀌는 구간은 i가 2일 때입니다. i가 2일 때 numbers[i]는 -3이고 numbers[result_idx]는 -9여서 result_idx가 2로 바뀝니다. 이후로는 -3보다 큰 값이 없기 때문에 결과로 2가 리턴이 됩니다.

3.4.11. 개선할 부분

앞에서 최댓값 구하는 로직을 만들 때, result를 0으로 초기화해서 numbers에 음수(-9, -22, -3, -7, -4, -5)가 들어오면 최댓값이 0으로 리턴되는 문제가 있었고 그래서 result를 numbers[0]으로 초기화하여 해결했습니다. 하지만 최댓값이 들어있는 인덱스를 리턴하는 로직은 result_idx에 인덱스가 들어가기 때문에 이와 같은 문제가 발생하지 않습니다. 이 로직은 O(N)이기 때문에 최적화가 되었다고 할 수는 있지만 조금 더 고쳐 볼 부분 역시 있습니다.

result_idx = 0이고 numbers[0] > numbers[result_idx]일 때 -9와 -9를 비교하는 경우가 있습니다. 물론 연산 속도에 크게 문제가 없겠지만, 그래도 필요 없는 연산을 최소화하는 것이 우리의 목표이기 때문에 이 부분을 개선해 보겠습니다.

```python
def solution(numbers):
    result_idx = 0 # 여기에서 0은 0번 인덱스
    for i in range(1, len(numbers)):   # 1번 인덱스부터 비교합니다
        if numbers[i] > numbers[result_idx]:
```

```
            result_idx = i
        print(i, numbers[i], result_idx)
    return result_idx

numbers = [-9, -22, -3, -7, -4, -5]
print(solution(numbers))
```

⊘ 결과

```
1 -22 0
2 -3 2
3 -7 2
4 -4 2
5 -5 2
2
```

⊘ 결과 해석

콘솔에 출력되는 1줄이 줄었습니다. 앞에서는 0 -9 0 이 한 줄이 있었는데 지금은 없습니다. 연산을 한 번 덜 했다는 것이죠. 이 코드에서 중간 값을 확인하기 위해 넣은 print()문을 뺀다면 최댓값이 들어있는 인덱스를 구하는 로직이 완성됩니다.

3.4.12. 최솟값 구하기

최댓값과 최댓값이 들어있는 인덱스를 구하는 로직을 만들어 보았으니 이번에는 최솟값을 구하는 로직을 만들어 보겠습니다. 앞에서는 최댓값을 구하기 위해 result_idx에 값이 바뀌는 경우는 numbers[i]가 numbers[result_idx]보다 큰 경우에 값을 바꿔 주었습니다. 하지만 이번에는 반대로 더 클 때가 아니라 더 작을 때 바꿔 주면 최솟값을 구할 수 있습니다.

if numbers[i] > numbers[result_idx]:를 if numbers[i] < numbers[result_idx]:로 바꿔 주면 최솟값이 들어있는 인덱스를 구할 수 있습니다. 리턴을 '최솟값'으로 할 것인지 '최솟값이 들어있는 인덱스'의 값으로 할 것인지는 선택할 수 있습니다. '최솟값이 들어있는 인덱스'를 리턴하고 싶다면 return result_idx를 하면 되고 '최솟값'을 리턴하고 싶다면 return numbers[result_ idx]를 하면 됩니다.

여기에서는 '최솟값'을 리턴해 보겠습니다.

```python
def solution(numbers):
    result_idx = 0
    for i in range(1, len(numbers)):
        if numbers[i] < numbers[result_idx]: # 최솟값일 때는 >를 <로 바꿔줍니다
            result_idx = i
        print(i, numbers[i], result_idx)
    return numbers[result_idx] # numbers에 result_idx로 접근하면 값이 나옵니다

numbers = [-9, -22, -3, -7, -4, -5]
print(solution(numbers))
```

◎ 결과

```
1 -22 1
2 -3 1
3 -7 1
4 -4 1
5 -5 1
-22
```

◎ 결과 해석

-9, -22, -3, -7, -4, -5 중 최솟값은 -22 입니다. -22가 들어있는 인덱스는 1입니다. 그래서 콘솔에 출력된 세 가지 값 중 마지막 값이 1, 1, 1, 1, 1로 나왔습니다. 최솟값이 들어있는 인덱스가 1이기 때문에 numbers[1]을 리턴하면 -22가 리턴이 됩니다.

4장
무차별 대입법 (Brute Force)

4. 무차별 대입법 (Brute Force)

'무차별 대입법'은 모든 경우의 수를 다 해 보는 것입니다. 영어 Brute Force(브루트 포스)를 번역한 말입니다. 모든 경우의 수를 다 해 보는 것이기 때문에 '무차별 대입법'이라고 하면 개발자로서 최적의 알고리즘을 생각해 내야 하는 것 아닌가 하는 생각이 들면서 '이렇게 순서대로 다 넣을 거면 왜 굳이 프로그램을 만들고 로직을 고민할까?'라는 생각에 이 방법은 아예 고려하지 않는 경우가 있습니다. 하지만 의외로 이 무차별 대입법이야말로 가장 컴퓨터에 적합한 방법일 수 있습니다. 왜냐하면 컴퓨터는 반복을 가장 잘하기 때문입니다.

4.1. 통장 비밀번호 풀기

브루트 포스의 대표적인 예제는 통장 비밀번호 풀기입니다. 통장 비밀번호는 보통 아래와 같이 숫자 4자리로 만듭니다.

| 3 | 4 | 2 | 7 |

각 칸에 올 수 있는 숫자는 0부터 9까지입니다. 그래서 나올 수 있는 비밀번호의 최대 가짓수는 각 자리에 0부터 9까지 10개의 숫자가 올 수 있기 때문에 10 × 10 × 10 × 10으로 10의 4제곱인 1만 개입니다.

1번째	2번째	3번째	4번째
0	0	0	0
1	1	1	1
2	2	2	2
3	3	3	3
4	4	4	4
5	5	5	5
6	6	6	6
7	7	7	7
8	8	8	8
9	9	9	9

인터넷 뱅킹이 나오기 전에는 폰뱅킹이라는 게 잠시 있었다고 합니다. 저도 폰뱅킹을 직접 써 보지는 않았습니다만 전화번호의 다이얼 패드만으로 사용자 인증을 해야 하는 경우에는 비밀번호를 숫자로 받을 수밖에 없겠지요. 그래서 이런 암호 체계가 만들어진 것 같습니다.

1	2	3
4	5	6
7	8	9
*	0	#

지금은 스마트폰을 대부분 사용하기 때문에 지문, 얼굴, 홍채, 패턴, 여러 자릿수의 특수문자가 포함된 비밀번호 등 모두 입력을 할 수 있지만 스마트폰이 나오기 전에는 0부터 9 사이의 숫자만 입력할 수 있었습니다. 지금도 ATM기 같은 경우는 은행 업무를 보려면 4자리의 숫자 비밀번호를 입력하는 경우가 많습니다.

이렇게 4자리 숫자는 1초에 한 개씩 입력할 수 있다고 했을때 0000, 0001, 0002 ~ 9998, 9999 까지 총 1만 개 중에 한 개이기 때문에 1초 × 10,000개 = 166.66…분입니다. 중간에 걸리지 않고 1만 개를 넣어볼 수 있다면 두 시간 반 정도면 뚫리게 됩니다. 물론 ATM기 같은 경우는 연속으로 5번 틀리면 더는 시도할 수 없지만 1/2,000 확률로 맞을 수도 있습니다. 그래서 만약 카드를 습득한 사람이 나쁜 마음을 먹고 ATM기에 가서 비밀번호를 5번 시도했을 때, 1/2,000 확률로 맞을 수도 있는 거죠. 로또 복권 당첨될 확률이 1/8,130,000인데 지갑을 주웠을 때 카드를 넣고 4자리 비밀번호를 맞출 확률이 훨씬 더 높은거죠. 이렇게 4자리 숫자로만 되어 있는 패스워드가 보안상으로 취약하기 때문에 요즘에는 2차 비밀번호나 지문 등 추가 인증 수단을 이용하는 경우가 많습니다.

컴퓨터가 브루트 포스 알고리즘으로 4자리 숫자로 된 비밀번호를 얼마나 빨리 푸는지 체감해 보기 위해 이렇게 0000부터 9999까지 모든 경우의 수를 시도해 보는 예제를 풀어 보겠습니다.

4.2. 통장 비밀번호를 푸는 알고리즘 개발하기

브루트 포스의 대표적인 예제인 통장 비밀번호를 푸는 함수를 만들어 보겠습니다.

> **문제**
>
> 4자리로 되어 있는 통장 비밀번호를 알아내는 알고리즘을 만들어 보세요.
> 0000부터 9999까지 무차별 대입을 하다가 입력받은 pw와 일치하는 경우 True를 리턴하는 로직을 구현해 보세요.
>
> ex) 3427 True

문제 자체는 그저 무차별 대입법이 무엇인지 공부해 보는 예제입니다. 이미 우리는 3427이라는 답을 알고 있지만, 모른다고 가정하고 문제를 풀어 보겠습니다.

4.3. 핵심 로직

핵심 로직은 4자리의 숫자를 하나씩 올려가면서 반복문으로 돌리는 것입니다. 통장 비밀번호를 모르는 상황에서 브루트 포스는 비밀번호를 풀어내는 가장 빠른 방법입니다.

4자리의 수, 각 자리마다 0~9까지 10개의 숫자가 들어갈 수 있기 때문에 총 1만 개의 경우의 수가 있습니다. 이 문제에는 왕도가 없습니다. 물론, 만약 첫 번째 자리의 숫자가 0으로 시작하면 비교적 빨리 번호를 맞출 수 있기 때문에 사람들이 5로 시작하는 비밀번호를 많이 만든다고 가정한다면, 5000부터 9999까지 먼저 입력해 보고 0000부터 4999를 나중에 입력해 볼 수는 있습니다. 하지만 이 경우 역시, 만약 4999가 비밀번호였다면 결국은 1만 번째에서야 번호를 풀어낼 수 있는 겁니다.

이 풀이의 핵심 로직은 for문을 4개 사용하는 것입니다. for문을 4개 사용하기 때문에 변수 역시 h, i, j, k 이렇게 4가지를 이용할 것입니다.

4.3.1. 0000부터 0009까지(0 0 0 h)

먼저 구현해 볼 것은 0000부터 0001, 0002 ⋯ 0009까지 총 10가지만 출력하는 로직입니다. ATM기에 카드를 들고 가서 무차별 대입을 할 때 0000, 0001 이렇게 한 개씩 바꾸면서 비밀번호가 맞았으면 다음 화면으로 넘어갈 것이고 틀렸으면 다시 입력하라는 화면이 나올 것입니다.

```python
def solution(pw):
    # h i j k
    for h in range(0, 10):
        print(f'000{h}')

solution(3427)
```

함수의 파라미터는 pw 하나로 실제 패스워드를 입력 받습니다. 입력 받은 pw와 무차별 대입법을 통해 만든 비밀번호가 같으면 True를 리턴할 때 사용할 변수입니다.

◇ 결과

```
0000
0001
0002
0003
0004
0005
0006
0007
0008
0009
```

◇ 결과 해석

네 자리 숫자 중 맨 뒷자리 숫자를 0부터 9까지 반복하여 0000부터 0009까지 10개의 비밀번호를 생성해 보았습니다. 우리가 풀어야 할 통장 비밀번호는 네 자리 숫자이기 때문에 for문을 4번 사용할 것입니다. 이렇게 해도 10 x 10 x 10 x 10 = 1만 번이기 때문에 아직까지는 속도가 그렇게 문제 되지는 않습니다. 물론 10자리, 12자리, 13자리 이렇게 넘어가기 시작하면 억, 십억 단위로 연산을 하기 때문에 느리겠지만 10개씩 4번 중첩은 사용할 만합니다.

4.3.2. 0000부터 0099까지(0 0 h i)

앞에서 0000부터 0009까지 10가지를 시도해 보았지만 아직 실제 패스워드인 3427까지 닿지는 못했습니다. 그래서 0099까지 총 100가지를 시도해 보겠습니다. 무차별 대입법이기 때문에 for문을 2번 중첩하여 10번씩 10번 돌려 보겠습니다.

```python
def solution(pw):
    # h i j k
    for h in range(0, 10):
        for i in range(0, 10):
            print(f'00{h}{i}')
```

```
solution(3427)
```

◉ 결과
```
0000
0001
0002
----- 중략 -----
0097
0098
0099
```

◉ 결과 해석

for문을 2번 중첩해서 0000부터 0099까지 100개의 숫자를 만들어 보았습니다.

4.3.3. 0000부터 0999까지(0 h i j)

같은 방법으로 중첩 for문을 한 번 더 중첩해서 총 3번의 for문을 중첩해 줍니다. 반복문은 점점 깊이 들어가고 실행 횟수는 루프가 추가될 때마다 10배로 늘어나기 때문에 결과가 나오는 속도 역시 10배 느려지겠지만 1,000개까지는 무차별 대입법이 좋은 해법이 될 수 있습니다.

```python
def solution(pw):
    # h i j k
    for h in range(0, 10):
        for i in range(0, 10):
            for j in range(0, 10):
                print(f'0{h}{i}{j}')
solution(3427)
```

◉ 결과
```
0000
```

```
0001
0002
0003
---- 중략 ----
0996
0997
0998
0999
```

⊘ 결과 해석

첫 번째 줄 0000부터 마지막 줄 0999까지 10 x 10 x 10으로 print(f'0{h}{i}{j}')가 총 1천 번 실행되었습니다.

4.3.4. 0000부터 9999까지(h i j k)

이제 마지막 중첩이 되겠습니다. 통장 비밀번호가 4자리이기 때문에 for문을 총 4번 중첩해 줍니다. 만약 비밀번호가 5자리, 6자리라면 5번, 6번 계속 중첩을 해 주어야겠지만 이 문제에서는 비밀번호가 4자리이기 때문에 4번까지만 중첩해 줍니다.

```python
def solution(pw):
    # h i j k
    for h in range(0, 10):
        for i in range(0, 10):
            for j in range(0, 10):
                for k in range(0, 10):
                    print(f'{h}{i}{j}{k}')
solution(3427)
```

⊘ 결과

```
0000
```

```
0001
0002
0003
---- 중략 ----
9996
9997
9998
9999
```

⊘ 결과 해석

0000부터 9999까지 총 1만 개의 숫자가 만들어졌습니다. 통장 비밀번호를 9999로 쓰시는 분들은 많지는 않겠지만 9999로 해 놓은 경우는 0000부터 9999까지 모두 시도를 해야 풀 수 있기 때문에 0000부터 9999까지 중첩을 4번이나 해서 숫자를 만들어 보았습니다.

4.3.5. 입력받은 암호와 같으면 return

앞에서는 중첩을 4번이나 해서 1만 개의 숫자를 만들어 보았습니다. 이번에는 숫자를 만드는 중에 입력된 암호와 같은 숫자가 나오면 True를 리턴하는 로직을 추가해 보겠습니다. 파라미터로 입력받은 pw와 for문을 중첩해 만든 숫자를 비교합니다. str(pw) == made_pw 이렇게 조건을 넣어 줍니다.

```python
def solution(pw):
    # h i j k
    for h in range(0, 10):
        for i in range(0, 10):
            for j in range(0, 10):
                for k in range(0, 10):
                    made_pw = f'{h}{i}{j}{k}'
                    # 만들어진 pw와 입력받은 pw 비교
                    if str(pw) == made_pw:
```

```
                    print(made_pw)
                    return True
print(solution(3427))
```

✓ 결과

```
3427
True
```

✓ 결과 해석

if문 안쪽에 print()로 현재 숫자를 출력하게 해 놓았기 때문에 결과의 첫 번째 줄에 입력받은 3427이 출력되었습니다. str()을 쓴 이유는 made_pw가 문자열이기 때문에 숫자로 입력받은 pw를 문자형으로 바꾸기 위해서입니다.

5장

스택(Stack)

5. 스택(Stack)

스택은 자료구조 중에 배열, 리스트 다음으로 접하는 경우가 많습니다. 스택은 컴퓨터가 데이터를 처리하거나 함수를 실행할 때 사용합니다. 우리가 지금 컴퓨터나 스마트폰을 쓰고 있는 중에도 CPU는 계속 스택 연산을 하고 있습니다. 하지만 그 과정이 우리 눈에는 보이지 않습니다. 일상생활에서 찾아볼 수 있는 스택의 예제는 티슈입니다. 한 장씩 뽑아서 쓰는 티슈를 다들 써보셨을 것입니다. 티슈는 보통 위를 뜯어서 한 장씩 뽑아서 쓰게끔 되어 있습니다. 그래서 가장 마지막에 넣은 것부터 가장 먼저 사용할 수 있습니다. 또 한 가지 예제를 찾아보자면 통 안에 들어있는 감자칩입니다. 통 안에 감자칩이 층층이 쌓여있는데 뚜껑을 열면 가장 나중에 들어간 것부터 꺼내 먹을 수 있게 되어 있습니다.

스택과 같이 나오는 것은 큐입니다. 은행에 갔을 때 혹은 유명한 맛집을 갔을 때 번호표를 뽑는 게 큐라고 생각하면 편합니다. 먼저 번호표를 뽑은 사람부터 업무를 보거나 입장을 할 수 있습니다. 비슷한 예로 버스를 탈 때 줄을 서는 것도 큐라고 할 수 있습니다. 먼저 와서 기다리기 시작한 사람부터 버스에 타는 것입니다. 큐는 이렇게 일상생활에서 쉽게 떠올릴 수 있는 예제라서 이해하기가 그렇게 어렵진 않지만, 의식적으로 이해하려는 노력은 조금 필요합니다.

5.1. 스택(Stack)은 처음부터 있었을까요?

스택이라는 자료구조는 처음부터 있었을까요? 아닙니다. 우리가 지금 사용하는 class나 function 같은 개념들도 프로그래밍 기법이 발전하면서 달라졌듯이 스택도 배열을 쓰다가 배열만으로 해결이 어려운 문제들이 있어서 만들어졌을 것입니다. 풀이나 나무처럼 태초부터 있었던 것은 아닌 거죠. 스택 이전에 배열만 있던 시기가 있었거든요.

그렇다면 스택이 어떻게 만들어졌고 기능은 무엇인지에 대해 알아보기 위해 이번 장에서는 먼저 '배열'만 가지고 스택을 구현해 보겠습니다. 파이썬의 리스트는 값을 넣으면 길이가 늘어나는 기능이 있지만 실제로 배열이라는 것은 길이가 고정입니다. 배열에는 자동으로 길이를 늘였다 줄였다 하는 기능이 없다는 것을 꼭 기억해 주시기 바랍니다.

> Q 배열에는 길이를 '자동'으로 늘였다 줄였다 하는 기능이 없습니다.

5.1.1. 스택(Stack)을 쓰는 이유

스택을 쓰는 이유는 .pop() 연산을 이용해 '인덱스 없이' 데이터를 넣었다 뺐다 하기 위함입니다. 여기에서 주목할 점은 '인덱스 없이' 데이터를 넣거나 빼거나 했다는 점과 이전에 스택에 넣었던 데이터를 참고하여 연산을 한다는 점입니다. 원래 인덱스를 쓰기 위해서는 스택에 값이 몇 개가 있는지 알아야 합니다. 물론 스택도 처음에는 배열에 값이 들어왔을 때 개수를 세서 저장해 놓고 값이 빠지면 또다시 개수를 차감해서 배열에 개수를 저장해 놓고 사용했을 것입니다. 하지만 여기서는 인덱스를 사용하지 않고 데이터를 뽑는 경우를 생각하면서 코드를 작성해 보겠습니다.

```
arr = [1, 2, 6, 4, 8]
```

배열에 위와 같이 다섯 개의 숫자가 있다고 했을 때 마지막 번째 숫자는 8입니다. 여기에서 마지막 번째에 있는 숫자를 출력하고 싶다면 어떻게 해야 할까요? arr에는 1, 2, 6, 4, 8 이렇게 5개의 숫자가 들어있고 인덱스는 0, 1, 2, 3, 4 이렇게 5개가 존재하기 때문에 4라는 인덱스를 이용해야 합니다.

```
arr = [1, 2, 6, 4, 8]
print(arr[4])        # 4라는 인덱스를 알아야 마지막 값을 꺼낼 수 있습니다.
```

✅ 결과

```
8
```

위와 같이 arr[4]라고 인덱스를 지정해 주어야 합니다. 8은 5번째에 있고 인덱스는 0부터 시작하기 때문에 4번째 인덱스에 있습니다. 그래서 arr[4]라고 했습니다. 문제는 인덱스를 사용하기 위해서는 배열에 있는 원소(element) 개수를 알아야 한다는 것입니다. 이 배열에는 총 5개의 숫자가 있고 마지막 번째 인덱스가 4라는 것을 우리가 알기 때문에 마지막 번째에 있는 8을 출력할 수 있었습니다. arr[4], 여기의 숫자 4는 우리가 머리로 생각해 낸 숫자입니다. 먼저 눈으로 배열에 있는 숫자가 5개라는 것을 인지하고, 0부터 인덱스가 시작하기 때문에 5에서 -1을 해 4를 도출할 수 있던 것입니다.

하지만 컴퓨터는 이런 과정을 사람이 알고리즘으로 구현해서 실행하지 않으면, 스스로 마지막 번째 숫자를 인식하고 뽑아낼 수 없습니다. 그렇기 때문에 여기서는 배열의 숫자 개수를 메모리에 저장하는 방법을 이용하여 컴퓨터가 마지막 번째 숫자를 알 수 있는 알고리즘을 작성해 보겠습니다.

1	2	6	4	8					

메모리에 이렇게 20개의 칸이 있다고 합시다. 첫 번째 줄에는 10칸이 있고 두 번째 줄에도 10칸이 있습니다. 이 상황에서 컴퓨터는 메모리에 5개의 숫자들을 저장하고 있지만, 정작 자신이 몇 개의 숫자를 저장하고 있는지는 알지 못합니다. 마치 빈 냉장고에 물병 5개를 넣어 놓았는데 5개의 물병을 냉장고가 시원하게 만들어는 주지만, 냉장고에 물병이 5개가 들어있는지는 모르는 것과 같습니다. 냉장고는 기계이고 기계는 기억이라는 게 없기 때문이죠. 냉장고 주인이 포스트잇을 하나 냉장고 문에 붙이고 '물 : 5개', 이렇게 적어주면 다른 사람이 지나가다 봤을 때 냉장고 문을 열어서 물병 개수를 세지 않아도 물이 5개가 들어 있다는 것을 알 수 있습니다.

그러면 냉장고 문에 물병 개수를 적어서 다른 사람도 바로 물병 개수를 알 수 있는 것처럼, 메모리에도 바로 알 수 있도록 개수를 적어 보겠습니다. 두 번째 줄 첫째 칸에 현재 메모리에 저장되어 있는 숫자의 개수를 넣어보겠습니다.

1	2	6	4	8					
5									

코드로 표현해 보겠습니다.

```
arr = [1, 2, 6, 4, 8]    # 기존에 5개가 들어있는 arr
size = 5
```

arr에 7이라는 숫자를 하나 추가하고 코드를 수정해 보겠습니다.

```
arr = [1, 2, 6, 4, 8, 7]
size = 5
```

메모리에는 아래와 같이 들어 있을 겁니다.

1	2	6	4	8	7				
5									

코드를 보면 아시겠지만, 7을 추가했다고 해서 자동으로 size가 6이 되지 않습니다.

```
arr = [1, 2, 6, 4, 8, 7]
size = 6    # 기존에 size = 5로 되어 있던 것을 6으로 수정해 주었습니다
```

size에도 개수를 올려주어야 현재 몇 개가 있는지 정확하게 알 수 있습니다.

1	2	6	4	8	7				
6									

현재 몇 개가 들어있는지 메모리에 기록을 해두었기 때문에 arr의 마지막 번째에 있는 숫자 7을 출력해 보겠습니다.

```
arr = [1, 2, 6, 4, 8, 7]
size = 6
print(arr[size-1]) # 인덱스는 0부터 시작하기 때문에 개수 -1을 해 줍니다
```

⊘ 결과
```
7
```

배열 마지막에 저장되어 있던 7이 출력되었습니다.

5.1.2. 위 구조의 문제점

하지만 이 구조는 문제가 있습니다. 숫자를 넣을 때마다 위에서 했듯이 size에 1을 직접 더해 주는 연산을 해야 합니다. 물론 이런 연산을 한두 번 하는 것은 시간상 차이가 없습니다. 한두 번이 아니라 1,000번과 2,000번도 크게 차이가 없을 것입니다. 하지만 10,000번, 20,000번, 10만 번, 20만 번을 해야 한다면 속도는 느려집니다. 사실 1980~90년도에는 메모리 용량이 1메가 바이트가 안 됐습니다. 하지만 지금은 8기가, 16기가 이렇게 8,000배, 16,000배로 용량은 커졌는데 가격은 동일합니다. 그리고 CPU도 같은 가격에 속도는 훨씬 빨라졌기 때문에 변수 하나를 추가로 선언해서 쓰는 것이, 개발자가 변수를 추가하지 않기 위해 생각하고 고민하면서 많은 시간과 노력을 쏟는 것보다 훨씬 경제적입니다. 인건비에 비해 하드웨어의 가격은 저렴해졌기 때문에 하드웨어를 더 구입하는 것이 보다 합리적인 해결 방법인 것이죠.

하지만 진짜 문제는 하드웨어 비용이 저렴해질수록 더 많은 곳에 CPU 연산을 사용하게 된다는 겁니다. 대표적인 예로 인공지능이 있습니다. 인공지능 이론이 나온 지는 50년도 더 되었지만, 최근에서야 연구가 활발해지고 제품으로도 나오고 있습니다. 이것은 저렴해진 하드웨어 비용 덕분에 연산이 많이 필요한 인공지능 연구가, 이제는 기관이나 연구소의 슈퍼컴퓨터만이 아니라 개인 컴퓨터에서도 가능해졌기 때문입니다. 인공지능은 단순 반복 연산을 계속한 결과를 쌓아놓고, 여러 단계의 분석을 빠르게 해서 결과를 도출하는 기술입니다. 이런 것들을 '인

지', '인식'이라고 하죠.

　단순 연산이라도 인공지능은 아주 많은 양을 처리하기 때문에, 연산을 최소화하는 최적화 작업은 인공지능 성능에 큰 영향을 주는 중요한 작업입니다. 그래서 배열과는 다르게 마지막 번째 인덱스를 따로 관리하지 않아도 되는 스택은 최적화 작업의 중요도가 높아진 요즘 같은 시기에 활용도가 높습니다. 마지막에 넣은 숫자를 뽑아낼 때에도 사용되지만, 사실 스택은 컴퓨터로 계산을 하는 모든 영역에 사용됩니다. 1 + 2 × 3 등의 식을 계산하는 데에도 사용되고 함수가 여럿 있을 때 실행 순서를 제어하는 데에도 사용됩니다. 스마트폰을 쓰면서 우리는 끊임없이 스택에 넣고 빼는 연산을 합니다. 그래서 스택을 정확히 이해해야 하며, 실제로 알고리즘 문제를 푸는 데에도 스택을 많이 사용합니다.

5.1.3. 스택(Stack) 연산 사용 방법

　스택에 값을 넣을 때는 .append()를 사용하고 값을 뽑을 때는 .pop()을 사용합니다.

.pop() 연산
.pop() 연산은 가장 뒤에 있는 값을 뽑는 연산입니다. 예를 들어, arr = [1, 2, 3, 4] 이렇게 4개의 숫자가 들어있는 배열 arr이 있다고 생각해 보겠습니다. arr.pop()을 하면 4가 출력되고 arr은 [1, 2, 3]이 됩니다. 이와 같은 작업이 이루어지는 연산이 .pop() 연산입니다.

```
stack = []
print("스택 선언=>", stack)
stack.append(10) # 10 넣기
print("10 넣은 후=>", stack)
stack.append(20) # 20 넣기
print("20 넣은 후=>", stack)
print("pop=>", stack.pop()) # 뽑기(.pop())
print("stack=>" , stack)
```

✓ **결과**

```
스택 선언=> []
10 넣은 후=> [10]
20 넣은 후=> [10, 20]
pop=> 20
stack=> [10]
```

파이썬의 리스트는 스택 연산인 .pop()을 지원합니다.

```python
stack = []
print(type(stack))
```

✓ **결과**

```
<class 'list'>
```

결과의 type이 'stack'이 아니라 'list'입니다. stack을 선언하는 데에도 리스트를 선언하는 방법을 사용했습니다. 리스트에서도 .pop()이라는 스택 연산이 가능하기 때문에, 스택 연산이 필요할 때에는 리스트를 사용해도 됩니다. 만약 리스트 말고 꼭 스택스러운 것을 사용하고 싶다면 _collections.deque를 사용하면 됩니다.

```python
from _collections import deque

stack = deque()
print("type:", type(stack))
stack.append(1)
print(stack)
stack.append(2)
print(stack)
stack.pop()
print(stack)
```

```
stack.pop()
print(stack)

print(not stack)    # 현재 stack이 비어 있기 때문에 not stack은 True가 됩니다.
```

✅ **결과**

```
type: <class 'collections.deque'>
deque([1])
deque([1, 2])
deque([1])
deque([])
True
```

list와 똑같이 .append()와 .pop()을 사용합니다. type을 찍어보면 collections.deque라고 나옵니다. 위에서 마지막 줄에 사용한 'not stack'은 stack이라는 변수가 False면 True를, True면 False를 리턴하는 함수입니다. 이 효과는 stack이 컬렉션일 때 아무것도 없는 경우 False가 되고 여기에 not을 붙였기 때문에 다시 결과의 마지막 줄에 True가 출력된 것입니다.

5.1.4. 스택(Stack) 구현하기

파이썬에서 스택 연산을 사용할 때는 위에서 알아보았던 collections의 deque를 사용하면 됩니다. 사실 스택은 알고리즘 입문자에들이 다루기에는 다소 복잡한 자료구조입니다. 하지만 직접 구현을 해보면 스택에 대해서 더 잘 이해할 수 있기 때문에 이번에는 함께 스택을 구현해 보겠습니다.

```
class Stack1:    # Stack은 예약어처럼 보일 수 있기 때문에 1을 붙여, stack1로 사용합니다.
    arr = []    # 스택은 배열을 확장한 기능으로 배열을 선언해 줍니다.
    
    def __init__(self, size=10000):
```

```
        self.arr = [None] * size    # 10000개의 None으로 self.arr을 초기화했습니다.

st = Stack1()
print(st)
```

위 코드는 간단한 클래스를 하나 선언하는 것처럼 보이지만 사실 많은 내용이 담겨 있습니다. 클래스의 멤버 변수로 배열(arr)을 선언하고 __init__으로 생성자도 만들어 주었습니다. 또한 클래스를 선언할 때 이 스택이 최대 몇 개의 칸을 메모리에 확보할 것인지에 대한 내용도 있고 기본적으로 1만 개의 칸을 확보해 놓으라는 내용도 있습니다.

◎ 결과
```
<__main__.Stack1 object at 0x000001FD4E6A3F08>
```

◎ 결과 해석

예약어로 보일 수 있는 Stack 대신 Stack1을 사용하여, st = Stack1()로 스택을 선언하고 실행하면 위와 같이 16진수 메모리 주소로 결과가 나옵니다.

스택의 대표 기능으로는 값을 넣는 .push(value)와 배열 맨 뒤에서 값을 뽑는 .pop()이 있습니다. pop()은 들어있는 것이 없을 때도 실행을 할 수는 있지만, '들어있는 것을 '빼는' 기능이기 때문에 먼저 스택에 무언가 넣는 .push(value) 함수부터 만들어 보겠습니다.

```
class Stack1():
    arr = []

    def __init__(self, size=10000):
        self.arr = [None] * size

    def push(self, value):          # push함수를 선언하고
        self.arr.append(value)      # .append()함수를 썼습니다
```

```
st = Stack1()
st.push(15)
print(st.arr)
```

◎ 결과
[None, None, None, None, None, None, ... 15]

.append()를 쓰면 array라는 이름의 리스트 길이를 10000과 같이 지정해 줄 필요가 없습니다. 하지만 왜 size = 10000과 같이 설정을 했을까요? 꼭 생각해 보시기 바랍니다.

파이썬에는 Array라는 자료구조가 없습니다. Array는 선언해서 메모리에 올라가면 길이가 변하지 않는 자료구조입니다. 이 자료구조는 쓰다 보면 불편합니다. 왜냐하면 길이가 늘어나야 하면 길이 +1의 배열을 선언하고 기존에 있던 배열의 값을 복사한 다음에 값을 한 개 더 추가할 수 있습니다. 이런 식의 연산을 워낙 많이 하다 보니 길이를 늘릴 수 있는 기능이 추가된 것입니다. 그렇기 때문에 파이썬에는 Array가 없고 대신 List 자료구조만 있습니다. List는 .append()를 이용해 길이를 늘릴 수 있지만 늘리는 방법은 우리 눈에 보이지 않을 뿐, 앞에서 설명한 1개 많은 배열을 만들고 값을 복사하는 식의 연산을 하고 있습니다.

그래서 길이를 정해 놓고 그 안에서 연산을 하는 것이 메모리 사용에 효율적이기 때문에 알고리즘에서는 길이가 .append()에 의해 바뀌는 연산을 권장하는 문제가 없습니다. 그래서 size = 10000과 같이 배열 길이를 미리 지정해놓고 시작을 합니다. 꼭 10000이 아니어도 되지만, 이 책에서는 넉넉하게 10000으로 지정해놓았습니다.

그러면 이제 10000개의 길이로 정해놓은 arr을 이용해 .push() 함수를 구현해 보겠습니다.

```
class Stack1():
    arr = []

    def __init__(self, size=10000):
        self.arr = [None] * size
```

```python
    def push(self, value):
        self.arr[self.last_index] = value
                                        # arr[0]에 15가 들어갑니다
st = Stack1()
st.push(15)
print(st.arr)
```

위 코드를 실행하면 에러가 날 것입니다. 왜냐하면 last_index라는 변수를 선언하지 않고 사용했기 때문입니다. 이렇게 배열만을 이용해 특정 위치에 값을 추가하려면 인덱스가 필요합니다. 그렇기 때문에 스택은 배열에 들어있는 값의 개수를 따로 저장해 놓아야 합니다. 그래야 스택이 인덱스를 활용할 수 있기 때문이죠.

위 코드에서 last_index 변수는 배열에 값이 들어있는 마지막 위치가 되겠습니다. 배열에 아무 값을 넣지 않은 상황에서 last_index엔 어떤 값이 들어가는 게 가장 좋을까요? 0이 들어가는 게 좋을까요? 일단 0을 넣고 해 보겠습니다.

```python
class Stack1():
    arr = []
    last_index = 0

---- 중략 ----

st = Stack1()
st.push(15)
print(st.arr)
```

◎ 결과

[15, None, None, None, None, ... , None]

0번째 인덱스에 15가 들어있는 것을 볼 수 있습니다. 그러면 값을 한 개 더 넣어 보겠습니다. .push(20)을 하면 어떻게 될까요? 우리가 원하는 결과는 [15, 20, None, None, None, ………,

None] 이렇게 들어있는 것입니다. 하지만 그냥 .push(20)을 한다면 [20, None, None, None, ..., None] 이렇게 나올 것입니다. 그래서 값을 push 하고 난 후에는 last_index의 개수를 올려줄 필요가 있습니다.

```python
class Stack1():
    arr = []
    last_index = 0

    def __init__(self, size=10000):
        self.arr = [None] * size

    def push(self, value):
        self.arr[self.last_index] = value   # arr[0] = 15가 됩니다
        self.last_index += 1                # 0이었던 last_index에 1을 더해 줍니다

st = Stack1()
st.push(15)          # 값 15를 전달합니다
st.push(20)          # 값 20을 전달합니다
print(st.arr)
```

✓ 결과

[15, 20, None, None, None, None, ..., None]

15, 20 차례로 잘 들어간 것을 볼 수 있습니다. 코드를 다시 정리해 보면 push() 함수는 값을 받아서 last_index 번째의 인덱스에 값을 넣고 last_index에 +1을 하는 함수가 되겠습니다.

5.1.5. .pop() 구현하기

.pop()은 마지막 위치에 있는 값을 뽑아내는 것입니다. [15, 20] 이렇게 두 개의 값이 배열에

들어 있다고 했을 때 .pop()을 쓴다면 20이 뽑혀 나오고 배열은 맨 뒤에 있던 20이 뽑혀 나간 [15]가 되어야 합니다. 마치 티슈에서 맨 위에 한 장을 뽑았을 때처럼 뒤에서부터 차례로 한 개씩 줄어들어야 하는 거죠.

pop() 함수를 선언해 보겠습니다. 파라미터는 없습니다. 위에서 push() 함수에는 value라는 파라미터가 있었지만, pop()은 넘겨줄 값이 없습니다. 왜냐하면 가장 위에 있는 값을 뽑아서 리턴해 주면 되기 때문입니다. 가장 최근 값에 인덱스 없이 접근할 수 있다는 것이 스택의 핵심 기능입니다. 스택 안에 값들이 만 개가 들어 있든 억 개가 들어 있든, 가장 최근에 넣은 값에는 바로 접근할 수 있습니다.

Big-O 표기법은 알고리즘의 속도를 측정하는 단위입니다. O(1)이 가장 빠른 것입니다. 보통 O(N^2), O(N^3)으로 속도가 나오는 느린 알고리즘을 O(N) 등으로 최적화 시키는 것이 우리의 알고리즘 공부 목표입니다.

```
def pop(self):
    value = self.arr[self.last_index - 1]   # arr의 마지막 번째에 접근
```

위 코드는 한 줄이지만 많은 내용이 녹아 있습니다. 먼저 self.arr에 접근을 합니다. 그리고 self.last_index에서 현재 값을 넣을 수 있는 위치를 받아 옵니다.

last_index를 이용함	0	1	2	3	4
			last_index		
	10	20			

pop()을 구현했으니 실행을 해 볼까요?

```
---- 중략 ----
st = Stack1()
st.push(15)         # 15 push하기
```

```
st.push(20)         # 20 push하기
print(st.pop())     # pop() 하기
```

◎ 결과
```
None
```

실행하면 결과가 None이 나옵니다. pop()함수에 return이 없기 때문입니다. return value를 추가하겠습니다.

```
def pop(self):
    value = self.arr[self.last_index - 1]
    return value
```

pop() 함수를 이전과 똑같이 코드를 작성하고 return을 추가하여 실행하면, 20이 출력될 것입니다. 하지만 이렇게 할 것이라면, 굳이 value라는 변수를 하나 추가하면서까지 공간 복잡도를 늘려야 했을까요?

```
def pop(self):
    return self.arr[self.last_index - 1]   # 값을 뽑아 바로 return하기
```

위 코드와 같이 값을 뽑아서 바로 리턴하면 공간 복잡도가 줄어들고 좋지 않을까요?라고 생각할 수 있지만, 그렇지 않습니다. 왜 그럴까요?

```
---- 중략 ----
print(st.pop())
print(st.pop())
```

왜 안되는지 보여드리기 위해, 위와 같이 st.pop()을 두 번 해보겠습니다.

> ◎ 결과
> 20
> 20

결과는 20, 20 이렇게 20이 두 번 나옵니다. .pop()함수의 기능은 마지막 값을 출력해 주는 것에서 끝나는 것이 아니라 다음 번에 다시 .pop()을 호출했을 때 앞에서 출력했던 값이 다시 나오지 않도록 해야 합니다. 예를 들어 앞에서 15, 20을 차례로 넣었다면 .pop()을 두 번 하면 각각 20, 15 순으로 나와야 하는 거죠. 그리고 그렇게 결과가 나오도록 하려면 값을 뽑아낸 후에 self.last_index에도 값을 뽑아냈다고 표시를 해 주어야 합니다.

last_index를 이용함	0	1	2	3	4
			last_index		
	15	20			

20을 뽑았을 때는 last_index = 2였기 때문에 self.last_index - 1을 해서 self.arr[1]에 있는 값인 20이 나왔습니다. 그리고 값을 뽑은 후에 last_index에도 -1을 해 주어야 합니다.

```
def pop(self):
    value = self.arr[self.last_index - 1]   # 값을 뽑고
    self.last_index -= 1   # last_index에 -1을 해 줍니다
```

self.arr[self.last_index - 1] 이렇게 arr[1]로 값에 접근을 하는 순간에는 last_index가 2인 상태여야 하고 원하는 값인 20을 뽑고 나서는 2였던 last_index가 1로 바뀌어야 하기 때문에 value에 뽑아놓은 값을 저장한 후 self.last_index -= 1을 해 주어야 합니다.

[15, 20, None, None, ..., None]에서 .pop()을 한 후	0	1	2	3	4
		last_index			
	15	20			

.pop()을 호출해서 위 두 줄의 코드가 실행된 뒤에 스택의 모습입니다. last_index는 2에서 1로 바뀌었지만 arr에 20이 그대로 남아 있습니다. '왜 뽑았는데 20이 남아 있나요? 문제 없나요?' 이런 생각이 들 수 있습니다.

물론 아래 코드와 같이 20 자리에 None을 넣는 연산을 한 번 더 할 수도 있습니다.

```
def pop(self):
    value = self.arr[self.last_index - 1]
    self.last_index -= 1
    self.arr[self.last_index] = None # 값을 뽑은 자리를 None으로
```

하지만 실제 코딩 테스트를 풀 때 꼭 필요한 경우가 아니라면 self.arr[self.last_index] = None 코드까지 구현하지는 않습니다. 왜냐하면 None으로 초기화하는 것도 하나의 연산이 추가되는 것이기 때문입니다. 연산을 최대한 효율적으로 하는 것이 알고리즘 공부의 목적이기 때문에 불필요한 추가 연산은 구현하지 않습니다. 또한 인간의 직관과 컴퓨터의 데이터 처리 과정이 다른 것도 이유가 됩니다.

우리 인간은 배열에 [15, 20] 이렇게 들어 있으면 15와 20을 기억해야 합니다. 그런데 배열에 [15]가 있다면 15만 기억하면 되기 때문에 더 편해지죠. 마찬가지로 저장 공간을 덜 쓰니 컴퓨터에게도 좋을 거라 생각할 수 있지만, 배열은 원래 길이가 고정이며 우리는 앞서 10,000개라는 공간의 메모리를 이미 확보해 놓았습니다.

```
class Stack1():
    arr = []
```

```python
def __init__(self, size=10000):
    self.arr = [None] * size
```

위에서 이 부분을 코딩한 기억이 나실 것입니다. 이미 10,000개의 공간을 확보했고 None이라고 초기화까지 시켜 놓은 상태이므로 데이터를 뺀다고 해서 배열의 길이가 줄어드는 것은 아니기 때문에 컴퓨터에겐 큰 차이가 없습니다.

더군다나 배열의 길이를 줄이는 연산이 훨씬 복잡하고 리소스도 더 많이 듭니다. 배열의 길이를 줄이려면 아래 단계의 연산이 더 필요합니다.

1. 줄어든 길이만큼의 배열을 새로 만들고
2. 만든 배열에 줄어든 길이만큼의 값을 복사해 넣고
3. 기존에 있던 배열을 지운다

배열의 길이를 줄일 때마다 이 연산 과정을 반복해야 하는데요. 배열에 10만 개의 데이터가 들어있고 1개가 줄어들어서 9만 9천 개로 길이를 줄이려면 위 과정의 2번에서 9만 9천 개의 값을 복사해서 넣는 연산을 더 해야 합니다.

그리고 이 과정을 값을 뺄 때마다 한다면 훨씬 많은 연산을 하겠지요? 그래서 배열의 길이를 바꾸는 연산을 최대한 줄이려고 하는 것입니다.

그러면 위 .pop()함수를 완성해 보겠습니다. None으로 초기화하는 부분을 빼고 self.last_index를 줄이는 연산까지만 하고 return하도록 수정하겠습니다.

```python
def pop(self):
    value = self.arr[self.last_index - 1]
    self.last_index -= 1
    return value
```

이 함수가 완성된 .pop() 함수입니다. 한번 테스트해 보겠습니다.

```
---- 중략 ----
st = Stack1()
st.push(15)       # 15 넣기
st.push(20)       # 20 넣기
print(st.pop())   # pop 한 번
print(st.pop())   # pop 두 번
```

위 코드를 실행했을 때 15, 20 순으로 넣고 20, 15 순으로 나오면 됩니다.

◉ 결과
```
20
15
```

결과가 원하는 대로 잘 나왔습니다. 여기서 한 번 더 짚고 가자면, .pop()을 했을 때 value를 리턴해주고 self.last_index -= 1을 했을 뿐이지 실제로 arr의 값을 뺀 것은 아닙니다. 그렇기 때문에 arr에는 값이 그대로 남아 있습니다. 한번 확인해 볼까요?

```
---- 중략 ----
st = Stack1()
st.push(15)       # 15 넣기
st.push(20)       # 20 넣기
print(st.arr[:10])
print(st.pop())
print(st.arr[:10])
```

◉ 결과
```
[15, 20, None, None, None, None, None, None, None, None]
20
[15, 20, None, None, None, None, None, None, None, None]
```

✅ 결과 해석

st.pop()을 했으니 arr에서 값이 빠진 것처럼 보이지만, 실제로는 self.last_index의 값에서 -1만 한 것이기 때문에 print(st.arr[:10])을 했을 때 .pop()을 했던 20이 그대로 남아 있는 것을 볼 수 있습니다. 하지만 실제로 .push()를 할 때는 해당 인덱스에 값을 넣는 것이기 때문에 배열에 값이 들어갑니다.

이 부분도 한번 확인을 해 보겠습니다.

```
---- 중략 ----
st = Stack1()
st.push(15)
st.push(20)
print(st.arr[:10])  # 15, 20을 넣었을 때 [15, 20, None, None, ……]
print(st.pop())
print(st.arr[:10])
st.push(30)      # 30을 push할 때 self.last_index는 1입니다.
print(st.arr[:10])
```

✅ 결과

```
[15, 20, None, None, None, None, None, None, None, None]
20
[15, 20, None, None, None, None, None, None, None, None]
[15, 30, None, None, None, None, None, None, None, None]
```

✅ 결과 해석

결과의 마지막 줄을 보시면 [15, 30, None, ... , None]으로 들어가 있는 것으로 보아 .pop() 연산과 .push(30) 연산이 잘 수행된 것을 볼 수 있습니다.

5.1.6. 스택이 비었을 때 .pop()의 기능 수정

st = Stack1()을 했을 때 arr은 __init__에서 size = 10000으로 초기화해 주었기 때문에 [None, None, ... , None]으로 None이 1만 개 들어있고, last_index는 0입니다. 여기에서 .pop()을 하면 어떻게 될까요?

이번에 구현한 .pop()함수는 self.last_index - 1번째의 값을 뽑고 self.last_index -= 1을 합니다. 하지만 self.last_index는 0으로 초기화되어 있습니다. 여기에서 self.last_index에 -1을 하면 -1이 됩니다. 파이썬에서 arr[-1]은 arr의 마지막 번째 인덱스를 가리킵니다.

또한 self.last_index에 -1한 값을 저장하기 때문에 만약 -1인 상태에서 .push()를 하게 되면 arr의 맨 마지막에 값이 저장되는 일이 발생합니다. 실제로 그렇게 되는지 한번 확인해 보겠습니다.

```
---- 중략 ----
st = Stack1()
print(st.pop()) # self.last_index가 0인 상태에서 .pop() 수행
st.push(40)
print(st.arr)
print(st.arr[-10:]) # 뒤에서 10개 출력
```

◎ 결과

```
None
[None, None, None, None, None, None, None, .... , None, 40]
[None, None, None, None, None, None, None, None, None, 40]
```

◎ 결과 해석

위 시나리오대로 st에 아무것도 .push()하지 않은 self.last_index가 0인 상태에서 .pop()연산을 한 후 .push(40)을 한 상황입니다. 40이 push가 되었지만 st.arr의 맨 뒤에 들어갔습니다. self.last_index가 0인 상태에서 .pop() 연산을 했더니 self.last_index가 -1이 되었기 때문입니다. 이와 같이 self.last_index가 -1이 되는 상황을 막기 위해 스택에 아무것도 없는 상태, self.last_index의 값이 0일 때는 .pop()을 할 수 없게 해야 합니다.

그러면 먼저 .pop()함수부터 고쳐 보겠습니다.

```python
def pop(self):
    if self.last_index <= 0:          # self.last_index가 0 이하라면
        return None                    # None을 return합니다
    
    value = self.arr[self.last_index - 1]
    self.last_index -= 1
    return value
```

if조건을 추가하여 self.last_index가 0보다 작거나 같다면 None을 return해서, 아래 로직으로 넘어가지 않고 .pop()이 끝날 수 있도록 수정했습니다. 수정한 대로 잘 작동하는지 테스트해 보겠습니다.

```python
---- 중략 ----
st = Stack1()
print(st.pop()) # self.last_index가 0인 상태에서 .pop() 수행
st.push(40)
print(st.arr[-10:])    # 뒤에서 10개 출력
print(st.arr[:10])     # 앞에서 10개 출력
```

◎ 결과

```
None
[None, None, None, None, None, None, None, None, None, None]
[40, None, None, None, None, None, None, None, None, None]
```

◎ 결과 해석

결과는 총 3가지를 출력합니다. 첫 번째 st.pop()을 했을 때는 수정한 대로 self.last_index가 0이기 때문에 self.last_index의 값을 변화시키지 않고 None을 리턴합니다. 두 번째는 st.push(40)을 하고 난 뒤, st.arr[-10:]입니다. 뒤에서 10개의 값을 출력했을 때는 모두 None

입니다. .pop()함수를 수정하기 전에는 [… None, None, None, None, 40]이 나왔습니다. 세 번째 결과는 st.arr[:10]입니다. 앞에서부터 10개를 출력했을 때, 제일 앞에는 40이 들어 있습니다. 이렇게 저희가 원하는 대로 값을 정확하게 얻었습니다. 물론 여기서 .pop() 함수를 마무리할 수 있지만, 사실 파이썬에서는 비어 있는 리스트에서 .pop()을 했을 때 에러를 발생시켜 프로그램을 끝냅니다. 하지만 이번에 수정한 .pop()은 비어 있는 스택에 .pop()을 계속 해도 None이 출력되지만 프로그램이 끝나지는 않습니다. 이 로직은 스택이 비어있을 때 .pop()을 해도 프로그램이 끝나지 않아 연산을 이어갈 수 있다는 장점이 있지만, 한편으론 프로그램이 끝나지 않았기 때문에 스택을 쓰는 사용자가 .pop()이 된 줄 알고 다음 로직을 이어 개발하는 문제가 생길 수도 있습니다.

그래서 파이썬에서 기본으로 제공하는 .pop()처럼 last_index가 0 이하라면 None을 리턴하는 대신 Exception을 발생하도록 고쳐 보겠습니다.

```python
def pop(self):
    if self.last_index <= 0: # self.last_index가 0 이하라면
        raise Exception('Stack is empty')

    value = self.arr[self.last_index - 1]
    self.last_index -= 1
    return value
```

파이썬은 raise Exception()을 이용해 에러를 발생시킬 수 있습니다. Exception()의 파라미터로 문자열을 넘겨주면 에러 메시지가 출력될 때 해당 문자열이 함께 출력됩니다. 그리고 에러를 발생시키면 에러가 발생할 때 프로그램도 바로 종료됩니다. 그러면 우리의 생각대로 에러가 잘 나는지 한번 테스트해 보겠습니다.

```python
---- 중략 ----
st = Stack1()
print(st.pop()) # self.last_index가 0인 상태에서 .pop() 수행
st.push(40)
print(st.arr[:10])      # 앞에서 10개 출력
```

◎ 결과

```
Traceback (most recent call last):
  File "/Users/kyeongrok/git/python/python_algorithm/stack/implement/05_empty2.py", line 22, in <module>
    print(st.pop()) # self.last_index가 0인 상태에서 .pop() 수행
  File "/Users/kyeongrok/git/python/python_algorithm/stack/implement/05_empty2.py", line 14, in pop
    raise Exception('Stack is empty')
Exception: Stack is empty
```

◎ 결과 해석

빈 스택에 st.pop()을 했을 때 에러가 나고 그 뒤의 연산인 st.push(40), print(…)가 실행되지 않고 프로그램이 끝난 것을 볼 수 있습니다. 또한 Exception()에 넘겨주었던 문자열 'Stack is empty'가 에러 메시지에 함께 출력되었습니다.

5.1.7. .empty() 구현하기

스택이 빌(last_index == 0) 때까지 .pop()하는 로직을 while을 이용해 구현한다면 스택 내부에 있는 self.last_index 값을 확인해야 합니다. while st.last_index > 0: 이런 식으로 로직을 구현해야 하는데 이 코드의 형태가 그렇게 바람직한 형태는 아닙니다.

예를 하나 들어보겠습니다. 우리는 통장에 돈을 입금할 때 ATM기를 사용하여 돈을 넣습니다. 돈을 입금하기 위해 ATM 기기 관리 업체가 어떻게 돈을 운반해서 금고에 넣는지, 그 모든 과정까지 다 알 필요는 없습니다. 우리는 그저 ATM기를 사용하는 방법만 알면 됩니다. 마찬가지로 우리가 스택이라는 클래스를 사용할 때, 스택 내부에서 사용하는 변수에 직접 접근하는 구조는 좋지 않습니다. 그래서 이번에는 .empty() 함수를 만들어서 내부 변수에 바로 접근하지 않아도 현재 스택의 상태를 알 수 있도록 기능을 추가해 보겠습니다.

```
def empty(self):
    if self.last_index == 0:
```

```
        return True
    else:
        return False
```

구현은 간단합니다. 앞에서 .pop()함수를 고칠 때 self.last_index를 이용하였는데요. 그것과 같이 기준은 self.last_index입니다. self.last_index가 0이면 이 스택은 비어 있다고 할 수 있기 때문입니다. 그렇다면 .empty()가 잘 작동하는지 테스트해 보겠습니다.

```
---- 중략 ----
st = Stack1()
print(st.empty())       # 선언한 직후 비어 있는지 확인
st.push(40)
print(st.empty())       # .push() 후 비어 있는지 확인
```

⊘ 결과
```
True
False
```

⊘ 결과 해석

st = Stack1()로 스택을 선언한 직후에는 당연히 스택이 비어 있을 것입니다. .empty()로 비어 있는지 확인해 보았을 때 True가 나옵니다. .push(40) 이후에 .empty()를 호출하면 비어 있지 않기 때문에 False가 나옵니다.

5.1.8. .peek() 구현하기

스택에 값을 넣고 내가 마지막으로 넣은 값이 무엇인지 확인하고 싶을 때가 있습니다. .pop()을 해서 확인을 할 수 있지만 .pop()은 값을 확인하는 것이 아니라 값을 뽑아내는 기능을 하기 때문에 적절하지 않고, 더불어 스택이 비어 있을 때는 에러가 나면서 프로그램이 종료될 것입니다. 그러면 st.arr[-1]로 하면 되지 않나요? 라고 질문하실 수도 있습니다만 arr은 [None, None ……] 이렇게 None으로 가득 차 있기 때문에 None이 리턴될 것입니다. 아니면

st.arr[st.last_index - 1] 쓰면 되지 굳이 만들어야 하나요? 할 수도 있습니다. 하지만 앞에서 말씀드렸듯이 클래스를 만들었으면 내부 변수, 즉 내부의 상태에 대해 사용자가 신경쓰지 않도록 만드는 것이 좋습니다.

그래서 스택에 가장 최근에 넣은 값 그러니까 스택의 가장 위에 있는 값을 '확인'만 하는 기능도 추가해 보겠습니다.

```python
def peek(self):
    return self.arr[self.last_index - 1]
```

위에서 만든 .pop()과 비슷합니다. 똑같이 self.last_index를 사용하지만 .peek() 함수는 self.last_index의 값을 바꾸지 않습니다. 실제로 잘 작동하는지 테스트해 보겠습니다.

```python
---- 중략 ----
st = Stack1()
st.push(40)
print(st.peek())    # 한 번 실행
print(st.peek())    # 한 번 더 실행
```

◎ 결과
```
40
40
```

◎ 결과 해석

가장 최근에 40을 넣었기 때문에 .peek()을 호출했을 때 40이 나왔습니다. 그리고 .peek()을 반복 호출해도 self.last_index의 값이 변하지 않기 때문에 계속 40을 리턴하는 것을 볼 수 있습니다.

하지만 이 .peek() 함수에도 문제가 있습니다.

```
---- 중략 ----
st = Stack1()
print(st.peek())      # 한 번 실행
print(st.peek())      # 한 번 더 실행
```

위와 같이 스택이 비어 있는 상태에서 실행하면 오작동을 합니다. 위 코드를 실행해 보겠습니다.

⊙ 결과

```
None
None
```

값이 비어 있어서 None이 나오는 건데, 그게 뭐가 문제냐고 하실 수 있겠지만 사실 여기서의 None은 값이 비어있는 결과의 None이 아닙니다. self.arr[self.last_index - 1]이 실행되었기 때문에 arr[-1]의 값인 None이 출력된 것입니다. arr[-1]은 파이썬에서는 가장 뒤에 있는 값을 출력하기 때문입니다.

```
ee = [9, 6, 5, 1, 2]
print(ee[-1])
```

예를 들어, 위 코드의 결과는 ee 배열의 가장 뒤에 있는 값인 2가 출력됩니다.

그래서 이번에는 앞에서 구현한 .empty()를 이용해 스택이 비어있을 때 True가 리턴되는 경우, 에러를 발생시키는 기능을 추가해 보겠습니다.

```
def peek(self):
    if self.empty():
        raise Exception('Stack is Empty.')    # 스택이 비어 있다면 에러
    return self.arr[self.last_index - 1]
```

if조건으로 self.empty()를 호출해 스택이 비었는지 확인하고 비어 있다면 return까지 가지 않고 에러가 발생하게 됩니다. 스택이 비어 있지 않다면 에러가 발생하지 않고, 값이 return됩니다. 수정했으니, 스택이 비었을 때 None이 출력되지 않고 에러가 잘 발생하는지 테스트해 보겠습니다.

```
---- 중략 ----
st = Stack1()
print(st.peek())     # 한 번 실행
print(st.peek())     # 한 번 더 실행
```

◉ 결과

```
Traceback (most recent call last):
  File "/Users/kyeongrok/git/python/python_algorithm/stack/implement/07_peek.py", line 32, in <module>
    print(st.peek())     # 한 번 실행
  File "/Users/kyeongrok/git/python/python_algorithm/stack/implement/07_peek.py", line 28, in peek
    raise Exception('Stack is Empty.')
Exception: Stack is Empty.
```

◉ 결과 해석

None이 나오지 않고 에러가 발생하였습니다.

이렇게 해서 스택을 직접 구현해 보았습니다. 그러면 지금까지 우리가 만든 스택을 이용해서 문제를 함께 풀어 보겠습니다.

5.2. 괄호 문제 풀기

스택에 대해 잘 이해하고 사용할 수 있는지를 알아보기 위해 꼭 풀어 보는 문제가 괄호 문제입니다. 실제로 코딩 테스트 문제로 자주 등장합니다. 괄호는 () 소괄호, {} 중괄호, [] 대괄호 이렇게 3가지가 있지만 난이도가 쉽게 출제된다면, 소괄호만 써서 푸는 문제가 나올 것입니다. 괄호 문제의 핵심은 입력받은 문자열 괄호들의 짝이 맞으면 True를, 아니면 False를 리턴하는 함수를 코딩하는 것입니다.

이번 장에서는 먼저 쉽게 접근할 수 있는 소괄호인 '(' 과 ')', 이렇게 두 가지 문자열만 나오는 문제로 풀어 보겠습니다.

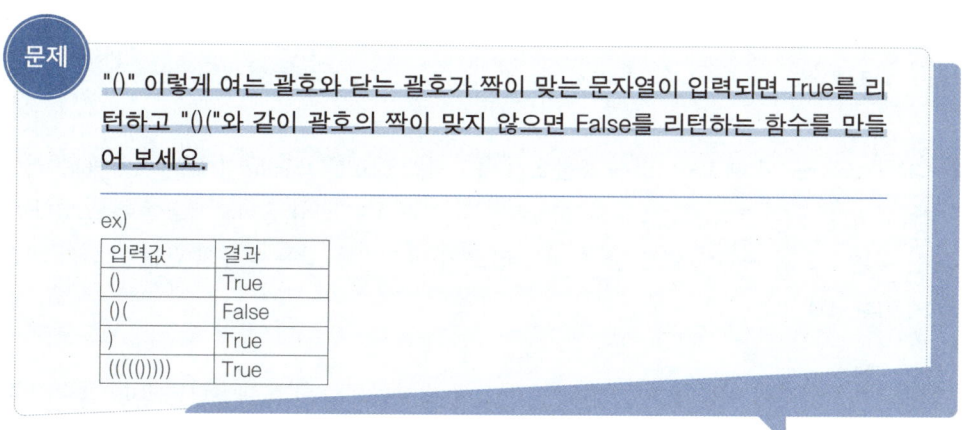

그리고 조건으로 입력값 s의 길이는 1 이상 1,000,000,000 이하입니다. 이런 식으로 아주 큰 문자열에 대해서도 알고리즘이 제시간에 잘 작동해야 한다는 조건을 주는 경우도 있습니다.

5.2.1. 괄호 문제 풀기 전에 알아둘 것

여기에서 우리의 머리를 헷갈리게 하는 생각이 있습니다. 괄호 문제를 너무 복잡하게 생각하는 경우입니다. 예를 들어 보겠습니다. 작은 괄호만 쓰겠다고 했지만 중괄호까지 한번 생각해 보겠습니다.

`'{()}'`

위의 경우 맞는 괄호일까요, 아닐까요? 이 부분을 먼저 생각해 보시기 바랍니다. 만약 문자열에 소괄호만 있다고 하면 위의 경우는 전혀 문제가 되지 않습니다. 여러분의 이해를 돕기 위해, 중괄호의 여는 괄호 {와 닫는 괄호 }를 모두 소괄호의 여는 괄호 (와 닫는 괄호)로 바꿔 보겠습니다.

`'(())'`

위의 '(())'의 경우는 전혀 문제없는 맞는 괄호입니다. 하지만 '{()}'의 경우는 소괄호와 중괄호 모두 여는 괄호와 닫는 괄호가 있지만, 맞는 괄호가 아닙니다. 아래의 경우를 살펴보겠습니다.

`'{(1 + } 2)'`

1 + 2라는 연산을 할 때 1 + 다음에 중괄호가 나오지만 괄호를 쓰는 규칙에 맞지 않게 쓴 식이기 때문에 우린 괄호 안에 있는 1 + 2 연산을 할 수 없습니다. 만약 올바르게 괄호가 쓰였다면, 반드시 여는 괄호가 나온 후에는 다시 '여는 괄호'가 나오거나 '같은 종류의 닫는 괄호'가 나올 수밖에 없습니다.

그래서 '{()}'와 같이 여는 괄호 '(' 다음 다른 종류의 닫는 괄호 '}'가 나온다면 False를 리턴하도록 함수를 설계하시면 됩니다.

5.2.2. 스택(Stack)을 안 쓰고 괄호 풀기

괄호 풀기 문제의 정석 풀이는 스택 연산을 사용하여 푸는 것이지만, 스택을 사용하지 않고 푸는 방법도 있습니다. 물론 스택을 사용했을 때는 속도가 O(N)으로 빠른 편이고 스택을 사용하지 않았을 때는 O(N^2)으로 다소 느릴 수 있습니다. 하지만 일단은 속도보다 문제를 해결하는 것이 더 중요하기 때문에 먼저 스택을 사용하지 않고 괄호 문제에 접근해 보겠습니다.

괄호 문자열이 주어졌을 때, 주어진 괄호 문자열의 짝이 맞는지 판단하는 로직을 지금부터 스택을 사용하지 않고 구현해 보겠습니다.

```
s = '((((()))))'
```

괄호 문자열 s가 위와 같이 주어졌다고 한다면 우리는 눈으로도 괄호의 짝이 맞는지 아닌지 바로 알 수 있습니다. 하지만 만약 여는 괄호가 1억 개 있고 닫는 괄호가 99,999,999개 있다면 과연 닫는 괄호가 하나 빠졌는지 안 빠졌는지를 눈으로 바로 확인할 수 있을까요?

```
s = '((((((((((((((((((((((((((((((((((((((((((((((((((()))))))))))))))))))))))))))))))))))))))))))))))))))'
```

위 괄호는 짝이 맞는 괄호일까요, 안 맞는 괄호일까요? 답은 False이고 닫는 괄호가 4개 더 많습니다. 이렇게 102개만 되어도 우리는 눈으로 정확하게 괄호의 짝을 맞출 수 없습니다. 그렇기 때문에 우리에겐 정확성과 속도를 높여주는 알고리즘이 필요합니다.

그럼 코드를 구현을 하기에 앞서 어떻게 하면 괄호의 짝이 맞는지 확인할 수 있을지 생각해 보시기 바랍니다.

s에 있는 문자열들을 하나씩 보면서 여는 괄호(( )와 닫는 괄호( ))가 연속해서 나오면 s에서 빼주는 로직을 구현할 것입니다. 반복문을 이용하여 문자열들을 하나씩 꺼내 보면서 if문으로 s[i]를 구분해 주면 됩니다. 그리고 두 번째로 필요한 로직은 s에서 연속으로 나타난 여는 괄호와 닫는 괄호를 빼주는 로직입니다.

여는 괄호와 닫는 괄호를 짝지어 모두 제거했을 때 s에 문자열이 남아 있다면 괄호의 짝이 맞지 않는 것이기 때문에 False를 리턴하고, 남아 있는 문자열이 없다면 괄호의 짝이 맞는 것이므로 True를 리턴하는 로직입니다.

for와 if문은 비교적 익숙하겠지만, s에서 특정 문자열을 빼는 로직은 바로 떠오르지 않을 수 있기 때문에 문자열을 빼는 로직을 먼저 구현해 보겠습니다.

5.2.3. 문자열 빼기

파이썬에서 문자열을 뺄 때 많이 사용하는 방법은 [:i], [i:]를 이용해 자를 부분을 제외한 부분을 서로 합치는 것입니다.

```
s = '()((()))'    # 길이 8의 문자열
```

만약 위와 같은 문자열이 있을 때 앞에 있는 '()'을 빼서 '((()))'를 만들고 싶다면 s[2:], 이렇게 작성하면 됩니다.

```
print(s[2:])     # 인덱스 2번부터 끝까지
```

✅ 결과
```
((()))
```

✅ 결과 해석
'()((()))'의 0번에는 여는 괄호(( ), 1번에는 닫는 괄호( ))가 있고 2번에는 다시 여는 괄호(( )가 있습니다. 그래서 앞에 '()'를 자르기 위해 s[2:]를 이용해 앞의 2개를 잘랐습니다.

그러면 4번 인덱스와 5번 인덱스에 있는 '()'를 빼려면 어떻게 해야 할까요?

0	1	2	3	4	5	6	7
(	)	(	(	(	)	)	)

위 인덱스 표를 보시면 4번 미만으로 한 덩어리를 자르고 6번 이상으로 한 덩어리를 잘라서 합쳐야 합니다. s[:4]는 4번 인덱스 미만의 값들을 선택합니다. 그래서 4번 인덱스에 있는 문자열은 포함되지 않습니다. 그리고 s[6:]는 6번 인덱스 이상의 값을 선택합니다. 그래서 s[6:]는 6을 포함합니다. 이 부분을 코드로 표현해 보겠습니다.

```
s = '()((()))'      # 길이 8의 문자열
left = s[:4]        # 처음부터 인덱스 4번 미만까지
right = s[6:]       # 인덱스 6번부터 끝까지
print('s:', s)
print('left:',left)
```

```
print('right:', right)
print('result:', left + right)
```

◎ 결과
```
s: ()((()))
left: ()((
right: ))
result: ()(())
```

◎ 결과 해석

결과에는 print()함수를 호출한 4개의 결과가 전부 출력되었습니다. 각각 s, left, right, left + right를 출력하였습니다. 시작은 8 길이의 문자열 '()((()))'이고 s[:4]를 이용해 4번 인덱스 미만 그러니까 0, 1, 2, 3번까지 4개의 문자열이 선택된 left가 ()((입니다. s[6:]은 6번 인덱스 이상을 선택하기 때문에 6, 7번 인덱스에 있는))가 right에 들어가 있습니다.

left + right를 하면 우리가 원하는 결과인 ()(())가 나오게 됩니다.

5.2.4. 반복문 적용

앞에서는 특정 인덱스를 지정해서 문자열을 뽑아 냈습니다. 이번에는 어떤 인덱스의 문자열을 뽑을지 정하는 알고리즘을 구현해 보겠습니다. 그러기 위해서는 우선 s에 있는 모든 문자열을 한 번씩은 확인해야 합니다. 반복문과 if문을 적용해 보겠습니다.

```
s = '()((()))'    # 길이 8의 문자열

for i in range(len(s)):
    if s[i] == '(':
        print(i, '여는 괄호')
```

⊘ 결과

```
0 여는 괄호
2 여는 괄호
3 여는 괄호
4 여는 괄호
```

⊘ 결과 해석

i는 0부터 len(s)보다 작을 때까지 반복하면서 s[i]가 여는 괄호인지 판단해 주는 로직입니다. 앞에서는 여는 괄호와 닫는 괄호가 연속해서 나오는 경우를 눈으로 찾아서 left = s[:4], right = s[6:] 이렇게 잘라서 넣었지만 지금은 if문을 이용해 여는 괄호까지는 알고리즘이 판단할 수 있게 되었습니다.

그러면 여는 괄호와 닫는 괄호가 연속해서 나오는 경우는 어떻게 알고리즘을 만들 수 있을까요? 지금은 s[i]가 여는 괄호라면 print(i, '여는 괄호')를 하게 되어 있습니다. 여기에 여는 괄호 다음 닫는 괄호가 나오는 경우는 s[i]와 s[i + 1]입니다. s[i + 1] == ')'를 if조건에 추가해 보겠습니다.

```python
s = '()((()))'   # 길이 8의 문자열

for i in range(len(s)):
    if s[i] == '(' and s[i + 1] == ')':
        print(i, i + 1, '(', ')')
```

⊘ 결과

```
0 1 ( )
4 5 ( )
```

⊘ 결과 해석

if문에 and s[i + 1] == ')'를 추가하여 s[i]가 여는 괄호이고 그 다음 문자열 s[i + 1]이 닫는 괄호인지 확인하는 로직입니다. 결과에 여는 괄호와 닫는 괄호가 연속으로 있을 때, 해당 괄호들의 인덱스를 출력하도록 했습니다. 이에 결과로 0번과 1번 인덱스에 여는 괄호와 닫는 괄호가 연달아 있고, 4번 인덱스와 5번 인덱스도 여는 괄호와 닫는 괄호가 있는 것을 알고리즘이 판단해 주었습니다.

하지만 이 로직은 문제점이 있습니다. s = '()((()))'에서는 문제가 없었지만 Index Out Of Range 에러가 나는 로직입니다. 멀리 갈 것도 없이 s에 '(((((((('를 넣고 돌리면 string index out of range 에러가 납니다. 확인해 보겠습니다.

```
s = '(((((((('      # 길이 8의 문자열

for i in range(len(s)):
    if s[i] == '(' and s[i + 1] == ')':
        print(i, i + 1, '(', ')')
```

⊘ 결과

```
Traceback (most recent call last):
  File "/Users/kyeongrok/git/python/python_algorithm/stack/bracket_no_stack/01_slice.py", line 5, in <module>
    if s[i] == '(' and s[i + 1] == ')':
IndexError: string index out of range
```

⊘ 결과 해석

같은 코드이지만, '()((()))'에서는 에러가 발생하지 않았는데 '(((((((('에서는 에러가 발생했습니다.

어떤 경우에 에러가 발생하고 어떤 경우에 발생하지 않는 걸까요? 한번 살펴보겠습니다.

0	1	2	3	4	5	6	7
(	)	(	(	(	)	)	)
s[7]이 닫는 괄호								

'()((()))'에서는 7번이 닫는 괄호 ')'입니다. 그래서 if s[i] == '(' and s[i + 1] == ')'의 and 앞의 조건, s[i] == '('에서 이미 False이기 때문에 and 뒤에 있는 조건은 확인하지 않습니다. s[i + 1]인 s[8]을 확인하지 않고 s[i]인 s[7]까지만 확인하기 때문에 에러가 나지 않았습니다.
하지만 아래 '(((((((('에서는 7번 인덱스가 여는 괄호 '('입니다.

0	1	2	3	4	5	6	7
(	(	(	(	(	(	(	(
s[7]이 여는 괄호							

if s[i] == '(' and s[i + 1] == ')'에서 s[i] == '('는 s[7]이 여는 괄호이기 때문에 True입니다. 그래서 and 다음 조건인 s[i + 1]인 s[8]도 확인을 합니다. 하지만 위 문자열에 8번 인덱스는 존재하지 않았고 그래서 결국 에러가 난 것입니다. 이 부분을 수정해 보겠습니다.

지금은 i가 0부터 7까지 들어가기 때문에 i + 1을 하면 i가 7일 때 8번을 가리키는 문제가 있습니다. 그래서 i는 0번부터 6번까지 총 7번만 반복되도록 수정하겠습니다. s[6]이 여는 괄호이면 s[7]까지 확인하면 되고, s[6]이 닫는 괄호라면 s[7]이 여는 괄호인지 닫는 괄호인지 관계없이 ()는 나올 수 없기 때문에 문자열을 빼는 로직을 진행하지 않아도 됩니다.

```
s = '(((((((('    # 길이 8의 문자열

for i in range(len(s) - 1):      # 전체 길이 8에서 -1을 한 7 미만까지
    if s[i] == '(' and s[i + 1] == ')':
        print(i, i + 1, '(', ')')
```

이전에 에러가 나던 로직에서 for i in range(len(s))를 for i in range(len(s) - 1)로 수정했습니다. 수정하고 실행해 보면 이전에 나던 에러가 사라져 있을 것입니다.
s = '((((((((' 대신 s = '()((()))'를 넣고 실행을 하면 다시 아래 결과가 나옵니다.

> ✓ 결과
> ```
> 0 1 ( )
> 4 5 ( )
> ```

결과를 보니 s[:4], s[6:]처럼 개발자가 눈으로 직접 인덱스를 찾았던 것을, 알고리즘이 대신해서 인덱스를 찾아주는 기능으로 추가되었습니다.

5.2.5. 문자열 빼는 로직 붙이기

앞에서 만들었던 로직이 기억나시나요?

```python
s = '()((()))'    # 길이 8의 문자열
left = s[:4]
right = s[6:]
print('s:', s)
print('left:',left)
print('right:', right)
print('result:', left + right)
```

문자열을 자르는 위 로직에 숨을 불어넣어 알고리즘이 판단하는 로직을 개발해서 붙였습니다.

```python
if s[i] == '(' and s[i + 1] == ')':    # i와 i+1이 '()'이 맞는지 판단하는 로직
```

```python
for i in range(len(s) - 1):    # len() - 1까지 반복하는 로직
```

이렇게 3가지 로직을 구현해 보고 발생할 수 있는 문제점까지 찾아서 한 땀 한 땀 로직을 만들어 보았습니다. 다시 s를 '()((()))'로 바꾸어 코드를 실행했습니다.

```python
s = '()((()))'
```

◇ 결과
```
0 1 ( )
4 5 ( )
```

위와 같이 나왔습니다. 이 결과는 s의 (0, 1), (4, 5)를 s에서 제외해야 함을 의미합니다.

앞에서 s[:4]는 인덱스가 4 미만까지만 선택하는 로직입니다. s = '12345'에서 s[:4]의 결과는 s[0] + s[1] + s[2] + s[3]이므로 1234가 됩니다. 4번 인덱스의 문자열부터 끝까지 제외하고 싶다는 뜻입니다. 위 결과에서는 0번째, 1번째를 제외해야 하는데요. 0번째를 제외하고 싶다면 어떻게 해야 할까요?

```
s = '()((()))'     # 길이 8의 문자열
print(s[:0])
```

위 로직을 실행해 보겠습니다.

◇ 결과

◇ 결과 해석

위와 같이 아무것도 나오지 않습니다. 결과가 제대로 나온 것입니다. s[:0]이기 때문에 0번 인덱스 미만의 모든 내용을 출력할 수 있지만, 0번이 인덱스의 시작이기 때문에 아무것도 나오지 않은 것이 맞는 결과입니다.

그러면 이어서 1번 인덱스에 있는 닫는 괄호 뒤의 문자열들을 선택해 보겠습니다. 이미 해봤지만 s[6:]은 6 이상을 의미합니다. 그리고 6 이상이기 때문에 6도 포함되는 것입니다.

그렇다면 s[1:] 결과를 보겠습니다.

```
s = '()((()))'     # 길이 8의 문자열
print(s[1:])
```

✓ 결과

```
)((()))
```

✓ 결과 해석

s[1:]은 인덱스 1 이상이기 때문에 1번째 인덱스에 있는 값인 닫는 괄호가 포함되어 나왔습니다.

1번 인덱스에 있는 값인 닫는 괄호를 빼기 위해서는 s[1:]가 아닌 s[2:]를 이용해야 합니다. 마찬가지로 4번과 5번 인덱스에 있는 여는 괄호와 닫는 괄호를 빼기 위해서는 s[:4]와 s[6:]을 이용해야 합니다. 여기에서 i는 각각 0, 4였습니다. 그러면 다시 앞의 결과로 돌아가 보겠습니다.

✓ 결과

```
0 1 ( )
4 5 ( )
```

i는 0, i+1은 1. 그리고 i는 4, i+1은 5입니다. 하지만 위의 예시에서 알 수 있듯, 올바르게 괄호를 잘라내기 위해서는 i와 i+2를 이용해야 합니다. 그렇게 적용해 보겠습니다.

```python
s = '()((()))'    # 길이 8의 문자열

for i in range(len(s) - 1):
    if s[i] == '(' and s[i + 1] == ')':
        left = s[:i]
        right = s[i + 2:]
        print('left:', left)
        print('right:', right)
        print('left + right:', left + right)
```

✓ 결과

```
left:
right: ((()))
```

```
left + right: ((()))
left: ()((
right: ))
left + right: ()(())
```

5.2.6. s의 값 업데이트

짝이 맞는 괄호 '()'를 s에서 제거하기 위해 괄호가 들어있는 부분의 왼쪽은 left에, 오른쪽은 right에 저장했습니다. 괄호 하나의 짝이 맞을 때마다 괄호를 없애주는 방식이기 때문에 짝이 맞는 괄호가 나오면 지워줍니다.

이 과정을 반복하기 위해 괄호 한 쌍이 없어진 결과를 s에 반영해 주어야 합니다. s = left + right를 이용해 없애줄 수 있습니다.

```python
s = '()((()))'    # 길이 8의 문자열

for i in range(len(s) - 1):
    if s[i] == '(' and s[i + 1] == ')':
        left = s[:i]
        right = s[i + 2:]
        s = left + right
        print('left:', left)
        print('right:', right)
        print('s:', s)
```

⊘ 결과

```
left:
right: ((()))
s: ((()))
left: ((
right: ))
```

```
s: (()
Traceback (most recent call last):
  File "/Users/kyeongrok/git/python/python_algorithm/stack/bracket_no_
stack/04_update_s.py", line 4, in <module>
    if s[i] == '(' and s[i + 1] == ')':
IndexError: string index out of range
```

⊘ 결과 해석

값이 잘 나오다가 에러가 났습니다. string index out of range 에러가 났습니다. 이유는 s의 길이는 자꾸 줄어드는데 처음 탐색하기로 했던 len(s)는 바뀌지 않아서 처음 계획했던 대로 len(s)번 반복하기 때문에 string index out of range 에러가 나는 것입니다.

5.2.7. break 적용

앞에서 string index out of range 오류가 나는 이유는 짝이 맞는 괄호를 없애면서 s의 길이는 줄어들었지만, for문은 여전히 처음 len(s)로 구한 s의 길이만큼 작업을 반복하기 때문입니다. 위에서 s의 길이는 '()((()))'로, len(s)는 8입니다.

```
for i in range(len(s) - 1):
```

for문은 len(s) - 1번만큼 실행됩니다. len(s)는 8이기 때문에 0, 1, 2, 3, 4, 5, 6 이렇게 7번을 실행하게 되어 있습니다.

앞에서 s = left + right로 s 안에 짝이 맞는 괄호가 있으면 해당 괄호를 없애도록 만들었습니다. 그래서 처음 '()'가 등장했을 때 해당 괄호 한 쌍을 지우게 됩니다. 그러면 '()((()))'에서 '((()))'가 됩니다. 이로 인해 s의 길이는 줄어들었지만 for문은 처음 s의 길이대로 끝까지 실행하기 때문에 짝이 맞는 괄호가 한 쌍이라도 s에 있다면 string index out of range 에러가 날 수 밖에 없습니다.

그래서 for문 한 번에 괄호 한 쌍을 지우면 break로 for문을 끝내고 다시 그 작업을 반복하는 로직으로 수정해 보겠습니다. 그러면 먼저 break로 for문을 끝낼 때, 에러가 발생하지 않도록 코드를 바꿔 보겠습니다.

```python
s = '()((()))'    # 길이 8의 문자열

for i in range(len(s) - 1):
    if s[i] == '(' and s[i + 1] == ')':
        left = s[:i]
        right = s[i + 2:]
        s = left + right
        print('left:', left)
        print('right:', right)
        print('s:', s)
        break
print('final s:', s)
```

◎ 결과

```
left:
right: ((()))
s: ((()))
final s: ((()))
```

◎ 결과 해석

짝이 맞는 괄호가 등장하면 그 괄호 한 쌍을 없애고 for문을 끝내도록 코드를 바꿔, s가 '()((()))'에서 '((()))'로 바뀌고 끝났습니다. 하지만 괄호가 모두 풀리지 않은 상태에서 로직이 종료되었습니다.

이번에는 지금까지 작성한 로직을 괄호가 모두 풀릴 때까지 반복해 보겠습니다.

5.2.8. 얼마나 반복해야 할까요? – while 적용

앞에서 for문 한 번으로 괄호를 하나 없애는 로직은 완성했습니다. 괄호 쌍을 지우는 로직이 실행된 결과 s = '()((()))'에서 0번, 1번째 인덱스의 여는 괄호와 닫는 괄호를 제거한 s = '((()))'까지 왔습니다.

이제는 괄호의 쌍이 남아 있지 않을 때까지 괄호를 없애는 로직을 반복하는 로직을 추가할 예정입니다. 그러면 몇 번을 반복해야 할까요? 눈으로 보니 s = '((()))'는 세 번만 반복하면 될 것 같습니다. 하지만 괄호의 쌍이 지금보다 많은 경우, 횟수로 세 번만 반복하도록 조건을 지정한다면 괄호의 쌍이 일부 남아 있게 됩니다. 그렇기 때문에 이렇게 횟수로 반복 로직을 지정하는 것은 한계가 있어, '()' 괄호의 짝이 남아 있는 동안은 계속 괄호의 짝을 없애는 로직을 실행하도록 while문을 적용하겠습니다.

```python
s = '()((()))'    # 길이 8의 문자열

while '()' in s:
    for i in range(len(s) - 1):
        if s[i] == '(' and s[i + 1] == ')':
            left = s[:i]
            right = s[i + 2:]
            s = left + right
            print('s:', s)
            break
print('s:', s)
```

◉ 결과

```
s: ((()))
s: (())
s: ()
s:
s:
```

◉ 결과 해석

s 안에 괄호 쌍이 있으면 하나씩 지우는 로직을 실행한 결과, s의 모든 괄호가 제거되었습니다. '()((()))'는 괄호의 짝이 모두 맞았기 때문입니다.

5.2.9. .split('()'), ''.join() 적용

괄호를 지우는 if s[i] == '(' and s[i + 1] == ')': 이 코드는 .split()과 비슷합니다. 예를 들어, 'hello,world' 이런 문자열을 ,를 기준으로 자를 때 **'hello,world'.split(',')** 이렇게 하면 기준이 되는 ,는 없어지고 ['hello', 'world'] 이렇게 나뉜 결과를 얻게 됩니다. 이번에는 .split()을 사용할 때 ',' 대신 '()'로 하면 앞에서 우리가 괄호 한 쌍을 제외하고 left, right로 나누었던 것과 비슷하게 작동합니다.

()	((	()	))
,	hello	,	world

위와 같이 ',' 대신 '()' 괄호 한 쌍이 기준이 된다고 생각하시면 됩니다. 그러면 'hello,world'에서 ,가 빠지고 각각 hello와 world를 결괏값으로 얻었듯이, 나머지 괄호 '((', '))'를 결괏값으로 얻을 수 있습니다. 그다음 '((', '))'를 .join()을 이용해 다시 합치면 '(())'가 됩니다.

여기서 짝이 맞는 괄호를 없애는 작업을 .split()으로 했을 때의 또 다른 장점은 바로 for문을 쓰지 않아도 된다는 것입니다. for문을 쓴 이유는 2글자씩 확인해서 괄호의 짝이 맞으면 괄호를 없애는 로직을 쓰기 위함인데, 괄호의 짝이 맞아 괄호를 지울 경우에는 string index out of range 에러가 나지 않도록 break를 써야 했죠.

하지만 .split()을 쓰면 길이 문제없이 문자열 안에 있는 모든 '()'를 기준으로 .split()만 하면 됩니다. 그래서 한 번에 여러 쌍의 괄호를 없앨 수 있어, 연산 횟수도 줄일 수 있습니다. 그렇다면 코드에 .split()과 .join()을 적용해 보겠습니다.

```python
s = '()((()))'    # 길이 8의 문자열

while '()' in s:
    sp = s.split('()')    #'()'을 기준으로 나눈다
    s = ''.join(sp)       #sp를 다시 합친다
    print('s:', s)
print('final s:', s)
```

✓ 결과

```
s: (())
s: ()
s: 
final s: 
```

✓ 결과 해석

'()((()))'는 짝이 맞는 괄호이기 때문에 마지막 s에는 아무것도 남지 않은, 비어있는 것이 맞습니다. 앞에서 for문과 break를 썼을 때보다 단계가 줄었습니다. 그 이유는 첫 번째 .split()을 할 때 두 쌍의 괄호를 한 번에 지웠기 때문입니다.

for break를 쓴 경우	.split() .join()을 쓴 경우
s: ((())) s: (()) s: () s:	s: (()) s: () s:

이렇게 for문은 괄호를 한 번에 한 쌍씩만 없애지만 .split()을 쓰면 한 번에 여러 개를 없앨 수 있습니다.

5.2.10. 함수로 만들기

로직이 완성되었습니다. 이번에는 함수로 만들어서 괄호의 짝이 맞으면 True를, 짝이 맞지 않으면 False를 리턴하게 만들어 보겠습니다. 괄호의 짝이 맞았는지 여부는 문자열에 있는 모든 '()' 괄호 쌍을 지웠을 때 아무것도 남아 있지 않으면 괄호의 짝이 맞는 것이고, 무언가 남아 있다면 괄호의 짝이 맞지 않는 것입니다.

괄호를 지우는 로직을 완료한 후에 s의 문자열 개수가 0이면 괄호가 모두 지워졌으니 True고, 0이 아니라면 괄호가 남아 있는 것이니 False입니다. 이 로직을 적용해서 함수로 만들어 보겠습니다.

```
def solution(s):
    while '()' in s:
        sp = s.split('()')
        s = ''.join(sp)
    return len(s) == 0


s = '()((()))'    # 길이 8의 문자열
print('result:', solution(s))
```

⊘ 결과

```
result: True
```

⊘ 결과 해석

'()((()))'는 짝이 맞는 괄호이기 때문에 s에 남아 있는 것이 없어서 len(s)는 0이 나오므로 solution()은 True를 리턴하게 됩니다.

5.2.11. 스택(Stack)을 꼭 사용해야 하나요?

스택을 사용하지 않아도 앞에서는 문제를 충분히 풀 수 있었습니다. 물론 스택을 사용하는 방법보단 느리지만 스택을 사용하지 않는 방법도 문자열이 1000만 개 정도라면 평균 1.3초 내외의 괜찮은 속도로 결과가 나옵니다.

하지만 문자열의 길이가 아주 긴 경우, 한참 기다려도 결과가 나오지 않을 수 있습니다.

```
s = '(' * 50_000_000 + ')'*50_000_000    # _는 가독성 때문에 씁니다.
```

앞에서 개발한 .split()을 사용하는 로직은 위의 s 예시가 가장 느린 경우입니다. 한 번 loop를 돌때 .split()을 한 번밖에 못하기 때문에 1억 개의 쌍을 모두 지우려면 5천만 번의 .split()을 해야 합니다. 그리고 .split()을 하러 찾아가기까지는 처음에는 5천만 번, 2번째는 49999999번, 3번째는 49999998번 이렇게 해서 또 5천만 번을 연산해야 합니다. 그러면 50,000,000 × 50,000,000 = 2,500,000,000,000,000 이만큼 연산을 해야 하기 때문에 성능이 평범한 노트북에서 하면 10분이 지나도 결과가 나오지 않습니다.

이 연산을 여러분이 직접 테스트해 보는 것을 추천드립니다. 아마 테스트를 한 번 해보면, 여러분은 분명 스택으로 구현하고 싶은 마음이 자연스레 생길 것이기 때문입니다.

```python
from datetime import datetime

def solution(s):

    while '()' in s:
        sp = s.split('()')
        s = ''.join(sp)
    return len(s) == 0


s = '(' * 50000000 + ')'*50000000
print(f'len:{len(s)} start:', datetime.now())
print('final:', solution(s))
print('finish:', datetime.now())
```

◇ 결과

10분이 지나도 계속 연산 중이고 결과가 안 나옵니다.

속도는 O표기법으로 하면 $O(N^2 / 4)$입니다. 문자열의 길이가 1억이라면 1억/2 × 1억/2로 위와 같이 엄청난 수가 나옵니다. 물론 상황에 따라 다르지만, 보통 컴퓨터가 1억 개의 연산을 1초에 처리한다고 봅니다. 만약 이렇게 가정한다면, 위의 경우는 2천 5백만 초가 걸리는 것이죠.

이렇게 속도 개선이 시급한 이때가 바로 스택을 사용할 가장 좋은 때입니다.

from datetime import datetime

파이썬에서 시간을 다룰 때 datetime 라이브러리를 많이 씁니다. 위 코드에서는 연산이 시작되는 시간과 끝나는 시간을 표시하기 위해 datetime.now()를 썼습니다. .now() 함수는 datetime이라는 라이브러리 안에 있습니다.

datetime 라이브러리를 이용하기 위해 import datetime을 쓸 수 있습니다. 앞에서는 from datetime import datetime을 이용했습니다. datetime 라이브러리 안에는 datetime만 있는 것이 아니라 date, time, datetime 등 여러 기능이 포함되어 있습니다. 그중에서 연산의 시작과 끝나는 시간을 표시하기 위해서는 datetime.now()만 필요하기 때문에 from datetime import datetime으로 datetime을 import했습니다.

5.3. 스택을 이용해 괄호 문제 풀기

앞에서 .split()을 이용해 괄호의 짝이 맞는지 판단하는 로직을 구현해 보았습니다. 하지만 구현했던 로직은 문자열의 개수가 많아지면 속도가 너무 느려서 사용하지 못할 수도 있습니다. 그래서 이번에는 조금 더 복잡하지만 속도가 빠른 스택을 이용해 보겠습니다.

가장 먼저 만들 부분은 입력받은 문자열 s를 한 글자씩 출력하는 로직입니다.

```python
def solution(s):
    for i in range(len(s)):   # s의 개수만큼 반복하기
        print(s[i])           # s의 i번째 문자열 출력하기

print(solution("()()"))
```

◎ 결과

(
)
(

```
)
None
```

결과 해석

for문을 이용해 i를 0번부터 3번까지 4개를 만들어 주고 s의 0번부터 3번까지 총 4개의 문자열을 출력해 주는 로직입니다. 결과의 마지막 줄에 None이 나오는 이유는 함수의 결괏값을 출력했지만 함수에 return이 없기 때문에, 함수에 return이 없을 때 출력되는 기본값 None이 나온 것입니다.

결괏값에서 볼 수 있듯이 입력받은 문자열 "()()"에서 1개씩 출력이 됩니다. 여기에서 너무 복잡하게 생각하지 않으셔도 됩니다. 차분하게 이해한다면 더 복잡한 문제가 나와도 풀 수 있으니 너무 걱정하지 마세요.

다음에는 '스택'을 이용할 것이기 때문에 스택 역할을 하는 리스트를 하나 선언하겠습니다.

```python
def solution(s):
    st = []   # 스택 역할을 할 리스트 생성하기
    for i in range(len(s)):
---- 중략 ----
```

파이썬 내장 모듈 중 _collections에 deque라는 클래스를 이용해도 되지만 파이썬의 리스트, []도 스택 연산 기능이 있기 때문에 리스트를 이용할 예정입니다. 그리고 반복문 안에 조건문을 넣어서 여는 괄호, (일 때와 닫는 괄호,) 일 때 각각 어떻게 처리할지를 코딩해 보겠습니다.

먼저 조건문을 만들어 보겠습니다.

```python
def solution(s):
    st = []   # 스택 역할을 할 list 생성하기
    for i in range(len(s)):
        if s[i] == '(':    # ( 여는 괄호일 때의 조건문 추가
            print('여는 괄호')
        elif s[i] == ')':  # ) 닫는 괄호일 때의 조건문 추가
```

```
            print('닫는 괄호')

print(solution("()()"))
```

⊘ 결과

```
여는 괄호
닫는 괄호
여는 괄호
닫는 괄호
None
```

⊘ 결과 해석

입력 값이 "()()"이기 때문에 결과가 '여는 괄호', '닫는 괄호', '여는 괄호', '닫는 괄호' 순서로 나왔습니다.

이제 여는 괄호일 때, 닫는 괄호일 때 각각 어떤 연산을 할 것인지 만들어 보도록 하겠습니다. 괄호의 짝이 맞는지 확인하는 것의 핵심은 여는 괄호에 대한 닫는 괄호가 있는지 판단하는 것입니다.

'()()()()(())()()()(' 이 괄호들이 짝이 맞는지 우리 눈으로 한번 살펴보겠습니다. 한번에 맞추시는 분들도 있겠지만 여는 괄호와 닫는 괄호가 1만 개 있다고 하면 과연 안 틀릴 수 있을까요? 하지만 스택을 이용해 로직을 잘 만들어 놓는다면 1만 개, 1억 개를 연산해도 컴퓨터는 틀리지 않고 괄호의 짝이 맞는지 판단해 줍니다.

먼저 눈으로 보았을 때 '()()()()' 이 부분은 괄호가 맞는 것으로 보입니다. 괄호가 맞는지 어떻게 판단하셨나요?

0	1	2	3	4	5	6	7	8	9	10	11
(	)	(	)	(	)	(	)	(	)	(	)

한번에 보였겠지만 우리 뇌는 앞에 있는 괄호부터 순서대로 보았을 것입니다.

0	
(	

이렇게 여는 괄호가 등장했으면, 다음번 문자열에 닫는 괄호가 등장하는지 볼 것입니다.

0	1
(	)

다음 문자열로 닫는 괄호가 나왔습니다.
그러면 0번, 1번은 짝이 맞는 괄호 한 쌍이 됩니다.

5.3.1. 핵심 로직

괄호 풀기의 핵심 로직은 짝이 맞는 괄호를 모두 없애는 것입니다. 여는 괄호와 닫는 괄호의 개수를 세서 각각 맞으면 되는 게 아닌가 싶을 수도 있지만 s = ')()('처럼 주어졌을 때는 개수만 가지고 판단하면 잘못된 결과가 나옵니다. 그래서 여는 괄호와 닫는 괄호가 개수뿐만 아니라 순서도 맞게 나와야만 하는 것입니다.

스택을 썼을 때의 핵심 로직은 여는 괄호일 때는 스택에 .push(), 닫는 괄호일 때는 스택에서 .pop()을 하는 것입니다. 아주 단순합니다. 한없이 어렵게 접근할 수도 있지만 여는 괄호는 스택에 .push()를 하고, 닫는 괄호는 스택에서 .pop()을 한다는 것을 잊지 않으시면 됩니다.

앞에서 스택 없이 구현할 때도 s에 있는 짝이 맞는 괄호를 모두 없애는 것이 로직의 대부분이었습니다. 그래서 짝이 맞는 괄호를 모두 제거했을 때, s에 문자열이 남아 있으면 짝이 맞지 않는 괄호가 있다는 의미이기 때문에 False를 리턴했고 s가 비어 있다면 모든 괄호가 짝이 맞는 것이므로 True를 리턴했습니다. 또한 뒤에서 다루겠지만 괄호의 종류가 소괄호, 중괄호, 대괄호가 섞여 있을 때에도 '짝이 맞는지' 확인하는 기능을 추가하면 괄호의 종류가 여러 개라도 크게 바뀌는 것 없이 풀 수 있습니다.

스택을 이용해 한 단계씩 구현해 보겠습니다. 여기에서는 앞에서 우리가 만들었던 Stack1 클래스를 이용해 보겠습니다.

5.3.2. st.push() 이용하기

스택 없이 괄호를 풀 때는 s에 짝이 맞는 괄호를 뺀 문자열을 업데이트해 주는 식으로 풀었기 때문에, 변수 s 한 개만 신경쓰면 됩니다. 하지만 스택을 이용해 문제를 푼다면 변수 s뿐만 아니라 스택까지 신경써야 하기 때문에 생각할 것이 두배로 늘어납니다.

스택을 쓴다면 s에서는 문자열만 확인하고 처리는 스택(st)에서 합니다. 그리고 그 처리는 여는 괄호일 때 st.push()를 하는 것을 의미하죠.

```python
class Stack1():
    arr = []
    last_index = 0

    def __init__(self, size=10000):
        self.arr = [None] * size

    def push(self, value):
        self.arr[self.last_index] = value
        self.last_index += 1

    def pop(self):
        if self.last_index <= 0: # self.last_index가 0 이하라면
            raise Exception('Stack is empty')

        value = self.arr[self.last_index - 1]
        self.last_index -= 1
        return value

    def empty(self):
        if self.last_index == 0:
            return True
        else:
            return False
```

```python
    def peek(self):
        if self.empty():
            raise Exception('Stack is Empty.')
        return self.arr[self.last_index - 1]

s = '()((()))'     # 길이 8의 문자열
st = Stack1(len(s))    # 스택 선언하기. 스택에는 s의 길이 이상 들어갈 일이 없음
for i in range(len(s)):
    if s[i] == '(':
        print(s[i], '여는 괄호 st.push()')
        st.push(s[i])
    elif s[i] == ')':
        print(s[i], '닫는 괄호')

print(st.arr)
```

◉ 결과

```
( 여는 괄호 st.push()
) 닫는 괄호
( 여는 괄호 st.push()
( 여는 괄호 st.push()
( 여는 괄호 st.push()
) 닫는 괄호
) 닫는 괄호
) 닫는 괄호
['(', '(', '(', '(', None, None, None, None]
```

◉ 결과 해석

가장 먼저 눈에 띄는 것은 s 다음에 st = Stack1(len(s))로 스택을 선언해 준 것입니다. 앞에서 스택을 구현할 때 스택 사이즈는 기본값 10,000으로 정해 주었습니다. 하지만 스택에는 s보다

더 많은 문자열이 들어가는 경우가 없기 때문에 s의 길이만큼만 만들어 주면 됩니다. 가장 많이 들어가는 경우는 s = '(((((((' 이렇게 여는 괄호만 있을 때입니다. 닫는 괄호가 섞여 있다면 뒤에서 설명하겠지만 중간에 .pop()이 되기 때문에 스택은 최대 s의 개수만큼만 있으면 되는 것입니다.

그리고 스택 연산 과정을 눈으로 보기 위해 print()를 넣었습니다. if조건으론 여는 괄호일 때와 닫는 괄호일 때 두 가지뿐입니다. 둘 중에 여는 괄호일 때는 st.push()하는 로직을 추가했습니다. s = '()((()))'는 총 8글자이고 여는 괄호 4개와 닫는 괄호 4개가 들어있습니다. 그래서 결과에는 '(여는 괄호' 4줄, ') 닫는 괄호' 4줄이 출력된 것을 볼 수 있습니다.

그리고 여는 괄호일 때만 st.push(s[i])를 했기 때문에 st.arr을 출력해 보면 여는 괄호만 4개 들어있습니다. st.arr은 실제로 값을 뺐을 때 초기화를 하지는 않기 때문에 크게 의미는 없으니 참고용으로만 보시기 바랍니다.

5.3.3. Stack1 클래스 파일로 분리하기

위 Stack1 클래스 코드의 길이가 길고 Stack1 코드는 다른 곳에서도 사용할 수 있도록 함수만 정의하여 파일로 분리해 보겠습니다.

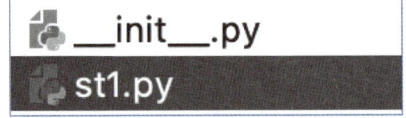

저는 st1.py라는 파일을 하나 만들고 위에 Stack1의 모든 내용을 넣었습니다.

```
from st1 import Stack1
```

위와 같이 from <파일명> import <클래스명>으로 불러오시면 됩니다. st1.py는 현재 작성 중인 파일과 같은 패키지 안에 있어야 위와 같이 불러올 수 있습니다.
잘 안 된다거나 막힌다면 이 과정은 생략하시고 이전에 만들었던 코드를 복사 붙여넣기해서 사용하셔도 되고 스택 대신 리스트를 사용하셔도 됩니다. 리스트도 .pop()연산을 지원합니다.

5.3.4. .pop()하기

위 코드를 실행한 결과에서 st.arr에 ['(', '(', '(', '(', None, None, None, None] 이렇게 들어가 있었습니다. 여는 괄호가 나올 때는 스택에 .push()를 했기 때문입니다. 그러면 닫는 괄호일 때는 어떻게 할까요?

0	1	2	3	4	5	6	7
(	)						

i가 1일 때까지만 먼저 보겠습니다. i가 1일 때의 st.arr의 모습입니다. ['(', None, None, None, None, None, None, None]

i가 0일 때 스택에는 여는 괄호가 들어갔습니다. 그리고 i가 1이 되었고 닫는 괄호가 나왔습니다. 아직 if문을 타기 전이라고 생각해 보세요.

여기에서 우리가 집중적으로 보아야 할 것은 '스택에는 무엇이 들어가는가?'입니다. 스택에는 여는 괄호밖에 들어가지 않습니다. 왜냐하면 앞에서 언급한 것처럼 이 문제에는 여는 괄호와 닫는 괄호밖에 없기 때문입니다. 동전의 앞면, 뒷면처럼 말이죠. 그래서 스택에는 '아무것도 안 들어 있거나' 여는 괄호만 있습니다.

그렇기 때문에 닫는 괄호가 나온다면 .pop()을 하시면 됩니다. '스택이 비어 있다면 에러가 나지 않을까요?'라는 생각이 든다면 맞는 생각입니다. 이 부분은 뒤에서 처리할 것이니, 일단은 닫는 괄호가 나오면 .pop()을 하도록 구현해 보겠습니다.

```
from st1 import Stack1

s = '()((()))'    # 길이 8의 문자열
st = Stack1(len(s))
for i in range(len(s)):
    if s[i] == '(':
        print(s[i], '여는 괄호 st.push()')
```

```
            st.push(s[i])
        elif s[i] == ')':
            print(s[i], '닫는 괄호 st.pop()')
            st.pop()

print(st.arr)
print('is empty:', st.empty())
```

◇ 결과

```
( 여는 괄호 st.push()
) 닫는 괄호 st.pop()
( 여는 괄호 st.push()
( 여는 괄호 st.push()
( 여는 괄호 st.push()
) 닫는 괄호 st.pop()
) 닫는 괄호 st.pop()
) 닫는 괄호 st.pop()
['(', '(', '(', None, None, None, None, None]
is empty: True
```

◇ 결과 해석

 s = '()((()))'는 길이가 8이고 여는 괄호 4개와 닫는 괄호 4개가 들어있기 때문에 .push() 4번, .pop()도 4번 이루어졌습니다.

 결과에 ['(', '(', '(', None, None, None, None, None] 이렇게 나왔는데 여는 괄호가 왜 3개나 들어 있나? 하는 생각이 들 수 있습니다. st.arr보다는 우리가 구현한 스택이 잘 작동하는지에 집중해 보시기 바랍니다. 여는 괄호가 3개 들어있는 게 맞습니다.

 일단은 .push()가 총 4번 이루어졌고 .pop()도 총 4번 이루어져서 .empty()를 호출했을 때는 True를 리턴했습니다. 그러면 우리가 만든 스택도 잘 작동하는 것이 맞습니다.

 그런데 ['(', '(', '(', None, None, None, None, None]의 결과에서 여는 괄호가 4개도 아니고 0개

도 아닌 3개인 이유는 무엇일까요? s = '()'까지 왔을 때를 생각해 보겠습니다. 여기에서 .empty()를 호출하면 True가 나올 것입니다. .push() 한 번, .pop() 한 번 했기 때문입니다. 하지만 st.arr은 ['(', None, None, None, None, None, None, None] 이렇게 '('가 남아 있을 것입니다.

다음 스텝으로 s = '()('까지 왔다고 했을 때 .pop()을 할 것입니다. 그러면, .pop()을 했음에도 불구하고 st.arr은 ['(', None, None, None, None, None, None, None] 이렇게 여는 괄호만 한 개 들어있는 상태가 될 것입니다. 현재 st.last_index는 0이기 때문에 덮어쓰기 때문입니다.

그래서 이렇게 한 번 덮어쓴 이후에는 s = '((()))' 이렇게 여는 괄호와 닫는 괄호가 차례로 나오기 때문에 st.arr에는 여는 괄호가 3개 남아 있는 것이고 8개의 문자열을 모두 확인했을 때 st.empty()는 True로 나오는 것입니다.

5.3.5. 닫는 괄호 ')'부터 나올 때의 처리

문제에서 s를 s = '()((()))' 이렇게 이쁘게만 주면 좋겠지만 s = ')((()))' 이렇게 주는 경우도 있습니다. 이럴 때는 짝이 안 맞기 때문에 바로 False를 리턴하게끔 함수를 만들어야 합니다. 하지만 위 로직에 이 s를 넣고 돌리면 결과가 나오기 전에 .pop()에서 에러가 납니다.

한번 확인해 보겠습니다.

```
from st1 import Stack1

s = '()((()))'    # 길이 8의 문자열
s = ')((()))'     # 길이 7의 문자열
st = Stack1(len(s))
for i in range(len(s)):
    if s[i] == '(':
        print(s[i], '여는 괄호 st.push()')
        st.push(s[i])
    elif s[i] == ')':
        print(s[i], '닫는 괄호 st.pop()')
        st.pop()
```

```
print(st.arr)
print('is empty:', st.empty())
```

✓ 결과
```
Traceback (most recent call last):
  File "C:/git/python/python_algorithm/stack/bracket/03_pop.py", line 12, in <module>
    st.pop()
  File "C:\git\python\python_algorithm\stack\bracket\st1.py", line 14, in pop
    raise Exception('Stack is empty')
Exception: Stack is empty
) 닫는 괄호 st.pop()
```

✓ 결과 해석

Stack is empty 에러가 났습니다. 이 에러는 앞에서 Stack1을 만들 때 우리가 만들었던 기능입니다. .pop()을 할 때 스택이 비어 있다면 raise Exception('Stack is empty') 이 코드가 실행되도록 만들었습니다. 비어 있는 스택에 .pop()을 하는 것은 의미 없는 작업이기 때문입니다.

하지만 s가 s = ')((()))' 이렇게 주어진다면 괄호의 짝이 맞지 않다는 결과를 도출해야 하는데, 앞에서 만든 코드는 이렇게 에러를 발생시킵니다. 그래서 이런 경우는 따로 처리해 주어야 합니다.
 이 한 가지 경우를 위해 기능을 추가하는 것이 뭔가 낭비하는 것 같다는 생각이 들 수도 있지만, 이 경우만 있는 것이 아닙니다. 예를 들어, s = '())()' 와 같은 경우에도 이 로직이 필요합니다.
 s = '())()'에서 앞의 괄호 쌍을 풀면 s = ')()'가 됩니다. 이때도 스택은 비어 있지만 .pop()을 해야 하는 상황이죠. 그래서 이 로직은 꼭 필요한 로직입니다.
 구현해 보겠습니다.

```
from st1 import Stack1
```

```python
s = ')(((())'      # 길이 7의 문자열
st = Stack1(len(s))
for i in range(len(s)):
    if s[i] == '(':
        print(s[i], '여는 괄호 st.push()')
        st.push(s[i])
    elif s[i] == ')':
        print(s[i], '닫는 괄호 st.pop()')
        if st.empty():
            return False
        st.pop()
```

✓ 결과

```
    return False
    ^
SyntaxError: 'return' outside function
```

✓ 결과 해석

SyntaxError: 'return' outside function이 났습니다. 문법 오류인데요. 함수가 아닌데 return을 썼다는 것입니다.

앞에서 스택을 사용하지 않고 괄호를 푸는 로직을 만들었을 때는 s = ')((()))' 라면 ')(())', ')()', ')' 순서로 짝이 맞는 괄호를 풀고, 남아 있는 s의 개수가 0인지 아닌지 판단한 결과를 리턴했습니다. 하지만 이것은 굳이 하지 않아도 되는 연산을 하는 것입니다. 왜냐하면 ')((()))'와 같이 닫는 괄호로 시작하는 문자열 s는 이미 괄호의 짝이 맞지 않아, 굳이 뒤의 연산을 할 필요가 없기 때문입니다. 물론 문자열의 길이가 짧다면 크게 문제가 되지 않겠지만, s = ')' + '(' * 5,000,000 + ')' * 5,000,000 이렇게 생긴 1억 1개의 문자열을 연산한다면 첫문자열을 보고 끝날 일을 뒤의 1억 개도 다 연산해 주어야 하기 때문에 리소스 낭비입니다.

그래서 연산 중 닫는 괄호로 시작되는 패턴이 나온다면 return False를 해주면 됩니다. 하지만 함수 형태로 만들어 주지 않았기 때문에 에러가 납니다. 그래서 함수 형태로 바꿔 주도록 하겠습니다.

5.3.6. 함수로 만들기

함수로 만들어서 괄호의 짝이 맞으면 True를, 짝이 맞지 않으면 False를 리턴하도록 만들겠습니다. 만약 스택이 비어 있다면 괄호가 짝이 맞는 것이므로 True를 리턴하고, 스택에 남아 있는 것이 있다면 False를 리턴하게 해 줍니다. 앞에서 만들었던 st.empty()를 리턴해주면 됩니다.

```python
from st1 import Stack1
def solution(s):
    st = Stack1(len(s))
    for i in range(len(s)):
        if s[i] == '(':
            st.push(s[i])
        elif s[i] == ')':
            if st.empty():
                return False
            st.pop()
    return st.empty()

s = ')((()))'    # 길이 7의 문자열
print('result:', solution(s))
```

◉ 결과

```
result: False
```

◉ 결과 해석

')((()))'는 괄호가 맞지 않기 때문에 False가 출력되었습니다.

5.3.7. 속도 테스트

스택을 이용하는 것이 .split()을 이용하는 것보다 복잡해서 문자열 길이가 그렇게 길지 않다면 .split()으로 해결을 하고 싶은 생각이 듭니다. 하지만 문자열이 길어졌을 때 .split()은 시간이 너무 오래 걸리기 때문에 사용할 수 없습니다. 그래서 스택을 사용할 수밖에 없었습니다.

스택을 썼을 때 얼마나 빨라지는지 앞에서 테스트했던 여는 괄호 5000개, 닫는 괄호 5000개 총합 1억 개의 문자열로 테스트해 보겠습니다.

```python
from st1 import Stack1
from datetime import datetime

def solution(s):
    st = Stack1(len(s))
    for i in range(len(s)):
        if s[i] == '(':
            st.push(s[i])
        elif s[i] == ')':
            if st.empty():
                return False
            st.pop()
    return st.empty()


s = '(' * 50000000 + ')'*50000000
start_time = datetime.now()
print(f's_cnt:{len(s)} result:{solution(s)}')
print(datetime.now() - start_time)
```

⊘ 결과
```
s_cnt:100000000 result:True
0:00:26.408289
```

앞에 스택을 사용하지 않고 1억 개의 문자열을 처리하려고 했을 때는 한참이 지나도 결과가 나오지 않았습니다. 하지만 스택을 사용했을 때는 26초가 걸려서 결과가 나왔습니다. 속도가 많이 개선된 것이 보입니다. 하지만 26초보다 더 빠르게 할 방법이 있습니다.

5.3.8. 더 빠르게 하는 방법

이 문제에서 스택에 들어가는 것은 여는 괄호뿐입니다. 여는 괄호가 나왔을 때 .push()함수가 실행됩니다. 앞에서 아래 push()함수를 구현해 보셨을 것입니다.

```python
def push(self, value):
    self.arr[self.last_index] = value
    self.last_index += 1
```

위 코드에서는 스택 역할을 하는 리스트의 마지막 인덱스에 value를 넣고 last_index에 값을 하나 올리는 작업을 수행합니다.

하지만 단순히 '(' 여는 괄호만 넣는다고 하면 굳이 스택 연산을 모두 사용하지 않아도 됩니다. 대신 변수 하나를 이용해서 '(' 여는 괄호가 몇 개가 들어있는지 개수만 세면 됩니다.

```python
from datetime import datetime

def solution(s):
    open_bracket_cnt = 0   # 스택 대신 변수를 선언합니다.
    for i in range(len(s)):
        if s[i] == '(':
            open_bracket_cnt += 1
        elif s[i] == ')':
            if open_bracket_cnt == 0:
                return False
            open_bracket_cnt -=1   # .pop()을 하는 대신 개수를 줄여줍니다.
    return open_bracket_cnt == 0
```

```
s = '(' * 50000000 + ')'*50000000
start_time = datetime.now()
print('result:', solution(s))
print(datetime.now() - start_time)
```

⊘ 결과
```
result: True
0:00:07.515276
```

⊘ 결과 해석
속도는 7.5초가 걸렸습니다. 앞에서 스택을 이용한 코드는 26초의 속도가 나왔습니다만 연산을 더 간단하게 줄였기 때문에 더 빨리 끝났습니다.

5.4. {}, []도 있는 경우

문제를 조금 더 어렵게 낸다면 {}, [] 이 두 가지 괄호를 추가해서 '()', '{}', '[]' 이렇게 3가지 종류의 괄호를 풀어야 하는 문제가 나옵니다. 하지만 겁먹지 않으셔도 됩니다. 이 문제도 같은 방식으로 풀 수 있기 때문입니다.

먼저 스택을 사용하지 않고 .split()을 이용해 문제를 풀어 보겠습니다.

```
s = '({([])})'
while '()' in s or '{}' in s or '[]' in s:
    sp = s.split('()')
    s = ''.join(sp)
    sp = s.split('{}')
    s = ''.join(sp)
    sp = s.split('[]')
    s = ''.join(sp)
```

```
    print(s)

print(len(s) == 0)
```

◎ 결과

```
({()})
()
True
```

◎ 결과 해석

앞에서는 () 이런 괄호 한 종류였지만 (), {}, [] 이렇게 3가지 종류의 괄호를 다루기 때문에 각 괄호의 짝이 맞는 경우도 .split()하도록 추가해 주었습니다. '({([])})'가 짝이 맞는 괄호이기 때문에 결과는 True입니다.

5.4.1. 스택을 사용하지 않았을 때 속도 테스트

앞에서 작은 괄호만 있을 때 스택을 쓰지 않은 경우 문자열이 길어지면 실행했을 때 너무 느려서 결과가 안 나왔었습니다. 앞에서는 여는 괄호 5천만 개 + 닫는 괄호 5천만 개로 테스트를 했었습니다.

```
s = f'{"("*(2*pow(10,4))}{"{"*(2*pow(10,4))}{"["*(2*pow(10,4))}{"]"*(2*pow(10,4))}{"}"*(2*pow(10,4))}{")"*(2*pow(10,4))}'
```

여기에서 s는 (2만 개 { 2만 개 [2만 개] 2만 개 } 2만개) 2만 개, 총 12만 개의 문자열입니다.

```
from datetime import datetime

def while1(s):
    while '()' in s or '{}' in s or '[]' in s:
```

```python
        sp = s.split('()')
        s = ''.join(sp)
        sp = s.split('{}')
        s = ''.join(sp)
        sp = s.split('[]')
        s = ''.join(sp)
    return len(s) == 0

s = f'{"("*(2*pow(10,4))}{"{"*(2*pow(10,4))}{"["*(2*pow(10,4))}{"]"*(2*pow(10,4))}{"}"*(2*pow(10,4))}{")"*(2*pow(10,4))}'
start_time = datetime.now()
print(while1(s))
print(datetime.now() - start_time)
```

⊘ 결과

True
0:00:29.735540

⊘ 결과 해석

12만 개 괄호를 푸는 데에 29초가 걸렸습니다. 앞에서 스택을 썼을 때 1억 개에 26초가 걸렸었는데요. 역시나 .split()은 속도가 느립니다.

5.4.2. 정규식을 쓰는 경우 속도가 더 빠를까요?

앞의 로직에서 (), {}, []인 경우 각각의 괄호를 기준으로 .split()을 해서 속도가 많이 느리다고 생각할 수 있습니다. 그래서 이번에는 3가지 패턴 (), {}, []에 하나라도 해당이 되면 .split()을 하는 로직을 사용하여 3번 연산해야 할 것을 한 번으로 줄여보도록 하겠습니다. 그래서 split()할 때 '\(\)|\{\}|\[\]' 이 정규식을 기준으로 .split()은 한 번만 쓰는 것으로 테스트해 보겠습니다.

```python
import re    # re는 파이썬에서 정규식을 다룰 수 있게 해주는 라이브러리입니다
from datetime import datetime

def with_regex(s):
    while '()' in s or '{}' in s or '[]' in s:
        sp = re.split('\(\)|\{\}|\[\]', s)
        s = ''.join(sp)
    return len(s) == 0

s = f'{"("*(2*pow(10,4))}{"{"*(2*pow(10,4))}{"["*(2*pow(10,4))}{"]"*(2*pow(10,4))}{"}"*(2*pow(10,4))}{")"*(2*pow(10,4))}'
print(datetime.now())
print(with_regex(s))
print(datetime.now())
```

◎ 결과
```
True
0:00:50.069581
```

◎ 결과 해석

위와 똑같이 12만 개의 괄호 문자열로 테스트해 본 결과 정규식을 사용한 방법이 .split()을 적게 사용하기 때문에 더 빠를 거라 예상했지만, 오히려 앞에서 29초 걸리던 것이 이번엔 50초로 2배 가까이 느려졌습니다. 즉, 정규식 연산의 속도가 빠르지 않다는 것을 알 수 있습니다.

re.split()을 이용하면 정규식을 기준으로 split할 수 있습니다. 여기에서는 (), {}, []를 기준으로 split을 하는 정규식을 사용했습니다.

5.4.3. 스택으로 구현하기

이번엔 스택으로 구현해 보겠습니다. 앞에서 이미 스택으로 구현을 해봤기 때문에 로직을 처음부터 구현하지 않고 (), {}, [] 이렇게 세 가지 괄호의 종류를 처리할 수 있게 튜닝하겠습니다. 앞에서 만들었던 로직을 먼저 보겠습니다.

```python
from st1 import Stack1

def solution(s):
    st = Stack1(len(s))
    for i in range(len(s)):
        if s[i] == '(':
            st.push(s[i])
        elif s[i] == ')':
            if st.empty():
                return False
            st.pop()
    return st.empty()
```

위 로직에서는 '(' 여는 괄호일 때 스택에 push를 합니다.

```python
if s[i] == '(':
    st.push(s[i])
```

세 가지 괄호일 때도 마찬가지로 여는 괄호일 때는 .push()를 하면 됩니다. 앞에서 만든 로직에 or로 '{', '['도 추가해주시면 됩니다.

```python
if s[i] == '(' or s[i] == '{' or s[i] == '[':
    st.push(s[i])
```

앞에서 만들었던 로직에서도 여는 괄호일 때는 스택에 .push()를 했습니다. 종류만 추가되었을 뿐 .push()는 똑같습니다.

```python
from st1 import Stack1

def solution(s):
    st = Stack1(len(s))
    for i in range(len(s)):
        if s[i] == '(' or s[i] == '{' or s[i] == '[':
            st.push(s[i])
        elif s[i] == ')':
            if st.empty():
                return False
            st.pop()
    return st.empty()
```

위 로직을 실행하면 '((()))' 이렇게 작은 괄호만 있는 문자열은 잘 풀어내지만 중괄호, 대괄호가 섞여 있으면 결과가 제대로 나오지 않습니다. 왜냐하면 중괄호 또는 대괄호의 닫는 괄호가 처리가 안 되어 있기 때문입니다.

5.4.4. 스택에서 꺼내는(.pop()) 조건

앞에서 스택에 .push()하는 조건을 추가했습니다. 이번에는 스택에서 .pop()하는 조건을 추가해 보겠습니다.

먼저 앞에서 작성했던 코드를 보겠습니다.

```python
elif s[i] == ')':
    if st.empty():
        return False
    st.pop()
```

')'일 때 .pop()연산을 수행하는 로직입니다. 이번에도 .push()와 마찬가지로 기존 로직에 '}', ']'만 추가하면 될까요?

```
elif s[i] == ')' or s[i] == '}' or s[i] == ']':
```

당연히 아니겠지요? 왜 안 되는지 한번 생각해 보겠습니다.

							stack	
[	{	(	{	(	[	{	(

스택에는 위와 같이 여는 괄호만 들어가도록 앞에서 로직을 만들어 놓았습니다. 위 스택의 경우 가장 위에 있는 문자열은 '(' 작은 괄호입니다. 다음에 올 괄호가 '}' 중괄호 닫는 괄호라면 '(' 작은 괄호와 '}' 중괄호이므로 짝이 맞는 괄호가 아닙니다.

하지만 위와 같이 s[i] == ')' or s[i] == '}' or s[i] == ']' 이렇게 or로 처리를 한다면 소괄호의 여는 괄호와 중괄호의 닫는 괄호가 짝이 맞는 것으로 판단되어 .pop()이 되고 결과는 우리가 원하는 대로 나오지 않습니다. 그렇기 때문에 여기에서는 괄호 별로 짝이 맞는지 판단해 주는 함수를 추가하는 방법으로 해결할 수 있습니다.

5.4.5. 짝이 맞는 괄호인지 판단하기

앞에서 스택에서 .pop()하는 조건을 or로 했을 때 문제가 있었습니다. 그러면 이번에는 함수를 사용해 보겠습니다. 먼저 기존 코드를 보겠습니다.

```
elif s[i] == ')':
```

기존에는 현재 문자열 s[i]이 ')' 닫는 괄호인지만 알아보면 '짝이 맞는지' 알 수 있었지만 괄호가 (), {}, [], 이렇게 세 가지인 경우는 실제로 '짝이 맞는지'를 판단해야 합니다. 이 경우에는 값을 두 개 받는 함수를 만들어서 짝이 맞는지 여부를 판단하는 기능을 만들 수 있습니다.

```python
def is_pair(first, second):
    if first == '(' and second == ')':
        return True
    elif first == '{' and second == '}':
        return True
    elif first == '[' and second == ']':
        return True
    return False
```

위 함수는 앞에서 만들었던 s[i] == ')' 조건을 함수로 확장한 것입니다. 함수가 잘 작동하는지 확인해 보겠습니다.

```python
print(is_pair('(', ')'))
print(is_pair('(', '}'))
```

✓ 결과
```
True
False
```

입력한 두 개의 여는 괄호, 닫는 괄호가 짝이 맞는지 판단하는 로직은 잘 작동합니다. 그렇다면 만든 함수를 기존 로직에 적용해 보겠습니다.

```python
elif is_pair(st.peek(), s[i]):
    if st.empty():
        return False
    st.pop()
```

스택에는 아래와 같이 여는 괄호만 들어가기 때문에 s[i]에 닫는 괄호가 나왔다면(여는 괄호가 아닌 경우) 스택의 가장 위에 있는 문자열과 비교를 해야 합니다.

stack								
[	{	(	{	(	[	{	(

스택에 위와 같이 들어있는 경우 만약 s[i]가 ')' 닫는 괄호인 경우면 st.peek()했을 때 '(' 여는 괄호가 나오기 때문에 is_pair('(', ')') 이렇게 들어가게 되고 is_pair()함수는 True를 리턴하게 됩니다. 그러면 st.pop()이 실행되어 괄호 한 쌍이 빠지게 됩니다.

만든 함수를 로직에 적용하고 괄호를 넣고 빼는 조건을 모두 적용한 코드입니다.

```python
from st1 import Stack1
from datetime import datetime

def is_pair(first, second):
    if first == '(' and second == ')':
        return True
    elif first == '{' and second == '}':
        return True
    elif first == '[' and second == ']':
        return True
    return False

def solution(s):
    st = Stack1(len(s))
    for i in range(len(s)):
        if s[i] == '(' or s[i] == '{' or s[i] == '[':
            st.push(s[i])
        elif is_pair(st.peek(), s[i]):
            if st.empty():
```

```
            return False
        st.pop()
    return st.empty()

s = f'{"("*(2*pow(10,4))}{"{"*(2*pow(10,4))}{"["*(2*pow(10,4))}{"]"*(2*pow(10,4))}{"}"*(2*pow(10,4))}{")"*(2*pow(10,4))}'
start_time = datetime.now()
print('result:', solution(s))
print(datetime.now() - start_time)
```

◎ 결과

```
result: True
0:00:00.061504
```

◎ 결과 해석

앞에서와 같이 '(', '{', '[', ']', '}', ')' 6개의 여는 괄호 닫는 괄호 문자열이 각 2만 개로 12만 개입니다. 앞에서 .split()을 썼을 때 29초가량 걸렸습니다. 하지만 스택 연산으로 바꾼 후 1초도 안 걸리고 연산이 끝났습니다.

이렇게 해서 스택, 스택의 단골 문제인 괄호 풀기, 그리고 괄호가 여러 종류일 때의 문제까지 전부 풀어 보았습니다.

6장
해시(Hash)

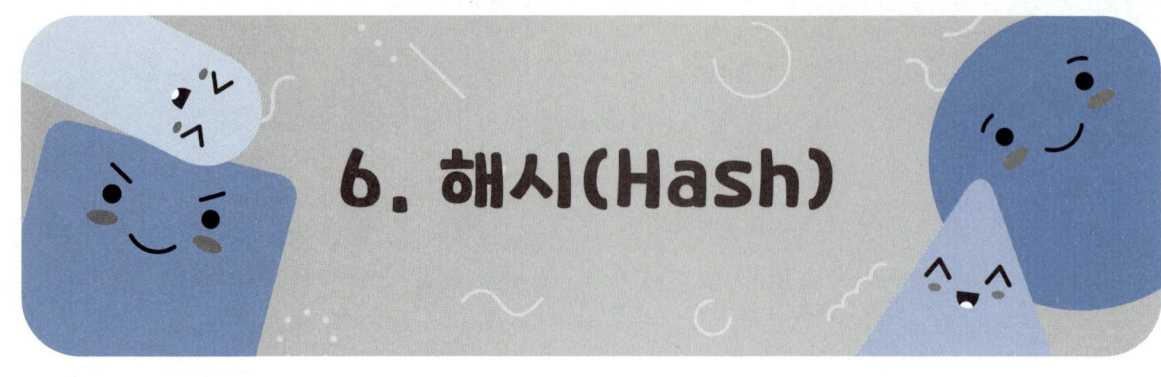

6. 해시(Hash)

해시(Hash)라고 들어 보셨나요? 자료구조에 대해 익숙지 않으신 분이라면 암호화 알고리즘의 한 종류라고 생각하시는 분이 많을 것 같습니다. 맞습니다. 해시는 일종의 단방향 암호화 기법으로 임의의 길이를 갖는 임의의 데이터를 고정된 길이의 데이터로 mapping하는 기법입니다. 여러분의 확실한 이해를 돕기 위해, 국내의 동 정보를 해시 함수를 이용하여 번호 정보로 변경하는 예시를 들어 보겠습니다.

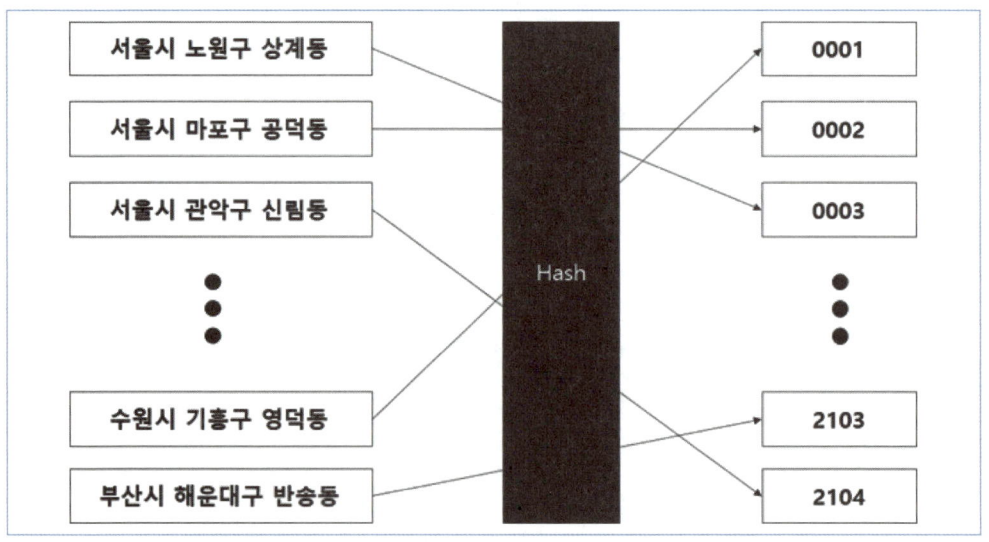

위 그림을 보시면 해시 함수를 거쳐서 다양한 길이의 문자열 동 정보를 4자리수의 고정된 길이 정수로 통일한 것을 확인할 수 있습니다. 해시 함수는 기본적으로 단방향 함수이기 때문에 우측

의 2103 정보를 다시 '부산시 해운대구 '반송동' 문자열로 복원하는 것은 지원하지 않습니다.

용어 정리를 조금 더 하자면, 임의의 길이를 갖는 임의의 데이터, 다시 말해 원본 데이터를 키(Key)라고 부르고, 키를 해싱(hashing)하여 얻어진 변경된 데이터를 해시 값, 해시 코드라고 부릅니다. 해싱하는 함수는 해시 함수라고 부릅니다. 위에서 '서울시 노원구 상계동'은 키 정보이며, 키 정보를 해시 함수에 넣어 해싱한 값인 '0003'이란 정수는 해시 값이 됩니다.

해시는 앞서 말씀드린 것처럼 보안 분야에서 암호화 용도로 많이 활용됩니다. SHA-256과 같은 알고리즘이, 암호화를 위한 대표적인 해시 함수입니다.

한편, 소프트웨어 개발에서 해시는 데이터를 빠르게 찾기 위해 주로 활용됩니다. 해시 함수의 결괏값인 해시 값을 특정 테이블의 인덱스로 활용하는 것입니다. 이렇게 해시 값을 인덱스로 활용하는 테이블을 해시 테이블이라고 부릅니다. 해시 테이블을 이용하면, 원하는 데이터를 찾기 위해서 데이터를 정렬하거나 순차, 이분 탐색할 필요 없이 해시 인덱스를 이용해서 바로 찾아갈 수 있습니다.

예를 들어, 여러 개의 데이터가 저장된 리스트에서 어떤 데이터 A를 찾는 문제를 생각해 보겠습니다. 가장 간단한 방법으로는 리스트의 처음부터 A가 나올 때까지 데이터를 하나씩 들여다보는 순차 검색을 하게 될 것입니다.

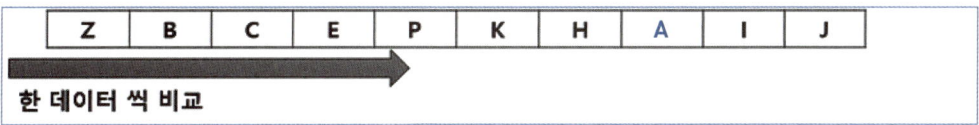

실제로 데이터를 찾을 때는 리스트에 어떤 데이터가 어떤 순서로 구성되어 있는지 알 수 없기 때문에 위와 같이 찾을 때까지 데이터를 하나씩 탐색하게 될 것입니다.

그림의 예시에서는 데이터가 얼마 없지만, 만약 데이터가 엄청 많아진다면 어떨까요? 최악의 경우를 생각해 본다면 리스트의 맨 앞부터 찾았는데, 실제 원하는 데이터는 리스트의 가장 끝에 있는 경우를 생각해 볼 수 있을 것입니다. 이 경우 원하는 데이터를 찾기 위해서 전체 데이터의 수만큼 비교해야 하므로 시간상 큰 불이익이 있을 것으로 예상됩니다. 실제로 아래 코드를 보겠습니다.

```
from datetime import datetime
```

```
intList = range(0, 30000000)

print(datetime.now())
for i in intList:
    if(i == 29999999) :
        print(i)
        break
print(datetime.now())
```

◇ 결과
```
2021-06-20 18:16:06.373895
29999999
2021-06-20 18:16:08.460977
```
2초

◇ 결과 해석

　0부터 시작하는 3천만 개의 숫자를 담는 intList 변수에서 29,999,999라는 가장 끝 숫자를 찾기 위해 처음부터 순차비교하는 코드입니다. 29,999,999를 찾기 위해서는 0부터 29,999,999까지 모두 비교해야 하기 때문에 오랜 시간이 걸리게 됩니다. 2초라는 시간이 짧아 보일 수도 있겠지만, 여러 개의 쿼리를 실시간으로 응답해야 하는 검색 서비스에서 매번 검색마다 이 정도의 시간이 걸린다면 유저의 서비스 만족도가 크게 떨어질 것입니다.

　이번에는 해시를 사용하면 얼마만큼의 시간이 걸릴지 실험해 보겠습니다. 파이썬 데이터 타입 중 하나인 딕셔너리(Dictionary)는 내부적으로 해시로 구현되어 있습니다. {user : michael, age : 20}인 데이터에서 user는 해시 키이고, 이 키값과 매핑된 내부 데이터 구조의 Index를 찾음으로써 michael이 저장된 위치를 찾아낼 수 있는 원리입니다. 예시로 든 리스트를 딕셔너리로 간단히 바꿔서 성능을 확인해 보도록 하겠습니다.

```
from datetime import datetime
intDict = {}
```

```
for i in range(0, 30000000):
    intDict[str(i)] = i

print(datetime.now())
print(intDict["29999999"])
print(datetime.now())
```

◇ 결과
```
2021-06-20 18:19:56.885342
29999999
2021-06-20 18:19:56.886340
```
0.001초

◇ 결과 해석

실험을 위해 0부터 3천만까지의 숫자의 문자열을 key로 하는 딕셔너리를 생성해 주었습니다. 이 딕셔너리에서 숫자 0의 key는 문자열 '0'이고, 140000의 key는 문자열 '140000'입니다. 이때 앞서 예시로 들었던 29,999,999를 탐색할 때 위와 같이 해시 key를 알고 있다면 즉시 찾을 수 있기 때문에 시간이 굉장히 짧아진 것을 확인할 수 있습니다.

이렇듯 해시 테이블은 O(1) 시간, 즉 거의 한 번에 타깃 데이터를 찾아낼 수 있다는 장점을 가진 자료구조입니다.

6.1. 해시의 탄생

해시 아이디어는 1953년 한스 피터 룬(Hans Peter Lunn)이라는 IBM 연구원에 의해서 최초로 제안되었다고 알려져 있습니다. 룬은 도서관, 문서 저장소 관련 프로젝트를 진행하고 있었는데 이때 정보 검색 및 저장과 관련된 문제와 마주하게 됩니다. 이를 해결하기 위해 KWIC(Keyword In Context) 알고리즘을 고안했는데, 이 알고리즘은 텍스트들을 빠르게 추상화하고 색인화하여 검색할 수 있는 인덱스로 제공했다고 합니다. 그리고 이러한 룬의 텍스트 색인화 아이디어는 현재 사용하는 해시 이론의 바탕이 되었습니다.

6.2. 해시 구현

해시는 앞서 말씀드린 것처럼 임의의 길이를 가진 임의의 데이터를 고정된 길이의 데이터로 mapping하는 함수입니다. 해시 테이블을 위한 해시 함수는 해시 값을 해시 테이블의 인덱스로 활용합니다. 즉 배열의 몇 번째 위치에 데이터를 입력해야 할지를 해시 함수의 결괏값으로 결정하는 것입니다.

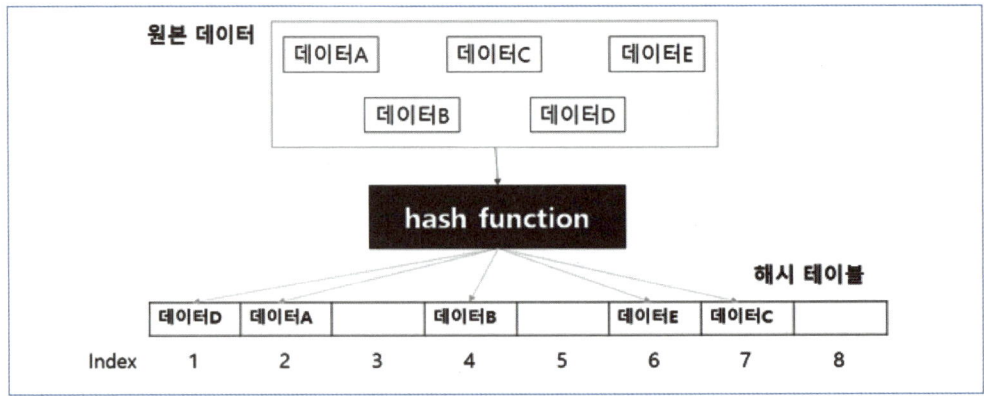

해시 테이블의 구현은 위 그림과 같습니다. 원본 데이터가 존재하고, 해당 데이터에 해시함수를 호출해서 얻은 해시 값을, 해시 테이블의 인덱스값으로 활용하는 형태입니다. 데이터A의 해시값이 2인 경우 테이블의 2번 인덱스에 데이터를 삽입해 줍니다.

이때 사용하는 해시 함수는 굉장히 다양한 구현이 가능합니다. 다만, 해시 함수는 해시 테이블의 성능을 좌우하므로 가능하면 검증된 좋은 해시를 사용하는 것이 좋습니다. 이미 좋은 해시함수는 많기 때문에 특별한 경우가 아니라면 가져다 쓰는 것을 권합니다.

해시 key로 활용하고자 하는 데이터가 문자열인지 정수인지 등에 따라 해시 함수를 달리 활용해야 합니다. 먼저 해시 함수를 직접 구현하는 예시를 코드로 설명해 보겠습니다.

```python
def nameHash(name):
    ascii_sum = 0
    for word in name:
```

```
        ascii_sum += ord(word)
    return ascii_sum


name = "chulsoo"
print(nameHash(name))
```

⊙ 결과

```
765
```

⊙ 결과 해석

nameHash라는 함수를 만들었는데 이 해시는 문자열을 입력받아 숫자로 바꿔 주는 해시 함수입니다. chulsoo를 인자로 넣어주면 내부적으로 'ord'라는 파이썬 내장함수를 통해 문자열의 앞부터 한 글자씩 아스키코드값으로 변경하고 변경된 값을 누적해서 더한 후 return합니다. 그 결과 765라는 값이 나오는 것입니다.

이번에는 직접 만드는 해시 함수가 아닌 파이썬에서 제공하는 해시 함수에 대해서 알아보겠습니다. 가장 먼저, hash() 함수입니다. hash() 함수는 파이썬 내장함수로 어떤 선언 없이 바로 활용할 수 있는 함수인데, 본 함수는 딕셔너리 키를 통해 빠르게 데이터를 검색하기 위해 내부적으로 자주 활용됩니다. 이 함수를 사용하는 방법은 간단합니다.

```
name = 'chulsoo'
result = hash(name)
print(result)
```

⊙ 결과

```
8820409330049319349
```

⊙ 결과 해석

chulsoo라는 문자열을 선언하여 기본 내장함수인 해시함수를 이용하여 해시 값으로 변환하였습니다.

또 다른 해시 함수로는 내장 라이브러리로 제공하는 hashlib이 있습니다. hashlib에서는 유명한 암호화 알고리즘인 sha256, md5 등을 제공합니다. md5 해시를 사용하는 방법을 한번 코드로 보겠습니다.

```python
import hashlib

name = 'chulsoo'
name = name.encode('utf-8')
enc = hashlib.md5(name)
print(enc.hexdigest())
```

◇ 결과
```
bfc23a394b830a51019fe946a059fff3
```

◇ 결과 해석
hashlib을 활용하기 위해 문자열을 utf-8로 인코딩한 후 md5 함수를 적용하였고 그 결과(해시값)를 16진수로 출력하였습니다.

이와 같이 직접 만들거나 이미 있는 라이브러리를 가져다 쓰는 등 다양한 형태의 해시 함수 구현이 가능합니다.

6.3. 해시 테이블 구현

해시 테이블은 해시 함수를 이용하여 얻은 해시 값을 테이블의 인덱스 값으로 사용하는 자료 구조입니다. 해시 함수를 이용하여 얻은 해시 값의 범위를 테이블의 크기 내로 제한하기 위하여 일반적으로 해시 값을 테이블의 사이즈로 나눈 나머지 값을 테이블의 인덱스 값으로 사용하게 됩니다.

좀 더 확실한 이해를 돕기 위해 해시 테이블이라는 클래스를 선언하고 클래스 내에 해시 테이블에 필요한 메소드를 구현해 보겠습니다.

```python
def __init__(self):
    self.size = 10
    self.table = [0 for _ in range(self.size)]
```

__init__ 함수는 클래스의 객체가 만들어질 때 가장 먼저 자동으로 호출되는 함수입니다. 해시 테이블 클래스의 객체를 만들 때 객체의 멤버로 테이블로 활용할 리스트를 만들어 주고, 0으로 초기화하도록 하겠습니다.

```python
def hash(self, name):
    ascii_sum = 0
    for word in name:
        ascii_sum += ord(word)
    return ascii_sum % self.size
```

그 다음은 해시 함수입니다. 앞 장에서 활용한 nameHash 함수를 그대로 활용하면서, 대신 해시 테이블의 인덱스로 활용하기 위해 결괏값을 해시 테이블로 활용할 리스트의 크기로 나눠 그 나머지를 반환하도록 하였습니다. 이렇게 하면 어떤 데이터를 집어넣더라도 0부터 9 사이의 값만 반환될 것입니다.

```python
def insert(self, name, value):
    self.table[self.hash(name)] = value

def search(self, name):
    return self.table[self.hash(name)]

def remove(self, name):
    self.table[self.hash(name)] = 0
```

다음은 insert 함수와 search 함수 그리고 remove 함수입니다. 해시 테이블을 사용하기 위해서 삽입, 탐색, 삭제 등의 기능 구현이 필요할 것입니다. 본 구현에서는 테이블에 저장된 값이

0이면 삭제된 상태로 가정하였습니다.

  insert 함수를 보시면, name을 해시 key로 활용하기 때문에 해시 함수로 name을 해시한 결괏값을 테이블의 인덱스로 활용하고 해당 버킷에 value를 삽입하였습니다.

  search 함수에서는 name을 이용하여 테이블의 인덱스를 계산하고 그 자리에 있는 데이터를 반환하도록 하였습니다.

  remove 함수에서는 테이블의 해당 인덱스에 0을 저장하여 데이터가 없음을 표기하였습니다.

  위 함수들을 통해 구현한 해시 테이블 클래스의 실행 예를 보겠습니다.

```python
class HashTable:
    def __init__(self):
        self.size = 10
        self.table = [0 for _ in range(self.size)]

    def hash(self, name):
        ascii_sum = 0
        for word in name:
            ascii_sum += ord(word)
        return ascii_sum % self.size

    def insert(self, name, value):
        self.table[self.hash(name)] = value

    def search(self, name):
        return self.table[self.hash(name)]

    def remove(self, name):
        self.table[self.hash(name)] = 0

    def printTable(self):
```

```python
        for idx, value in enumerate(self.table):
            if value != 0:
                print([idx, value])

table = HashTable()
table.insert("jisoo", 1000)
table.insert("kavin", 2000)
table.insert("sam", 3000)
table.printTable()

print(table.search("jisoo"))
table.remove("jisoo")
table.printTable()
```

⊘ 결과

```
[1, 3000]
[7, 2000]
[8, 1000]
1000
[1, 3000]
[7, 2000]
```

⊘ 결과 해석

해시 테이블에 앞서 언급한 함수를 선언하였고 테이블 중 데이터가 존재하는 인덱스의 데이터를 보기 위해 printTable이라는 함수를 추가하였습니다. 해시 테이블의 객체를 생성하여 차례대로 데이터를 추가하고, 데이터가 어떻게 입력되었는지를 확인하기 위해 printTable하였습니다.

결과에서 [1, 3000], [7, 2000], [8, 1000]은 각각 jisoo, kavin, sam 해시 키에 따라 결정된 해시 테이블 인덱스에 의해 입력된 값입니다. 그림으로 보면 아래와 같습니다.

0	3000	0	0	0	0	0	2000	1000	0
0	1	2	3	4	5	6	7	8	9
	sam						kavin	jisoo	

그 다음 jisoo 이름으로 search를 할 경우, 해당 Index 8에 있는 value 1000이 반환됩니다. 그 후 remove한 다음 다시 printTable해 보면 해당 값이 삭제된 것을 확인할 수 있습니다.

0	3000	0	0	0	0	0	2000	0	0
0	1	2	3	4	5	6	7	8	9
	sam						kavin	jisoo 삭제	

여기까지 해시 테이블의 간단한 구현을 살펴보았습니다.

해시 테이블을 설계하고자 할 때 가장 먼저 고려해야 할 것은 해시 테이블의 크기입니다. 그럼 해시 테이블의 크기는 어느 정도로 잡는 것이 현명할까요? 사실 이상적으로는 다다익선, 크면 클수록 좋습니다. 바로 이어서 말씀드릴 '해시 충돌' 문제를 최소화하기 위해서입니다. 하지만 컴퓨터의 메모리는 무한대가 아니기 때문에 메모리를 효율적으로 활용하기 위해 무작정 큰 사이즈를 잡기보다는 실제 원본 데이터의 크기를 보고 결정하는 것이 바람직합니다. 물론 메모리 크기를 미리 선언하지 않고 동적으로 그때그때 할당하여 활용하는 방법도 존재합니다.

6.4. 해시 충돌 (Hash Collision)

해시 테이블은 해시 함수를 이용하여 원하는 데이터에 빠르게 접근할 수 있다는 장점이 있습니다. 코드로 든 예시처럼 'jisoo'의 데이터를 찾기 위해 jisoo를 해시 함수에 넣어 인덱스를 찾으면 바로 해당 데이터에 접근할 수 있었죠.

이렇게 해시 함수에 의해 모든 데이터가 서로 다른 인덱스로 배정될 수 있다면 좋겠지만, 아쉽게도 해시 함수는 서로 다른 인덱스로 배정하는 것을 100%로 보장하지는 않습니다. 다시 말해 서로 다른 데이터에 대해 서로 동일한 해시 코드, 동일한 인덱스가 나오는 경우가 존재한다는 것입니다.

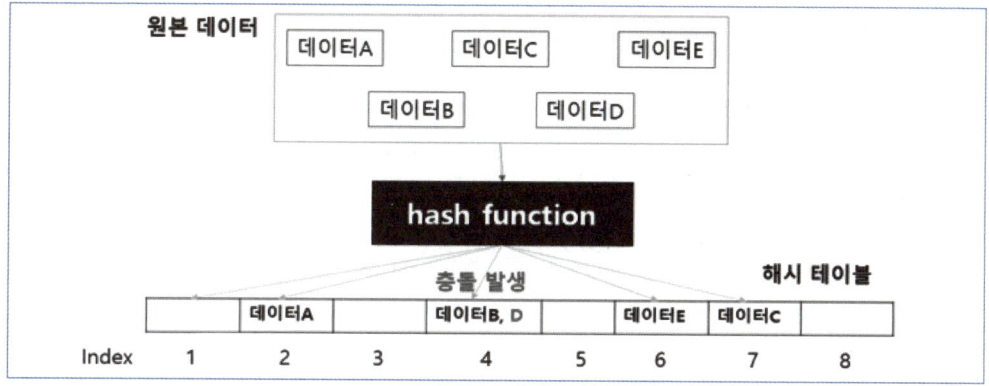

그림과 같이 만약 데이터B와 D가 해시 함수에 의해 동일한 인덱스로 배정받는다면, 테이블의 한 인덱스에 여러 개의 데이터를 동시에 저장할 수 없으므로 충돌이 발생합니다.

이렇게 만약 서로 다른 데이터가 동일한 인덱스로 배정된다면 어떤 문제가 생길까요? 미리 이러한 문제를 예상하지 못한다면, 데이터를 덮어쓰기하는 문제가 발생할 수도 있을 것입니다. 그림의 데이터B를 데이터D가 덮는 것이죠. 즉, 데이터의 손실이 발생하는 것입니다.

해시가 충돌되는 상황을 코드로 한번 살펴보도록 하겠습니다.

```python
class HashTable:
    def __init__(self):
        self.size = 10
        self.table = [0 for _ in range(self.size)]

    def hash(self, name):
        ascii_sum = 0
        for word in name:
            ascii_sum += ord(word)
        return ascii_sum % self.size

    def insert(self, name, value):
```

```python
        self.table[self.hash(name)] = value

    def printTable(self):
        for idx, value in enumerate(self.table):
            if value != 0:
                print([idx, value])

table = HashTable()
table.insert("jisoo", 1000)
table.insert("kavin", 2000)
table.insert("sam", 3000)
table.insert("hash kim", 4000)

# "mirror"와 "kavin"이 충돌함
table.insert("mirror", 5000)

table.printTable()
```

⊘ 결과

```
table.insert("mirror", 5000) 실행 전
[1, 3000]
[3, 4000]
[7, 2000]
[8, 1000]

table.insert("mirror", 5000) 실행 시
[1, 3000]
[3, 4000]
[7, 5000]
[8, 1000]
```

✓ 결과 해석

앞 장에서 구현한 해시 테이블 코드에서 search 함수, remove 함수를 제외한 코드입니다. 동일하게 해시 테이블의 객체를 생성하였고, 테이블에 여러 데이터를 삽입하였습니다.

jisoo, kavin, sam, hash kim의 데이터를 넣은 직후 printTable 함수를 호출하면 [1, 3000], [3, 4000], [7, 2000], [8, 1000]의 4개 데이터가 출력됩니다.

0	3000	0	4000	0	0	0	2000	1000	0
0	1	2	3	4	5	6	7	8	9
	sam		hash kim				kavin	jisoo	

하지만 이후 바로 mirror의 데이터를 삽입할 경우 [7, 2000] 데이터가 사라지고 [7, 5000]으로 덮어씌워지게 됩니다.

0	3000	0	4000	0	0	0	5000	1000	0
0	1	2	3	4	5	6	7	8	9
	sam		hash kim				mirror	jisoo	

이 경우 kavin의 2000 데이터는 사라지기 때문에 이대로 이 자료구조를 사용하는 것은 불가능하겠지요.

이렇게 서로 다른 데이터가 동일한 인덱스로 배정되는 문제를 해시 충돌(Hash collision)이라고 합니다. 해시 충돌은 수학적 증명에 의해 항상 존재할 수 있다고 합니다. 따라서 해시 테이블 구현 시에는 충돌 처리 방법을 항상 함께 준비하여 위와 같은 문제가 생기지 않도록 해야 합니다.

해시 충돌(Hash collision)을 처리하는 대표적인 두 가지 방법이 있습니다. 하나는 오픈 어드레싱(Open addressing)이고 다른 하나는 체이닝(Chaining)입니다. 먼저 오픈 어드레싱 방법에 대해 알아보겠습니다.

6.5. 오픈 어드레싱 (Open addressing)

들어가기에 앞서, 해시 테이블 하나의 인덱스, 즉 데이터가 들어갈 수 있는 공간을 버킷(Bucket)이라고 부르기로 약속합니다.

	데이터A		데이터B		데이터E	데이터C	
Bucket1	Bucket2	Bucket3	Bucket4	Bucket5	Bucket6	Bucket7	Bucket8

해시 테이블

오픈 어드레싱은 한 버킷에 단 하나의 값만 허용하고, 충돌 발생 시 다른 비어 있는 주소를 탐색하는 방식입니다. 해석하여 개방 주소법이라고도 부릅니다. 예를 들어, 정수형 데이터를 저장하는 테이블이 있을 때 Bucket2에는 데이터A라는 값 한 가지만 들어갈 수 있고, Bucket4에는 데이터B라는 특정 데이터 하나만 들어갈 수 있는 것입니다. 이는 하나의 버킷에 여러 개의 데이터가 들어갈 수 있도록 허용하는 체이닝 방식과 구별되는 특징입니다.

오픈 어드레싱 중 가장 널리 알려진 방법은 선형 탐사(Linear Probing) 기법입니다. 선형 탐사 기법은 만약 해시 함수를 통해 계산한 인덱스의 버킷에 데이터가 채워져 있을 경우 해당 버킷을 지나 그 다음 비어 있는 버킷을 찾는 방식입니다. 예를 들어 위의 그림에서 데이터D를 저장하고자 할 때 데이터D에 대한 해시 함수의 결과가 Bucket4인 경우를 생각해 보겠습니다.

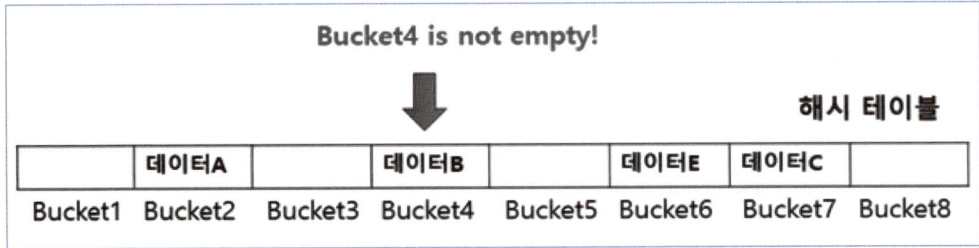

해시 함수의 결과로 테이블의 인덱스 즉, 버킷의 번호인 Bucket4를 찾아갔더니 데이터B가 채워져 있습니다. 이때 선형 탐사를 시작하게 됩니다. 이제 그다음 버킷인 Bucket5로 가서 버킷이 비어 있는지 확인합니다.

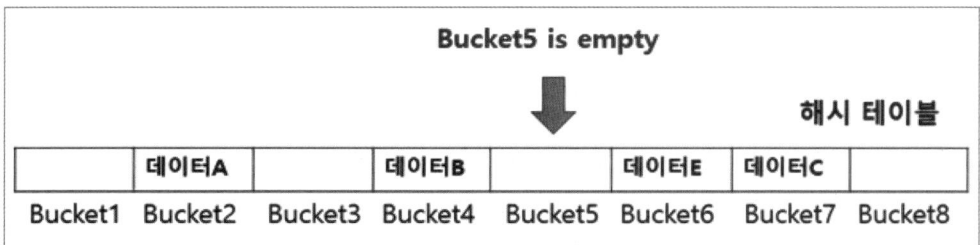

그 다음 버킷인 Bucket5가 비어 있는 것을 확인했다면, 이 자리에 데이터D를 삽입하게 됩니다. 그러면 아래와 같이 테이블이 완성됩니다.

만약 Bucket5도 데이터가 채워져 있다면, 그다음 버킷으로 이동하면서 비어 있는 버킷을 계속해서 찾고, 만약 비어 있는 버킷을 만난다면 그때 데이터를 삽입하면 됩니다.

데이터를 저장하는 것에 대해 설명드렸지만, 사실 찾는 방식도 동일합니다. 데이터D를 통해 해시 함수의 결과인 Bucket4를 받고, 데이터D가 존재하는지 비교하며 찾습니다. 만약 Bucket4에 데이터D가 없다면, 데이터를 저장한 방식과 동일하게 다음 버킷으로 이동하여 데이터D를 찾는 비교를 진행하면 됩니다.

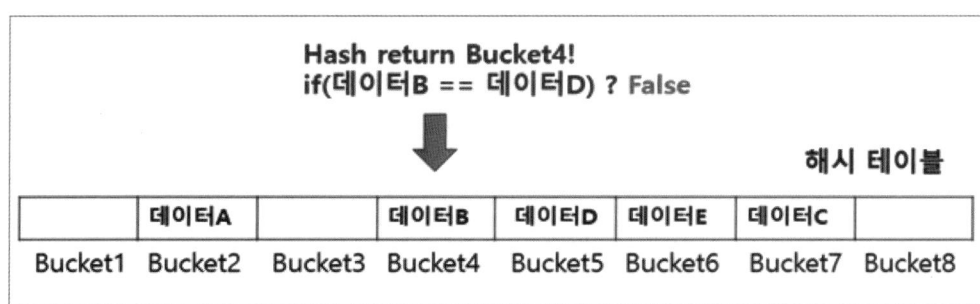

```
                    선형탐사
               if(데이터D == 데이터D) ? True
                         ↓
                                              해시 테이블
┌─────────────────────────────────────────────────────────────────┐
│         │데이터A│       │데이터B│데이터D│데이터E│       │데이터C│       │
└─────────────────────────────────────────────────────────────────┘
 Bucket1 Bucket2 Bucket3 Bucket4 Bucket5 Bucket6 Bucket7 Bucket8
```

데이터를 자체적으로 관리하고 있는 경우라면, 이 데이터를 더 빨리 찾기 위해서 데이터가 저장된 버킷 번호를 데이터와 함께 관리하는 식으로 탐색 시간을 최적화할 수 있습니다. 예를 들어, 위의 경우 데이터D와 버킷 번호 '5'를 함께 저장하고 관리하는 것입니다. 이렇게 하면, 해시 함수 계산 및 선형 탐사를 생략하고 바로 데이터와 함께 저장된 버킷 번호를 보고 데이터에 접근할 수 있을 것입니다. 물론 이 경우 데이터가 변경되거나 삭제될 때마다 그 번호를 함께 관리해 줘야 합니다.

자, 이제 선형탐사를 코드로 실습해 보겠습니다.

```python
def insert(self, name, value):
    hashIndex = self.hash(name)
    for i in range(hashIndex, hashIndex + self.size):
        if self.table[i % self.size] == 0:
            self.table[i % self.size] = value
            return
```

먼저 삽입 시 hashIndex를 구한 후, hashIndex부터 hashIndex에 해시 테이블의 사이즈를 더한 값까지를 담도록 range함수를 만들어 반복문에 활용하였습니다. hashIndex는 0~9까지 어떤 숫자도 될 수 있는 값인데 여기에 size를 더하고 반복문 진행시 해당 값을 size로 나눈 나머지를 인덱스로 활용하였습니다. 이렇게 하는 이유는 만약 충돌이 발생한 지점부터 테이블의 마지막 지점까지 데이터가 모두 채워져 있다면 다시 테이블의 첫 인덱스로 돌아가서 비어 있는 자리를 찾기 위함입니다.

그래서 해시 함수를 통해 얻은 hashIndex부터 검색을 시작하여 비어 있는(데이터가 0인) 버킷을 찾고, 만약 비어 있는 버킷을 발견하면 해당 버킷에 데이터(value)를 삽입한 후 함수를 종료하도록 return 하였습니다.

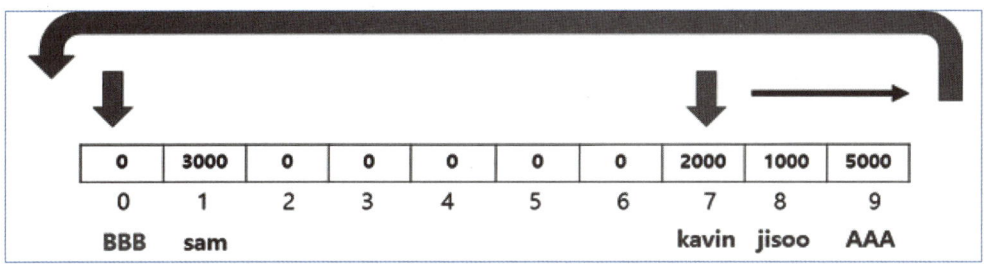

예를 들어, 그림과 같이 BBB라는 데이터를 넣을 때 인덱스 7이 나온다면 이미 7번 버킷에는 데이터가 있기 때문에 선형 탐사에 의해 다음 자리로 이동하면서 검색하게 될 것입니다. 하지만 8, 9번 버킷에도 다른 데이터가 이미 저장되어 있으므로 테이블의 가장 앞자리인 0번 버킷으로 와서 다시 탐색을 시작해야 될 것입니다.

자, 이번에는 위 코드를 포함한 전체 코드로 결과와 함께 확인해 보겠습니다.

```python
class HashTable:
    def __init__(self):
        self.size = 10
        self.table = [0 for _ in range(self.size)]

    def hash(self, name):
        ascii_sum = 0
        for word in name:
            ascii_sum += ord(word)
        return ascii_sum % self.size

    def insert(self, name, value):
```

```python
            hashIndex = self.hash(name)
            for i in range(hashIndex, hashIndex + self.size):
                if self.table[i % self.size] == 0:
                    self.table[i] = value
                    return

    def printTable(self):
        for idx, value in enumerate(self.table):
            if value != 0:
                print([idx, value])

table = HashTable()
table.insert("jisoo", 1000)
table.insert("kavin", 2000)
table.insert("sam", 3000)
table.insert("hash kim", 4000)
table.insert("mirror", 5000)
table.printTable()
```

⊙ 결과

```
[1, 3000]
[3, 4000]
[7, 2000]
[8, 1000]
[9, 5000]
```

⊙ 결과 해석

앞서 mirror 데이터를 삽입하였을 때 mirror의 해시 값인 '7'자리를 덮어씌워 데이터 유실이 일어났으나, 이번에는 데이터가 이미 존재하는 7, 8번 버킷을 지나 그 다음 자리인 9번 버킷에 데이터가 씌여졌음을 확인할 수 있습니다.

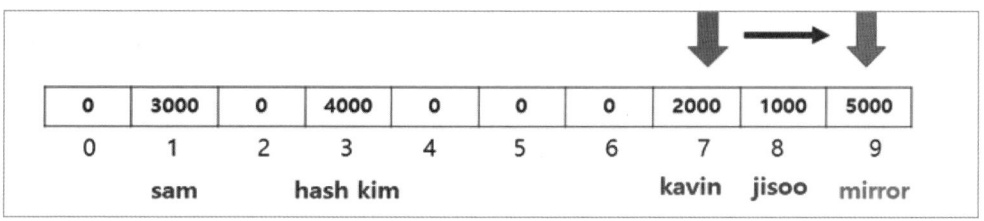

선형 탐사 방식은 이렇듯 충돌 발생 시 '고정' 폭으로 다음 위치를 찾는 알고리즘입니다. 예시는 해당 폭이 '1'인 경우이며, '4'처럼 더 큰 단위로 다음 위치를 찾을 수도 있습니다. 만약 계속 다음 위치를 찾다가 버킷의 끝까지 갔다면, 앞서 설명드린 것처럼 첫 버킷의 위치부터 다시 찾아주면 됩니다.

선형탐사 방식이 잘 동작하지 않는 경우를 생각해 봅시다. 선형탐사 방식은 해시 충돌이 발생하면 비어 있는 버킷을 찾아 이동하는 식으로 동작하는 알고리즘입니다. 만약, 비어 있는 버킷이 한참 동안 나오지 않는 상황을 가정해 보겠습니다.

예를 들어 2만 개의 데이터를 저장하는 리스트가 있을 때 약 천 개의 데이터가 동일한 해시 값을 갖게 되는 경우를 생각해 봅시다. 거리가 1인 선형탐사를 진행할 경우 천 개의 데이터 사이에 충돌이 발생하면서 그대로 천 개의 데이터가 일렬로 저장될 것입니다. 이 경우 가장 마지막 데이터를 찾기 위해서는 항상 1000번의 비교 연산이 추가로 필요하게 됩니다. 아래 그림으로 한 번 살펴보겠습니다.

	데이터A	데이터B	데이터C	데이터D	데이터E	데이터F	
Bucket1	Bucket2	Bucket3	Bucket4	Bucket5	Bucket6	Bucket7	Bucket8

해시 테이블

데이터A부터 데이터F가 모두 동일한 Bucket2라는 해시 값을 갖는 경우를 살펴본다면, 데이터 B, C, D, E, F를 찾기 위해 모두 Bucket2부터 순차 탐색을 시작해야 될 것입니다. 따라서 데이터 F를 찾기 위해서는 Bucket2부터 Bucket7까지 찾아보는 과정이 계속 추가가 되는 것이죠.

이러한 문제가 있기 때문에, 기본적으로 데이터를 전체에 골고루 뿌려줄 수 있는 좋은 해시 함수를 선택하는 것이 중요하며, 일반적으로 오픈 어드레싱(Open addressing)을 활용할 경우 저장할 데이터의 두 배 정도의 공간을 미리 확보하여 위와 같은 상황에 대비하는 것이 좋습니다.

따라서, 오픈 어드레싱 방식을 활용하여 해시를 구현할 때 성능이 잘 안 나온다면, 해시 충돌이 과하게 발생하지는 않는지 확인해 볼 필요가 있습니다. 그 경우 더 효과적으로 데이터를 분산시킬 수 있는 해시 함수를 찾아보거나 구현해 보는 것이 좋을 것입니다.

6.6. 체이닝(Chaining)

체이닝은 오픈 어드레싱과 달리 한 버킷에 여러 개의 값을 허용하는 방식입니다. 즉 이미 값이 존재하는 버킷에 추가적으로 데이터를 달아주는 것입니다.

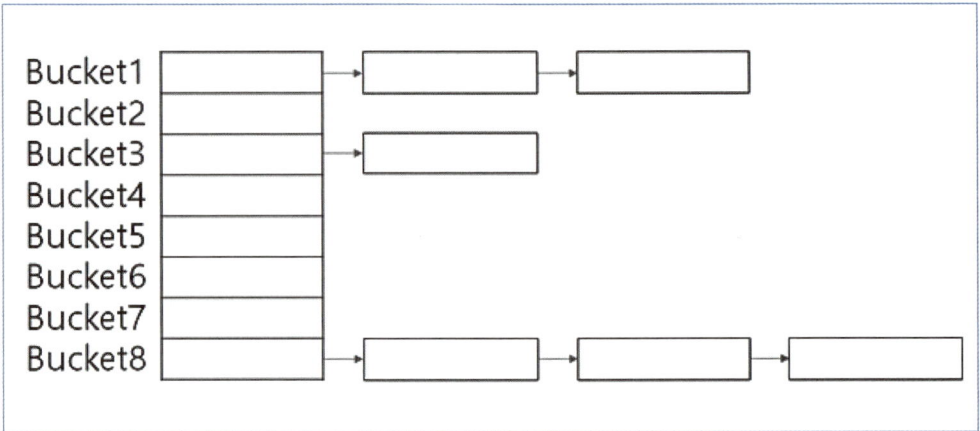

그림과 같이 데이터가 버킷에 사슬(Chain)처럼 연결되어 있는 모습입니다. 앞서 소개한 오픈 어드레싱 방법은 하나의 데이터가 서로 다른 버킷에 있을 것이 보장되었지만, 이와 달리 체이닝에서는 두 데이터가 동일한 해시 값을 가질 수 있게 됩니다. 데이터 탐색 시 해당 버킷 위치에 추가되어 있는 데이터들 중 찾고자 하는 데이터가 나올 때까지 쭉 탐색하는 방식으로 동작하게 됩니다.

예를 들어 데이터A를 저장하고자 할 때 A에 대한 해시 함수의 결과가 3인 경우를 생각해 보겠습니다. 3번 버킷에 찾아갔더니 데이터B가 채워져 있습니다

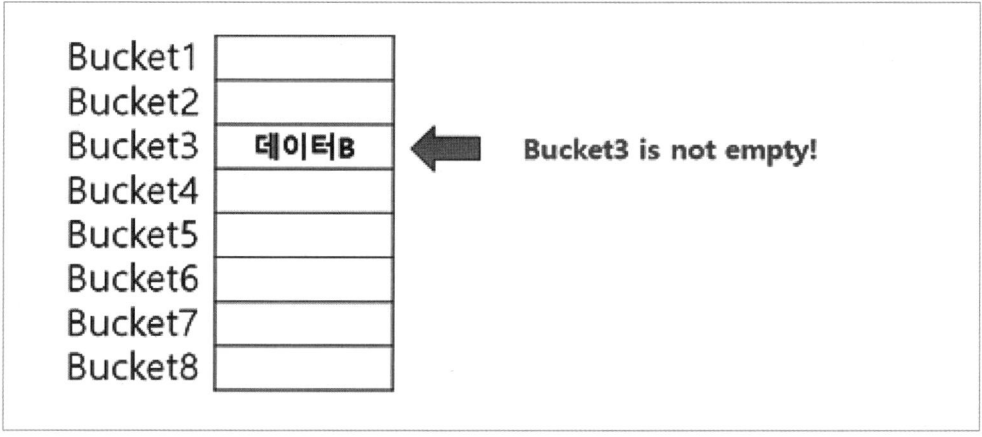

이때 체이닝 방식은 3번 버킷의 데이터 리스트에 A를 추가합니다. 즉, 3번 버킷의 첫 번째 데이터는 B이고, 그 다음 A가 존재하는 것이죠.

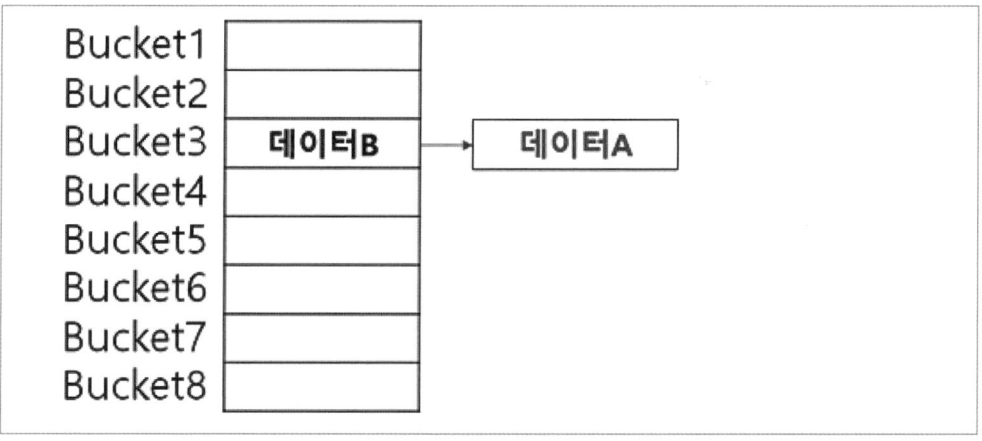

데이터를 찾는 방식도 다르지 않습니다. 데이터의 해시 값을 구한 후 찾는 데이터가 나올 때까지 버킷에 존재하는 모든 값을 비교하면 됩니다.

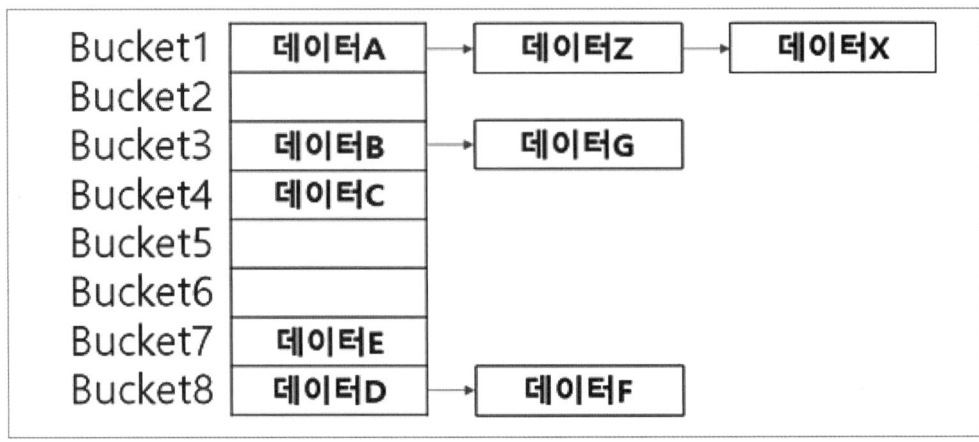

위 그림에서 데이터X를 찾는 경우를 생각해 보겠습니다. 데이터X를 해시할 경우 버킷 1번으로 이동하게 됩니다. 그 다음 데이터A부터 데이터X까지 순차적으로 비교 연산을 통해 아래와 같이 데이터X를 찾을 수 있습니다.

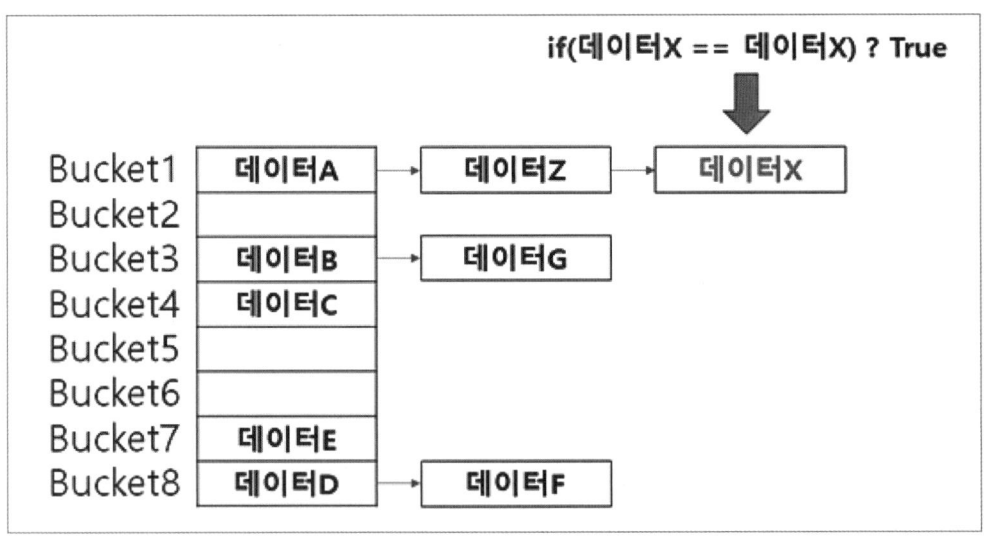

체이닝 방식 역시 해시 함수를 잘 선택하지 못할 경우 성능 저하가 발생할 수 있습니다. 아래의 그림으로 살펴보겠습니다.

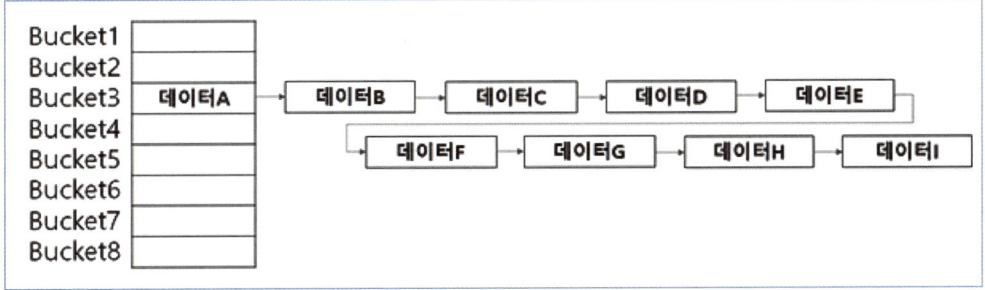

위의 그림은 데이터A부터 데이터I까지 모든 데이터가 동일한 해시 값 3으로 몰렸을 경우입니다. 데이터I를 찾기 위해서는 데이터A부터 데이터I까지 순차적으로 비교해야 합니다. 예시는 고작 9개지만 만약 훨씬 더 많은 데이터가 위와 같이 동일한 해시 값을 갖게 된다면 그에 비례해서 데이터 삽입, 검색 성능은 떨어지게 될 것입니다.

오픈 어드레싱 방식은 동일한 해시 값을 가지는 데이터가 발생할 경우 다른 버킷을 사용하도록 하여 버킷의 수를 입력 데이터의 수 대비 많이 확보하는 것이 필요하나, 체이닝의 경우 동일한 해시값을 가지는 데이터는 해당 버킷에 체인 형태로 달아놓는 방식이므로 추가적으로 많은 버킷을 확보할 필요는 없습니다.

체이닝 방식의 해시를 코드로 살펴보겠습니다.

```python
def __init__(self):
    self.size = 10
    self.table = [[] for _ in range(self.size)]
```

먼저 값을 그대로 리스트에 append하며 활용하는 것이 구현에 용이하기 때문에 빈 리스트를 size 개수만큼 포함하는 리스트를 선언하였습니다.

```python
def insert(self, name, value):
    hashIndex = self.hash(name)
    self.table[hashIndex].append((name, value))
```

insert 함수는 간단하게 name의 해시 인덱스를 찾은 후 해당하는 자리의 리스트에 name, value를 튜플 형태로 추가하였습니다. 본 코드에서는 단순히 append하지만 만약 필요한 경우 이미 해당 데이터가 있는지 검사하는 기능도 필요할 것입니다. 그 구현은 다음의 search 구현에서 확인해 보겠습니다.

```python
class HashTable:
    def __init__(self):
        self.size = 10
        self.table = [[] for _ in range(self.size)]

    def hash(self, name):
        ascii_sum = 0
        for word in name:
            ascii_sum += ord(word)
        return ascii_sum % self.size

    def insert(self, name, value):
        hashIndex = self.hash(name)
        self.table[hashIndex].append((name, value))

    def printTable(self):
        for idx, value in enumerate(self.table):
            print([idx, value])

table = HashTable()
table.insert("jisoo", 1000)
table.insert("kavin", 2000)
table.insert("sam", 3000)
table.insert("hash kim", 4000)
table.insert("mirror", 5000)
```

```
table.printTable()
```

✓ 결과

```
[0, []]
[1, [('sam', 3000)]]
[2, []]
[3, [('hash kim', 4000)]]
[4, []]
[5, []]
[6, []]
[7, [('kavin', 2000), ('mirror', 5000)]]
[8, [('jisoo', 1000)]]
[9, []]
```

✓ 결과 해석

0부터 10개의 비어 있는 리스트에 튜플 형태의 데이터가 추가되는 것을 확인할 수 있습니다. kavin과 mirror는 해시값이 7로 동일하기에 7번 버킷 자리의 리스트에 각각 추가되었음을 확인할 수 있습니다.

이렇게 저장된 데이터를 단순히 추가하는 것에서 끝나지 않고 데이터를 검색하거나, 수정, 삭제하는 등의 기능이 필요한 경우도 많을 것입니다.

```python
class HashTable:
    def __init__(self):
        self.size = 10
        self.table = [[] for _ in range(self.size)]

    def hash(self, name):
        ascii_sum = 0
        for word in name:
```

```python
            ascii_sum += ord(word)
        return ascii_sum % self.size


    def insert(self, name, value):
        if self.search(name) is True:
            print("Already exist!")
            return
        hashIndex = self.hash(name)
        self.table[hashIndex].append([name, value])


    def search(self, name):
        hashIndex = self.hash(name)
        for i in range(len(self.table[hashIndex])):
            if self.table[hashIndex][i][0] == name:
                print("name : %s  / value : %d" % (name, self.table[hashIndex][i][1]))
                return True


    def remove(self, name):
        hashIndex = self.hash(name)
        for i in range(len(self.table[hashIndex])):
            if self.table[hashIndex][i][0] == name:
                del self.table[hashIndex][i]


    def update(self, name, value):
        hashIndex = self.hash(name)
        for i in range(len(self.table[hashIndex])):
            if self.table[hashIndex][i][0] == name:
                self.table[hashIndex][i][1] = value
```

```python
    def printTable(self):
        for idx, value in enumerate(self.table):
            print([idx, value])

table = HashTable()
table.insert("jisoo", 1000)
table.insert("kavin", 2000)
table.insert("sam", 3000)
table.insert("hash kim", 4000)
table.insert("mirror", 5000)

table.search("sam")
table.search("hash kim")
table.search("mirror")

table.remove("mirror")
table.printTable()

table.search("hash kim")
table.update("hash kim", 1500)
table.search("hash kim")
```

⊘ 결과

```
name : sam       / value : 3000
name : hash kim  / value : 4000
name : mirror    / value : 5000
[0, []]
[1, [['sam', 3000]]]
[2, []]
[3, [['hash kim', 4000]]]
```

```
[4, []]
[5, []]
[6, []]
[7, [['kavin', 2000]]]
[8, [['jisoo', 1000]]]
[9, []]
name : hash kim  / value : 4000
name : hash kim  / value : 1500
```

◉ **결과 해석**

물론 해시 충돌을 처리하는 것은 당연히 필요한 일이지만, 해시 충돌이 발생할수록 탐색 성능이 떨어지기 때문에 충돌을 최소화할 수 있는 좋은 해시 함수를 사용하는 것이 가장 중요합니다. 좋은 성능의 해시 함수를 그때그때 구현할 수 있으면 좋겠지만 그것은 사실 쉬운 일이 아니기 때문에 이미 성능이 좋은 것으로 잘 알려진 해시 함수를 가져다 쓰는 것이 현명한 방법입니다.

만약 라이브러리를 사용한다면 이미 좋은 해시 함수들이 내부적으로 잘 적용되어 있을 것이며, 필요한 경우 내부적으로 지원하는 다양한 해시 함수를 변경하여 사용할 수도 있을 것입니다.

6.7. 완주하지 못한 선수

해시에 대한 개념 이해를 돕기 위해, 해시 테이블을 직접 구현하여 활용해 봤습니다. 하지만 앞서 소개 드린 것처럼 파이썬에는 내부적으로 해시로 구현된 딕셔너리라는 자료구조가 있기 때문에 해시 문제를 풀 때, 딕셔너리를 활용하는 것도 좋습니다.

이번에는 해시를 활용하여 풀 수 있는 '완주하지 못한 선수' 문제를 풀어 보겠습니다. 먼저 문제 설명입니다.

마라톤 대회에 많은 선수가 참여하였습니다. 이 마라톤 대회에서 단 한 선수를 제외하고 모든 선수가 완주를 성공하였습니다. 참여한 모든 사람과 완주를 성공한 모든 선수를 알고 있을 때 완주를 하지 못한 한 선수의 이름을 구하는 알고리즘을 구현하면 됩니다.

예를 들어, [A, B, C, D, E]의 선수가 마라톤에 참가하였고, 그중 완주한 선수가 [A, B, C, D]일 때 완주하지 못한 선수 'E'를 찾는 문제입니다.

[출처 : 2014 COCI Croatian Open Competition in Informatics, 2nd round 문제]

단, 이 문제에서는 제약사항이 몇 가지 있습니다.
  1. 마라톤 경기에 참여한 선수의 수는 1명 이상 100,000명 이하입니다.
  2. 참가자의 이름은 20자 이하의 알파벳 소문자입니다.
  3. 참가자 중에는 동명이인이 있을 수 있습니다.

선수의 수가 10만 명까지 들어올 수 있다는 것은 단순한 탐색보다는 효율적인 알고리즘을 생각하라는 의미의 제약사항으로 생각하면 될 것 같습니다. 만약 선수의 수가 5명, 10명 수준이라면 굳이 효율적인 알고리즘을 고안할 필요 없이 단순한 순차탐색으로도 시간이 별로 소요되지 않을 것입니다. 사과를 자르기 위해서 전기톱이 필요 없는 것처럼 풀이 방법을 설계할 때는 제약조건을 잘 확인하면서 최적의 설계를 생각해 보는 것이 좋습니다.

또한, 동명이인이 있을 수 있다고 합니다. 이 부분도 고려하여 로직을 만들어야 합니다. 하지만 먼저는 간단하게 접근하기 위해, 동명이인 조건이 없다고 가정해 보겠습니다. 만약 동명이인 조건이 없는 경우에는 아래와 같이 순차 탐색하는 방법을 생각해 볼 수 있습니다.

```
joined = ['cat', 'dog', 'elephant', 'lion', 'leopard', 'zebra', 'horse', 'bear']
passed = ['cat', 'dog', 'elephant', 'lion', 'leopard', 'zebra', 'horse']
check = [0 for _ in range(len(joined))]

# Naive
i = 0
for j in joined:
    for p in passed:
        if p == j :
            check[i] += 1
            break
```

```
    i += 1

for i in range(len(joined)):
    if check[i] == 0 :
        print(joined[i])
        break
```

◇ 결과
```
bear
```

◇ 결과 해석
각 자리에 있는 서로 다른 선수의 이름을 체크하기 위해 check 리스트를 따로 두었습니다. 그리고 순차 탐색을 위해 전체 선수 중 통과한 선수가 있으면 check의 값을 1로 증가시켜 구분하고, 최종적으로 check 리스트 중 1로 증가되지 않은 항목의 이름을 찾도록 하였습니다.

순차 탐색으로 쉽게 찾을 수 있긴 하지만 만약 찾아야 하는 선수가 10만 개라면, O(n^2)에 해당하는 시간 복잡도가 걸리기 때문에 약 O(백억) 정도의 계산이 필요하고, 이것은 시간적으로 크게 불리하게 작용합니다. 또한, 본 문제처럼 동명이인이 가능할 경우 동일한 선수의 이름이 포함될 수 있으므로 위와 같이 순차 탐색을 활용하여 문제를 푸는 것은 어려울 것입니다.

이런 경우에 해시를 이용한 풀이를 고려해 볼 수 있습니다. 그럼 딕셔너리를 활용하여 문제를 다시 풀어 보겠습니다.

```
joined = ['cat', 'dog', 'elephant', 'lion', 'leopard', 'zebra', 'horse',
'bear']
passed = ['cat', 'dog', 'elephant', 'lion', 'leopard', 'zebra', 'horse']

# Dictionary
data = {}
for x in joined :      # joined 배열에서 하나씩 꺼내 x에 담겠다는 뜻입니다.
    data[x] = data.get(x, 0)
```

```
    data[x] += 1

for x in passed:   # passed 배열에서 하나씩 꺼내 x에 담겠다는 뜻입니다.
    data[x] -= 1

answer_list = [k for k, v in data.items() if v > 0]
answer = answer_list[0]
print(answer)
```

✓ 결과
```
bear
```

✓ 결과 해석

　data = {}는 딕셔너리 자료구조를 선언한 모습입니다. data = dict(), 이렇게 선언한 것과 동일합니다.

　먼저, 딕셔너리에 데이터가 있는지 체크하기 위해 get(x, 0)을 통하여, x라는 key가 이미 존재할 경우 해당 값을 반환하고, 아니면 0을 반환하도록 하였습니다. 만약 딕셔너리에 선수 이름 key가 존재하지 않을 경우 새로 key를 추가하면서 0이 입력될 것입니다. 동명이인이 여러 명 들어올 수 있기 때문에 Count를 하기 위해 1을 더합니다.

```
dict_a = {'hello':'world'}
```

　dict_a.get('hello')를 하면 'world'라는 값이 있어서 결과가 'world'가 되지만 dict_a.get('bye')를 하는 경우는 값이 없기 때문에 None이 나옵니다. None이 나오는 대신에 0이 나오게 하려면 dict_a.get('bye', 0)을 이용해 'bye'가 없을 때 None 대신 0이 나오게 처리할 수 있습니다.

　그 후, 통과된 인원에 대해서 해당 Count를 -1씩 하고, 완주하지 못한 선수는 단 한 명 이기 때문에 그 값이 0 이상인 데이터는 단 한 개만 존재하게 됩니다. 따라서, Count가 0을 초과하는 리스트의 가장 첫 원소가 단 하나의 마라톤 미완주 케이스가 됩니다.

[k for k, v in data.items() if v > 0]
위 코드는 data.items()를 하면 data라는 딕셔너리의 모든 요소를 한 번씩 반복한다는 뜻입니다. 여기에서 k, v는 key와 value를 의미합니다. 딕셔너리의 모든 요소의 key와 value 중에 value가 0보다 큰 요소들의 key만 answer_list에 담겠다는 뜻입니다.

본 문제는 각각의 선수를 관리할 수 있는 자료구조가 필요하여 선수를 key로 하는 해시를 파이썬 딕셔너리를 통해 구현하였고, 추가로 각각의 유니크한 선수의 수를 관리하여 최종적으로 남은 선수를 판별할 수 있도록 하였습니다.

이번 장에서는 해시의 콘셉트부터 해시 테이블 그리고 해시를 사용할 때 항상 발생할 수 있는 해시 충돌 처리, 그리고 해시를 이용하여 풀면 좋은 대표적인 문제인 '완주하지 못한 선수' 문제 풀이까지 진행해 보았습니다.

7. 소수(Prime)

알고리즘 문제를 풀다 보면 '소수'를 자주 볼 수 있습니다. 우리가 실생활에서는 소수를 직접 다룰 일은 없지만 우리가 매일 사용하는 스마트폰이나 컴퓨터는 소수 연산을 계속하고 있습니다.

실제로 수학과 1학년 학부생이 배우는 과목에는 '정수론'이 있는데, 이 정수론의 가장 앞에 나오는 내용이 바로 '소수'입니다. 물론 이 책의 독자들 중 수학과 학생이 아닌 분들은, 소수를 직접 다룰 일이 많지 않아 다소 익숙하지 않을 수 있습니다.

하지만 소수를 만드는 로직은 코딩 테스트에서 단골로 나옵니다. 실제 테스트뿐만 아니라, 연습 문제를 풀 때도 많이 나옵니다. 그렇다 보니, 소수 만드는 법을 모르고 공부하다 보면 다음 단계로 넘어가는 것이 어려울 것입니다. 그래서 이번 장에서는 기본 문제로 자주 출제되는 소수 만드는 법에 대해 정확히 이해해 보겠습니다.

소수(Prime, 素數)는 '1과 자기 자신을 제외하고는 나누어 떨어지는 수가 없는 수'입니다. 예로 2, 3, 5, 7, 11 … 등이 소수입니다. 1은 1과 자기 자신으로 나누어지긴 하지만 소수가 아닙니다.

소수의 소는 '작을 소(小)'가 아닌 '본디 소(素)'입니다. 소수는 숫자를 이루는 수입니다. 2 이상의 모든 자연수는 소수의 곱으로 표현할 수 있기 때문입니다. 예를 들어 10은 소수 2와 소수 5를 곱하면 됩니다. 27은 13 × 2 + 1을 하면 만들어 낼 수 있습니다. 이런 이유 때문에 소수의 성질에 대해 공부하는 것은 꼭 필요한 과정입니다.

7.1. 단순하게 구하기

단순하게 소수를 구하는 방법으로는 n을 2부터 n - 1까지 나누어 보는 방법이 있습니다.

예를 들어 8은 8 / 2를 하면 몫이 4이고 나머지가 0이므로 2로 나누어 떨어집니다. 그래서 8은 소수가 아닙니다. 11을 예로 들면 11 / 2의 몫은 5이고 나머지는 1이므로 2로는 나누어 떨어지지 않습니다. 마찬가지로 3, 4, 5, 6, 7, 8, 9, 10 어떤 수로도 나누어 떨어지지 않고 나머지가 계속 0이 아닙니다. 그래서 11을 n - 1의 값인 10까지 나누어 볼 때까지 나누어 떨어지는 숫자가 나타나지 않는다면 이 숫자는 나누어 떨어지는 수가 1과 자신밖에 없는 수입니다.

7.1.1. n % i 구하기

n % i 로직을 구현해 보겠습니다. 구현에 앞서 먼저 알아야 할 것은 앞에 짝수, 홀수를 구하는 알고리즘을 만들 때 이용한 % 연산자입니다. % 연산자는 10 % 2 = 0과 같이 a를 b로 나누었을 때 나머지를 구하는 연산자입니다. 그래서 11을 2로, 3으로, 4로 … 10으로 나눈 나머지를 모두 구해 보는 것입니다.

반복문을 이용해 로직을 구현해 보겠습니다.

```
def is_prime(n):
    for i in range(2, n):          # n까지 하면 n - 1까지 반복됨
        print(n, '%', i, '=', n % i)

is_prime(11)
```

⊘ 결과

```
11 % 2 = 1
11 % 3 = 2
11 % 4 = 3
11 % 5 = 1
11 % 6 = 5
11 % 7 = 4
```

```
11 % 8 = 3
11 % 9 = 2
11 % 10 = 1
```

⊘ 결과 해석

is_prime()이라는 함수에 소수인지 아닌지를 판단하고 싶은 수를 넘깁니다. 11이 소수인지 아닌지 판단해 보고 싶기 때문에 is_prime에 11을 넘겼습니다.

11을 2로, 3으로 … n - 1로 나눈 나머지를 모두 구해 보았습니다. 결과에서 보시다시피 1, 2, 3, 1, 5, 4, 3, 2, 1로 2부터 10까지 나누어 떨어지는 수가 없습니다.

7.1.2. 조건문 적용

앞에서 11을 2부터 10까지로 나누었을 때의 나머지를 모두 구해 보았습니다. 11의 경우는 소수이기 때문에 n - 1까지 나누어도 나머지가 0이 아닌 수가 나옵니다. 하지만 8의 경우를 예로 들어 보면 8은 2로 나누면 나머지가 0이기 때문에 나누어 떨어지는 수입니다. 그래서 8은 소수가 아닙니다.

이러한 소수의 성질을 로직에 적용하여 n이 소수이면 True, 소수가 아니라면 False를 리턴하는 함수를 작성해 보겠습니다.

앞에서 구했던 n % i의 값이 0인지를 if문을 이용해 판단하면 됩니다. n을 i로 나눈 나머지가 0이면 i로 나누어 떨어진다는 의미이기 때문에 n은 소수가 아닙니다. 그래서 n % i가 0인 경우가 나오면 n - 1까지 모두 구하지 않고 바로 return False를 해주면 됩니다.

```python
def is_prime(n):
    for i in range(2, n): # n까지 하면 n - 1까지 반복됨
        if n % i == 0:
            return False # 한번이라도 나누어 떨어지는 수가 나오면 False
    return True # n - 1까지 나누었으나 모두 나머지가 있다면 True

print(is_prime(11))
```

⊘ 결과

```
True
```

⊘ 결과 해석

is_prime()에 소수인지 알아보고 싶은 숫자를 넣으면 True, False로 나오는 함수가 완성되었습니다. 2부터 n - 1까지 모두 나누어 보는 것이 소수를 구하는 방법 중에 가장 떠올리기 쉬운 방법입니다. 하지만 이 방법은 소수인지 알아보고 싶은 숫자가 큰 값이라면, 2부터 하나씩 모두 나누어 주어야 하기 때문에 연산을 많이 해야 한다는 문제점이 있습니다.

그래서 연산은 많이 줄이고 속도를 빠르게 높일 수 있는 에라토스테네스 알고리즘을 소개해 드리겠습니다. 에라토스테네스 알고리즘을 이용하면 비교적 큰 소수도 더 적은 연산으로 보다 빠르게 구할 수 있습니다.

7.2. 에라토스테네스의 체

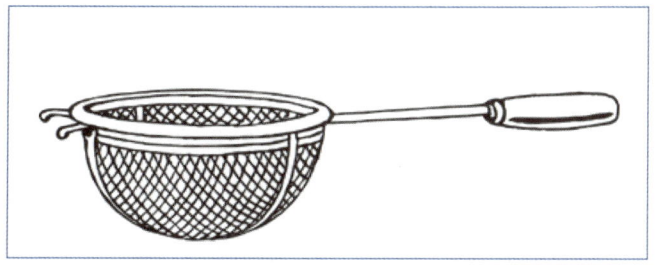

'에라토스테네스'라는 수학자가 이 방법을 알아냈기 때문에 에라토스테네스의 체라는 이름이 붙었습니다. '체'는 위 그림과 같이 무엇인가 걸러내는 도구입니다. 비빔국수를 만들 때 면을 삶아서 체에 넣고 치면 물은 빠져나가고 체에는 면만 남습니다. 같은 원리로 에라토스테네스의 체를 이용해 숫자를 탁탁 쳐내면 체에서 물이 빠지듯이, 합성수는 빠져나가고 소수만 남게 됩니다. 7, 11, 13은 소수지만 6은 2 × 3과 같이 2와 3의 곱으로 표현할 수 있기 때문에 합성수입니다. 마찬가지로 24도 2 × 2 × 2 × 3으로 2가 3개, 3이 1개의 곱으로 표현할 수 있기 때문에 합성수입니다.

에라토스테네스의 체는 숫자 n이 소수인지 아닌지를 구하는 가장 빠른 방법입니다. 어떤 수가 소수인지 아닌지를 판별하려면 앞에서 해 보았듯이 2부터 1씩 올려가면서 n - 1까지 모두 나누어 보면서 나누어지는 값이 있는지 확인해야 합니다. 예를 들어 47이 소수인지 아닌지를 판별하려면 47 / 2, 47 / 3, 47 / 4, 47 / 5, 47 / 6, 47 / 7, … 47 / 46 이렇게 45번을 모두 나누어 보고 나누어 떨어지는지를 확인해 볼 수밖에 없는거죠. 물론 45번 정도는 컴퓨터도 금방 처리가 가능합니다. 하지만 소수 302036417처럼 3억이 넘는 숫자의 경우, 302036417 - 2번만큼 나눗셈을 진행해야 한다는 문제가 있습니다.

이렇게 하나씩 모두 나누어 보는 로직의 속도는 O(N)입니다. 하지만 지금 소개 드리는 에라토스테네스의 체는 속도가 O(Log N)으로 매우 빠른 편입니다. 왜냐하면 에라토스테네스의 체 로직은 먼저 2의 배수를 지우면서 절반의 숫자가 날아가고, 다시 3의 배수를 지우면 남은 수의 절반 정도가 줄어들기 때문입니다. 이렇게 해서 sqrt(n)까지 반복하면 됩니다. int(sqrt(n))은 루트 n으로 n의 제곱근입니다. 예를 들어 n이 50인 경우 루트 n은 7.0710678118654755입니다. 이 숫자를 정수로 바꿔 주면 소수점이 잘리게 되면서 7이 됩니다. 2의 배수부터 7의 배수까지 모두 체에 걸러 주고 남은 숫자들은 모두 소수입니다.

1	2	3	4	5	6	7	8	9	10
11	12	13	14	15	16	17	18	19	20
21	22	23	24	25	26	27	28	29	30
31	32	33	34	35	36	37	38	39	40
41	42	43	44	45	46	47	48	49	50

위와 같이 50개의 숫자가 있을 때 에라토스테네스의 체는 int(sqrt(n))보다 작거나 같은 횟수를 반복하여 n보다 작거나 같은 모든 소수를 구할 수 있습니다. 여기서 sqrt는 루트이고 int는 정수로 만들어 주는 함수입니다.

2의 배수, 3의 배수, 4의 배수, 5의 배수, 6의 배수, 7의 배수까지 차례로 모두 지워주면 소수만 남는지 지금부터 확인해 보겠습니다.

7.2.1. 1 지우기

1부터 50까지의 숫자를 만들었습니다. 여기서 1은 1과 자기 자신으로만 나누어 떨어지지만, 1은 소수가 아닙니다. 그렇기 때문에 먼저 1을 지워 주겠습니다.

7.2.2. 2의 배수 지우기

1~50까지 숫자 중에 2는 자신을 제외하고 나누어 떨어지는 수가 1밖에 없기 때문에 소수입니다. 2를 제외한 모든 짝수는 2로 나누어 떨어지기 때문에 2의 배수를 모두 걸러냅니다.

	2	3	4	5	6	7	8	9	10
11	12	13	14	15	16	17	18	19	20
21	22	23	24	25	26	27	28	29	30
31	32	33	34	35	36	37	38	39	40
41	42	43	44	45	46	47	48	49	50

위 표에서 색을 칠한 칸에 있는 숫자를 모두 지우면 됩니다. 2부터 50까지 49개의 숫자 중 4부터 50까지 24개의 숫자가 지워져 25개가 남습니다.

7.2.3. 3의 배수 지우기

3은 자신과 1 말고는 나누어 떨어지는 수가 없기 때문에 역시 소수입니다. 그래서 3을 제외한 3의 배수를 모두 지우면 됩니다. 3 × 1, 3 × 2, 3 × 3 … 차례로 모두 지워 줍니다. 이 과정에서 3 × 1은 3이기 때문에 그냥 두고 갑니다.

	2	3		5		7		9	
11		13		15		17		19	
21		23		25		27		29	
31		33		35		37		39	
41		43		45		47		49	

3 × 2는 6입니다. 하지만 6은 이미 2를 지울 때 지웠습니다. 그래서 9부터 지우면 됩니다.

	2	3		5		7			
11		13				17		19	
		23		25				29	
31				35		37			
41		43				47		49	

25개 중 9, 15, 21, 27, 33, 39, 45 7개의 숫자가 지워져서 18개의 숫자가 남았습니다.

7.2.4. 4의 배수 지우기

2의 배수와 3의 배수를 지웠기 때문에 그 다음에 지워야 할 숫자들은 4의 배수인 4, 8, 12, 16 등입니다. 하지만 4의 배수들은 이미 2의 배수를 지울 때 지웠습니다. 2의 배수를 지우고 나면 2를 제외한 모든 짝수는 지워집니다.

4도 2의 배수이기 때문에 4의 배수들은 2의 배수가 되고 2의 배수들은 앞에서 다 지워졌습니다. 그래서 4를 포함한 4의 배수는 남아 있지 않습니다. 그래서 4의 배수 지우는 과정은 건너뜁니다.

7.2.5. 5의 배수 지우기

	2	3		5		7			
11		13				17		19	
		23		25				29	
31				35		37			
41		43				47		49	

 4의 배수는 2의 배수를 지울 때 모두 지웠기 때문에 건너뛰었습니다. 이번엔 5의 배수를 지울 차례입니다. 2와 3의 배수를 지우고 나니, 5의 배수는 5 × 1인 5와 5 × 5인 25, 5 × 7인 35만 남아 있습니다. 여기서 5는 소수라서 지우지 않습니다. 그리고 5 다음 5의 배수는 10입니다. 10은 2의 배수를 지울 때 이미 지웠습니다. 마찬가지로 15는 3의 배수로, 20은 2의 배수로 이미 지워졌습니다.

 그래서 5 다음에 남아 있는 5의 배수는 25부터입니다. 이런 식으로 합성수(예를 들면 6은 소수 2 × 3으로 나누어지기 때문에 합성수)들은 이미 자신을 구성하는 숫자를 지울 때 모두 지워졌습니다. 그래서 50 이하의 모든 소수를 구하고 싶다면 2, 3, 4 … 50의 배수를 모두 지울 필요 없이 2, 3, 5, 7의 배수들만 지우면 됩니다. 7의 배수까지만 지우면 되는 이유는 뒤에 나옵니다.

7.2.6. 6의 배수 지우기

6의 배수는 2의 배수를 지울 때 모두 지웠기 때문에 넘어갑니다.

7.2.7. 7의 배수 지우기

50 이하의 모든 소수를 구할 때는 2, 3, 5, 7의 배수들만 모두 지워주면 됩니다. 7 × 7은 49이고 8 × 8은 64입니다. 그래서 7의 배수까지만 지우면 됩니다.

7	×	1	=	7	7은 소수이므로 지우지 않습니다.
7	×	2	=	14	14는 2의 배수 지울 때 지웠습니다.
7	×	3	=	21	21은 3의 배수 지울 때 지웠습니다.
7	×	4	=	28	28은 2의 배수 지울 때 지웠습니다.
7	×	5	=	35	35는 5의 배수 지울 때 지웠습니다.
7	×	6	=	42	42는 2의 배수 지울 때 지웠습니다.
7	×	7	=	49	49는 이번에 지울 차례입니다.

 남은 숫자는 [2, 3, 5, 7, 11, 13, 17, 19, 23, 29, 31, 37, 41, 43, 47, 49]로 총 16개입니다. 7 × 1부터 7 × 6까지는 위 표에 나와 있듯이 앞에서 다 지웠기 때문에 이번에 지울 것은 7 × 7뿐입니다.

	2	3		5		7			
11		13				17		19	
		23						29	
31						37			
41		43				47		49	

 16개 중 49 하나를 지우면 [2, 3, 5, 7, 11, 13, 17, 19, 23, 29, 31, 37, 41, 43, 47]로 50 이하의 소수는 총 15개입니다.
 여기까지 에라토스테네스 체의 핵심 알고리즘에 대해 알아보았습니다. 이제는 핵심 알고리즘을 코드로 구현해 보겠습니다.

7.3. 에라토스테네스 체 알고리즘 구현하기

주어진 숫자가 50이라면 N은 50이고 100이라면 N은 100입니다. 루트N 이하의 자연수 소수의 배수들만큼 모두 지워주면 배수들로 나누어 떨어지지 않는 수들만 남기 때문에 N 이하의 소수만 남아 있을 것입니다.

$$N = 50$$
$$\sqrt{N} = \sqrt{50}$$

예를 들어 N이 50이라면 루트N은 7.07106…이므로 7 이하의 소수인 2, 3, 5, 7의 배수를 모두 지워주면 되고 N이 100이라면 루트100이 10이기 때문에 역시나 2, 3, 5, 7의 배수를 모두 지우면 됩니다. 그렇다면 만약, N이 123이라면 어디까지 구하면 될까요?

$$\sqrt{123} = 11.0905365.....$$

루트123은 11.0905…이기 때문에 11의 배수까지만 모두 지워주면 됩니다.

그러면 이제 로직을 한 단계씩 만들어 보겠습니다.

7.3.1. 2부터 n까지 숫자가 들어있는 배열 만들기

앞에서 1부터 50까지 표를 그려서 넣었듯이 먼저 숫자들을 만들 것입니다.

```
[2, 3, 4, 5, 6, 7, 8, 9, 10, 11, 12, 13, 14, 15, 16, 17, 18, 19, 20,
21, 22, 23, 24, 25, 26, 27, 28, 29, 30, 31, 32, 33, 34, 35, 36, 37, 38,
39, 40, 41, 42, 43, 44, 45, 46, 47, 48, 49, 50]
```

숫자는 2부터 N까지 들어 있으면 됩니다. 이 예제에서는 N을 50으로 할 것이기 때문에 위와 같이 2부터 50까지 만들 것입니다. 이 49개의 숫자들에서 2의 배수, 3의 배수 … 7의 배수까지 지우면 소수만 남게 됩니다.

숫자를 1부터 만들지 않고 2부터 만드는 이유는 에라토스테네스의 체로 거른 후 남아 있는 숫자가 모두 소수여야 하는데 앞에서 언급했듯이 1은 소수가 아니기 때문입니다. 앞에서는 표에서 1을 제거해 주었으나 로직을 구현할 때는 1을 포함하지 않고 시작합니다.

range()와 list() 함수를 이용해 숫자를 만드는 로직을 구현해 보겠습니다.

```python
from math import sqrt

N = 50
ns = list(range(2, N + 1))  # 2부터 50까지 숫자 생성
print(len(ns), ns)
```

◇ 결과

```
49 [2, 3, 4, 5, 6, 7, 8, 9, 10, 11, 12, 13, 14, 15, 16, 17, 18, 19, 20,
21, 22, 23, 24, 25, 26, 27, 28, 29, 30, 31, 32, 33, 34, 35, 36, 37, 38,
39, 40, 41, 42, 43, 44, 45, 46, 47, 48, 49, 50]
```

◇ 결과 해석

2부터 50까지의 숫자를 만들었습니다. 1은 소수의 정의에 부합하지만 소수가 아니기 때문에 2부터 50까지만 생성합니다. 맨 앞에 49는 우리가 원하는 대로 2부터 50까지 49개가 잘 만들어졌는지 개수를 확인하기 위해 len(ns)를 출력해 주었습니다.

7.3.2. 배수 반복문 만들기

최적화해서 루트50 이하인 소수 2, 3, 5, 7만 반복하는 방법이 있지만 처음부터 이 방법으로 접근하면 헷갈리기 때문에 뒤에서 해 보겠습니다. 일단은 구현을 쉽게 하기 위해 2부터 7 이하의 모든 수인 2, 3, 4, 5, 6, 7을 반복하면서 해당 수의 배수를 지워보겠습니다.

그러려면 2부터 7까지 숫자를 만들어 주어야 합니다.

```python
from math import sqrt
```

```
N = 50
ns = list(range(2, N + 1)) # 2부터 50까지 숫자 생성

for i in range(2, int(sqrt(N)) + 1): # 루트N 이하의 자연수
    print(i)
```

◎ 결과

```
2
3
4
5
6
7
```

◎ 결과 해석

int(sqrt(N))에서 sqrt()함수는 제곱근을 구하는 함수입니다. sqrt(50)은 루트50과 같기 때문에 7.07106…이라는 결과가 나옵니다.

7.07106…은 7보다 크기 때문에 얼핏 보면 range(2, sqrt(50)) 이렇게 만들어 주면 될 것 같지만 만약 N이 121이라면 sqrt(121)은 11이 되고 2, 3, 4, 5, 6, 7, 8, 9, 10 이렇게만 반복되기 때문에 소수점을 자르는 int() 연산을 해준 후 +1을 해서 제곱근이 정수로 나오는 경우에도 문제없도록 해야 합니다.

7.3.3. 뒤에서부터 반복하기

반복할 만큼의 배수 i까지 생성해 보았습니다. N이 50일 때 i는 2, 3, 4, 5, 6, 7까지 반복이 됩니다. 앞에서는 표에 있는 숫자들을 우리가 보면서 직접 제거했습니다. 이번에는 알고리즘이 지우도록 만들어 볼 예정입니다.

우리가 눈으로 숫자들을 지울 때는 2의 배수는 2를 제외한 짝수인 것을 보고 지웠고 3의 배수인 것은 3, 6, 9, 12, 15, 18, 21… 등 숫자를 보면서 지웠습니다. 4는 넘어갔고 5는 남아 있는 5

의 배수인 25, 35 순으로 역시나 구구단을 떠올리며 지웠습니다.

그 결과 50 이하의 가장 큰 소수는 47이라는 것을 알았고 50 이하에는 소수가 15개 있다는 것을 알았습니다. N이 커졌을 때, 예를 들어 십만(100,000)이나 백만(1,000,000) 등의 숫자가 N으로 주어졌다면 훨씬 더 큰 소수가 나타났겠지만 지금은 보다 빠른 이해를 위해 작은 숫자로 먼저 풀어 보겠습니다.

그러면 여기에서 숫자를 지울지 말지 판단할 수 있는, 기준 값을 구하는 식이 필요합니다.

47 % 2

여기에서 % 연산자를 이용하면 됩니다. % 연산자는 나누었을 때 나머지를 구하는 연산자입니다. 앞에서 짝수인지 홀수인지 판단할 때 사용했던 연산자죠. 짝수인지 홀수인지 판단할 때 2로 나누어서 나머지가 0이면 나누어 떨어지는 것이므로 짝수, 0이 아니면 나누어 떨어지지 않으니 홀수가 되는 것입니다.

위 식 47 % 2의 결과는 1입니다. 47을 2로 나누면 몫이 23이고 나머지가 1입니다.

2 × 23 + 1 = 47

앞에서 생성했던 2부터 50까지의 숫자 배열에 있는 숫자들을 2, 3, 4, 5, 6, 7로 나누는 로직입니다. 2부터 50까지의 숫자를 반복해 줄 텐데요. **뒤에서부터 반복을 할 것입니다.**

뒤에서부터 반복을 하는 이유는 배열에서 값을 실제로 지울 것이기 때문입니다. 앞에서부터 지우면 반복이 되는 순간에 인덱스의 개수도 줄어들고 해당 인덱스의 값이 바뀌기 때문입니다.

0	1	2	3	4	5	6	7	8	9
2	3	4	5	6	7	8	9	10	11
		2번 인덱스에는 4가 들어있는 상황입니다.							

예를 들어 위에서 2번 인덱스에 있는 4를 지우는 경우 for문에서 i가 2일 때 4를 지웠고 5가 2번 인덱스로 오게 됩니다.

0	1	2	3	4	5	6	7	8
2	3	5	6	7	8	9	11	12

앞에서는 2번 인덱스에 4가 들어있었지만 4를 지우면 2번 인덱스에는 5가 옵니다.

4가 있던 자리에 5가 들어오고 3번 인덱스에는 6번이 들어갑니다. 배열의 모든 값을 2, 3, … 루트N까지 나누어 보아야 하지만 인덱스가 바뀌면서 % 연산을 건너뛰는 경우가 발생합니다.

여기에서도 5 % 2를 해서 나머지를 확인해야 하지만 지나가 버립니다. 5는 소수이기 때문에 이 부분이 문제가 되지 않을 수 있지만 뒤에 있는 숫자 중 소수가 아닌 숫자의 나머지를 구하는 연산을 건너뛰는 경우가 생기기 때문에 결과가 제대로 나오지 않게 됩니다.

그래서 배열에서 값을 지운다면 뒤에서부터 지워야 합니다. 배열에서 숫자를 지우는 연산은 항상 이런 부작용(Side Effect)이 있습니다. 배열에서 직접 숫자를 빼는 방법은 직관적이긴 하지만 이런 부작용을 고려해서 만들어야 합니다.

그리고 또 다른 문제점이 있습니다. 바로 숫자가 커질수록 현저히 떨어지는 연산 속도입니다. 그 이유도 한번 알아보겠습니다.

배열에서 숫자 하나를 지우는 연산은 현재 배열보다 -1개 작은 배열을 만들고 그 배열에 지울 차례의 숫자를 제외한 나머지 숫자들을 복사해 넣고 기존 배열을 지우는 방식을 이용합니다.

2	3	4	5	6	7	8	9	10	11

위 11개 숫자에서 10을 지우는 연산을 한다면,

위와 같이 -1개의 배열을 만든 후에 10을 제외한 값을 복사하는 방식입니다.

2	3	4	5	6	7	8	9	11

실제로 숫자를 빼는 방법이 사람 입장에서는 직관적으로 느껴질 수 있지만 컴퓨터 입장에서는 훨씬 더 복잡합니다. 1억 이하의 소수를 모두 구한다면, 1억 개에서 1개의 숫자를 지울 때 1

억 개에서 1개 뺀 99,999,999개의 빈 배열을 만들고 1개의 숫자를 제외한 99,999,999개의 숫자를 채워 넣는 연산이 들어가기 때문입니다.

이 방법은 N이 작다면 크게 차이가 없겠지만, N이 커질수록 속도는 크게 떨어지기 때문에 뒤에서는 연산을 줄이는 방법으로 다시 만들어 보겠습니다.

알고리즘을 공부한다는 것은 컴퓨터에게 익숙한 방법을 공부하는 것입니다. 사람에게 익숙한 방법과 컴퓨터에게 익숙한 방법 모두 알고 있어야 각 방법의 장단점을 알고 상황에 맞게 유연한 방법을 선택할 수 있습니다.

그럼 이번엔 사람에게 익숙한, 뒤에서 뽑는 방법을 구현해 보겠습니다.

[2, 3, 4, 5, 6, 7, 8, 9, 10, 11, 12, 13, 14, 15, 16, 17, 18, 19, 20, 21, 22, 23, 24, 25, 26, 27, 28, 29, 30, 31, 32, 33, 34, 35, 36, 37, 38, 39, 40, 41, 42, 43, 44, 45, 46, 47, 48, 49, 50]

위 배열에서 뒤에 있는 숫자부터 반복을 하면 50, 49, 48, 47 …. 5, 4, 3, 2 이렇게 나올 것입니다. 이렇게 뒤에서부터 반복하기 위해서는 range()에 들어가는 값들을 반대로 넣어주고 변화량을 -1로 주어야 합니다.

```
for j in range(len(ns)-1, 1, -1):      # 들어가는 값은 반대로, 변화량은 -1
```

위 코드는 큰 수부터 작은 수까지 1씩 빼면서 반복해 주는 식입니다. range()에 총 3개의 파라미터가 들어가는데요, 가장 첫 번째 파라미터에 들어간 len(ns) - 1의 값은 48입니다. ns는 2부터 50까지의 숫자들이 있는 배열인데요. 1부터 50이라면 50개지만 2부터 50이기 때문에 총 49개이기 때문에 len(ns)는 49입니다.

ns[j]를 이용해 ns에서 맨 뒤부터 숫자를 반복하면서 루트N 이하의 자연수인 i로 나눌 것입니다. 하지만 j가 49라면 ns[49]는 에러가 납니다. 왜냐하면 ns는 49개의 숫자가 들어있고 인덱스는 0번부터 48번까지 존재하기 때문에 49가 들어가면 list index out of range 에러가 납니다. 그래서 len(ns) - 1을 해서 인덱스는 48번까지만 생성되게 컨트롤해 줍니다.

두 번째 파라미터는 1입니다. N이 50일 때 len(ns) - 1은 48이기 때문에 for range(48, 1, -1) 이렇게 숫자가 들어가게 됩니다. 그러면 48, 47, 46 이렇게 반복되다가 4, 3, 2까지 반복이 됩니다. 왜냐하면 range(A, B)는 A는 포함이고 B는 포함이 아니기 때문입니다. range(0, 10) 이렇게 하면 0부터 9까지 만들어지기 때문에 10은 포함이 아닙니다.

[2, 3, 4, 5, 6, 7, 8, 9, 10, 11, 12, 13, 14, 15, 16, 17, 18, 19, 20, 21, 22, 23, 24, 25, 26, 27, 28, 29, 30, 31, 32, 33, 34, 35, 36, 37, 38, 39, 40, 41, 42, 43, 44, 45, 46, 47, 48, 49, 50]

마찬가지로 range(48, 1, -1)은 48은 포함이지만 1은 포함이 아닙니다. range(48, 0, -1) 이렇게 두 번째 파라미터를 0으로 하지 않은 이유는 ns에 0번째 들어있는 2는 소수이기 때문에 % 연산을 해서 빼줄 필요가 없습니다. 마찬가지로 ns의 1번 인덱스에 있는 숫자 3도 소수이므로 빼줄 필요가 없기 때문에 0번, 1번 인덱스에 있는 숫자인 2와 3은 건드릴 필요가 없습니다. 하지만 2번 인덱스에 있는 숫자부터는 고려 대상이 됩니다.

[2, 3, 4, 5, 6, 7, 8, 9, 10, 11, 12, 13, 14, 15, 16, 17, 18, 19, 20, 21, 22, 23, 24, 25, 26, 27, 28, 29, 30, 31, 32, 33, 34, 35, 36, 37, 38, 39, 40, 41, 42, 43, 44, 45, 46, 47, 48, 49, 50]

맨 처음 49개의 숫자에서 2의 배수를 모두 지우면 아래와 같이 25개의 숫자가 남습니다.

[2, 3, 5, 7, 9, 11, 13, 15, 17, 19, 21, 23, 25, 27, 29, 31, 33, 35, 37, 39, 41, 43, 45, 47, 49]

2의 배수는 4부터 50까지 지워졌기 때문에 4가 들어 있던 자리에 5가 들어있습니다. 3의 배수를 체를 칠 때도 2번 인덱스까지는 고려해야 합니다.

세 번째 파라미터는 -1입니다. 세 번째 파라미터는 변화량입니다. 세 번째 파라미터에 값을 따로 넣지 않으면, 기본값 1로 적용됩니다. 하지만 이번엔 뒤에서부터 반복을 진행할 예정이기 때문에 큰 수부터 작은 수로 반복되어야 합니다. 그래서 변화량을 -1로 넣어 주었습니다.

7.3.4. 나누어 떨어지면 지우기

N이 50일 때 i는 2, 3, 4, 5, 6, 7로 반복되고 j는 48, 47, 46 …… 4, 3, 2까지 반복이 됩니다. 그렇기 때문에 ns의 뒤에서부터 숫자를 뽑기 위해 ns[j]를 이용합니다. j는 48, 47 … 이렇게 반복이 되기 때문에 ns[48], ns[47], ns[46] ……은 50, 49, 48…이 됩니다. 2의 배수를 모두 지우려면 ns[j]를 2로 나눈 나머지가 0이면 ns에서 빼주는 로직을 이용합니다.

```
if ns[j] % i == 0:
```

코드로 표현하면 ns[j] % i == 0이 됩니다. 이 식의 결과로 True가 나오면 ns의 j번째 인덱스에 있는 숫자를 뽑아내는 로직을 추가합니다.

```
ns.pop(j)
```

ns에서 j번째 인덱스를 뽑아내는 기능은 .pop()을 이용합니다. 위 두 가지 로직을 코드에 적용해 보고 실행해 보겠습니다.

```python
from math import sqrt

N = 50
ns = list(range(2, N + 1)) # 2부터 50까지 숫자 생성

for i in range(2, int(sqrt(N)) + 1): # 루트 N 이하의 자연수
    for j in range(len(ns) - 1, 1, -1):
        if ns[j] % i == 0:
            ns.pop(j)
    print(f'{i}의 배수제거:',len(ns), ns)
```

✅ 결과

```
2의 배수제거: 25 [2, 3, 5, 7, 9, 11, 13, 15, 17, 19, 21, 23, 25, 27, 29,
31, 33, 35, 37, 39, 41, 43, 45, 47, 49]
3의 배수제거: 18 [2, 3, 5, 7, 11, 13, 17, 19, 23, 25, 29, 31, 35, 37, 41,
43, 47, 49]
4의 배수제거: 18 [2, 3, 5, 7, 11, 13, 17, 19, 23, 25, 29, 31, 35, 37, 41,
43, 47, 49]
5의 배수제거: 15 [2, 3, 7, 11, 13, 17, 19, 23, 29, 31, 37, 41, 43, 47, 49]
6의 배수제거: 15 [2, 3, 7, 11, 13, 17, 19, 23, 29, 31, 37, 41, 43, 47, 49]
7의 배수제거: 13 [2, 3, 11, 13, 17, 19, 23, 29, 31, 37, 41, 43, 47]
```

✅ 결과 해석

결과의 첫 번째 줄은 2의 배수를 모두 지우고 난 후의 결과입니다. 처음 49개에서 24개의 숫자가 지워져 25개가 남았습니다. 2의 배수가 잘 지워진 것으로 보입니다. 3의 배수도 9, 15, 21, 27, 33, 39, 45 7개의 숫자가 지워져 18개가 남았습니다. 4의 배수는 2의 배수를 지웠을 때, 이미 모두 지워졌는데, for문에 의해 i가 4일 때 49에서 5까지 4로 나누는 ns[j] % 4 연산을 총 16번 했기 때문에 비효율이 발생했습니다.

0	1	2	3	4	5	6	7	8	9	10	11	12	13	14	15	16	17
2	3	5	7	11	13	17	19	23	25	29	31	35	37	41	43	47	49

문제는 5의 배수를 지울 때입니다. 5의 배수를 지운 결과는 아래와 같습니다.

```
5의 배수제거: 15 [2, 3, 7, 11, 13, 17, 19, 23, 29, 31, 37, 41, 43, 47, 49]
```

무언가 이상합니다. 5는 소수인데 위 배열에는 5가 없습니다. 그 이유는 **for j in range(len(ns) - 1, 1, -1):** 은 17부터 2까지 반복하는데, 여기서 ns[2]의 값이 5이기 때문입니다. ns[2] % 5의 결과는 0이기 때문에 ns.pop(2)를 하면 5가 빠져 버립니다. 마찬가지로 7의 배수를 지울 때에도 같은 문제가 발생하기 때문에 이 문제를 보정해 줄 로직을 추가해야 합니다.

ns[j] > i 를 if조건문에 추가해 줍니다.

```python
from math import sqrt

N = 50
ns = list(range(2, N + 1))  # 2부터 50까지 숫자 생성

for i in range(2, int(sqrt(N)) + 1):  # 루트 N 이하의 자연수
    for j in range(len(ns) - 1, 1, -1):
        if ns[j] % i == 0 and ns[j] > i:  # 자기 자신은 지우면 안 되기 때문에 > i
            ns.pop(j)
    print(f'{i}의 배수제거:', len(ns), ns)
```

⊘ 결과

```
2의 배수제거: 25 [2, 3, 5, 7, 9, 11, 13, 15, 17, 19, 21, 23, 25, 27, 29, 31,
33, 35, 37, 39, 41, 43, 45, 47, 49]
3의 배수제거: 18 [2, 3, 5, 7, 11, 13, 17, 19, 23, 25, 29, 31, 35, 37, 41, 43,
47, 49]
4의 배수제거: 18 [2, 3, 5, 7, 11, 13, 17, 19, 23, 25, 29, 31, 35, 37, 41, 43,
47, 49]
5의 배수제거: 16 [2, 3, 5, 7, 11, 13, 17, 19, 23, 29, 31, 37, 41, 43, 47, 49]
6의 배수제거: 16 [2, 3, 5, 7, 11, 13, 17, 19, 23, 29, 31, 37, 41, 43, 47, 49]
7의 배수제거: 15 [2, 3, 5, 7, 11, 13, 17, 19, 23, 29, 31, 37, 41, 43, 47]
```

⊘ 결과 해석

앞에서 5가 빠진 경우 ns[2] % 5 = 0이었습니다. ns[2]가 5이기 때문에 5를 5로 나누면 당연히 나머지가 0이 되는 것이고 ns에서 빠지게 됩니다. 그래서 이런 상황을 막기 위해, ns[j]가 나누는 수인 i보다 클 때까지만 나누는 연산을 진행하도록 로직을 추가했더니 우리가 원하는 결과가 나왔습니다.

그래서 2의 배수를 모두 지우고 나면 25개가 남고 3의 배수를 모두 지우고 나면 18개, 4의 배수는 같고 5의 배수는 25, 35이므로 18개에서 2개 빼면 16개, 6의 배수는 앞에서 지웠기 때문에 개수가 변하지 않고, 마지막으로 7의 배수인 49 한 개만 지우면 되기 때문에 15개가 남게 됩니다.

7.3.5. 함수로 만들기

N 이하의 모든 소수가 잘 구해집니다. 이제는 함수로 만들어서 100 이하의 모든 소수를 구해 보겠습니다. 함수로 만드는 것은 크게 바꿀 것은 없고 로직을 def sieve()로 감싸주고 ns를 리턴해 주면 됩니다.

```python
from math import sqrt

def sieve(N):
    ns = list(range(2, N + 1))   # 2부터 50까지 숫자 생성
    for i in range(2, int(sqrt(N)) + 1):   # 루트 N 이하의 자연수
        for j in range(len(ns) - 1, 1, -1):
            if ns[j] % i == 0 and ns[j] > i:   # 자기 자신은 지우면 안 되기 때문에 > i
                ns.pop(j)
    return ns

print(sieve(100))
```

⊘ 결과

[2, 3, 5, 7, 11, 13, 17, 19, 23, 29, 31, 37, 41, 43, 47, 53, 59, 61, 67, 71, 73, 79, 83, 89, 97]

50 이하의 소수는 47까지고 100 이하의 자연수는 추가로 53, 59, 61, 67, 71, 73, 79, 83, 89, 97이 추가되어 25개입니다.

7.3.6. 속도 문제

앞에서 구현한 에라토스테네스의 체는 6~7줄의 비교적 길지 않은 로직으로 직관적으로 생각하기도 쉽습니다. 그래서 50, 100 정도의 수보다 작은 소수들을 구하기에는 좋지만, 만약 N이

30만 개와 같이 커지면 속도가 상당히 느려집니다.

이번에도 datetime.now() 함수를 이용해 시간을 출력해 보겠습니다. sieve() 함수를 실행하기 전에 한 번 출력하고 실행한 후에 출력해 보겠습니다. datetime.now() 함수를 사용할 때, import하는 것을 잊지 마세요.

```python
def sieve(N)

---- 중략 ----

from datetime import datetime

print(datetime.now())
r = sieve(300_000) # 0이 5개
print(len(r))
print(datetime.now())
```

⊘ 결과

```
2021-08-28 13:20:19.321102
25997
2021-08-23 13:20:37.827751
```

⊘ 결과 해석

이 로직을 실행한 시간이 13시 20분 19초입니다. 그런데 끝난 시각은 13시 20분 37초입니다. 30만 개 이하의 소수를 구하는 데에 20초 가까이 걸렸습니다. 그러면 100만 개, 1000만 개, 1억 개는 훨씬 시간이 많이 걸립니다. 파이썬이 C나 Java에 비해 느리긴 하지만 요즘은 하드웨어가 좋아졌기 때문에 보통 1억 번 연산을 1초로 잡습니다. 그런데 100만 번, 1000만 번도 아니고 30만 번 연산하는 데에 20초 가까이 걸린다는 것은 이 알고리즘이 느리다는 것입니다.

왜냐하면 앞에서도 설명드렸다시피 배열에서 빼는 연산은 배열을 새로 만들고 복사하는 식으로 실제 연산을 하기 때문에 CPU가 많이 사용됩니다. 또한 배수를 지우기 전에 남아 있는 숫자에 대해서 나머지를 구하는 % 연산을 진행했습니다. ns배열에 있는 ns[j]보다 큰 모든 수를 대상으로 % 연산을 합니다. 짝수는 2의 배수에서 모두 없어지고 이어 3의 배수, 5의 배수도 금방 없어지지만 소수의 경우는 끝까지 남아있기 때문에 매번 % 연산의 대상이 됩니다. 그래서 불필요한 연산도 많이 이루어지고 있습니다.

또한 4의 배수, 6의 배수, 8의 배수 등 30만 번까지 오는 동안 루트 30만 이하의 모든 짝수도 연산을 합니다. 하지만 이미 2의 배수에서 모든 짝수들이 지워졌는데, 계속해서 불필요한 연산을 하고 있는거죠. 이런 이유로 이 로직은 N이 1만 개 이상의 상황에서는 쓸 수 없다고 보는 게 맞습니다.

물론 아직 포기하기는 이릅니다. 지금까지의 로직들처럼, 이 로직 역시 속도를 개선할 수 있습니다. 그럼 지금부터 이 로직의 속도를 개선하는 작업을 해보겠습니다.

7.3.7. while문을 이용한 속도 개선

앞의 로직에서는 짝수 번째의 배수는 이미 2의 배수를 지울 때 모두 지웠지만 % 연산은 계속 했었죠. 그러다 보니 실제 필요한 것보다 2배가량 연산이 많아지는 비효율의 문제가 있었습니다. 그 이유는 for문을 이용했기 때문인데요. for문은 몇 번 실행될지를 미리 정해 놓고 그만큼 작업을 반복하기 때문에, 중간에 불필요한 연산이 있어도 건너 뛰거나 중단할 수 없습니다. 그래서 이번에는 조건을 기준으로 실행을 조정할 수 있는 while문을 사용해서 연산 횟수를 절반으로 줄이고 속도도 테스트해 보겠습니다.

while문은 for문과 얼핏 보면 비슷하지만 횟수로 반복하는 것이 아니라 조건이 True인 동안에만 작동을 합니다. 그래서 단순히 숫자의 범위만 만드는 것이 아니라 식을 써서 넣을 수 있습니다.

앞에서는 from math import sqrt를 이용해 제곱근을 구하는 sqrt() 함수를 이용했습니다. sqrt()를 이용해 루트 50의 제곱근인 7.07106…을 구하고 int()를 이용해 정수 7을 만들어 냈습니다. 하지만 라이브러리를 쓰지 않고도 같은 조건을 만들 수 있습니다. 또한 한 번이긴 하지만 제곱근 연산도 줄일 수 있습니다.

while문을 적용하기 전에 앞에서 로직을 다시 한번 살펴보겠습니다.

```python
from math import sqrt

N = 50
ns = list(range(2, N + 1))  # 2부터 50까지 숫자 생성

for i in range(2, int(sqrt(N)) + 1):  # 루트 N 이하의 자연수
    for j in range(len(ns) - 1, 1, -1):
        # 자기 자신은 지우면 안 되기 때문에 > i
        if ns[j] % i == 0 and ns[j] > i:
            ns.pop(j)
    print(i, len(ns), ns)
```

✅ 결과

```
2 25 [2, 3, 5, 7, 9, 11, 13, 15, 17, 19, 21, 23, 25, 27, 29, 31, 33, 35,
37, 39, 41, 43, 45, 47, 49]
3 18 [2, 3, 5, 7, 11, 13, 17, 19, 23, 25, 29, 31, 35, 37, 41, 43, 47, 49]
4 18 [2, 3, 5, 7, 11, 13, 17, 19, 23, 25, 29, 31, 35, 37, 41, 43, 47, 49]
5 16 [2, 3, 5, 7, 11, 13, 17, 19, 23, 29, 31, 37, 41, 43, 47, 49]
6 16 [2, 3, 5, 7, 11, 13, 17, 19, 23, 29, 31, 37, 41, 43, 47, 49]
7 15 [2, 3, 5, 7, 11, 13, 17, 19, 23, 29, 31, 37, 41, 43, 47]
```

이 로직에서는 for i in range(2, int(sqrt(N)) + 1):을 썼기 때문에 4의 배수, 6의 배수도 지우는 연산을 합니다. 하지만 while문을 쓴다면 이와 같은 불필요한 연산을 줄일 수 있어, 연산 횟수가 절반 가까이 줄어듭니다.

2, 3, 4, 5, 6, 7 이렇게 N제곱근 이하의 모든 수를 반복하는 것이 아니라 체에 걸러지고 남아있는 소수들의 배수만 반복하면 연산 횟수를 대폭 줄일 수 있습니다.

이를 위해선 for문을 while문으로 바꾸고 조건을 ns[i] * ns[i] <= N으로 하면 됩니다. ns[0]이면 2이고 ns[1]이면 3입니다. 앞에서는 N의 제곱근을 구했는데요. 이번에는 역으로 곱해서 N이 되게 바꾸었습니다.

```
N = 50
ns = list(range(2, N + 1)) # 2부터 50까지 숫자 생성
i = 0
while ns[i] * ns[i] <= N:
    for j in range(len(ns) - 1, 1, -1):
        # 자기 자신은 지우면 안 되기 때문에 > ns[i]
        if ns[j] % ns[i] == 0 and ns[j] > ns[i]:
            ns.pop(j)
    print(i, ns[i], len(ns), ns)
    i += 1
```

◇ 결과

```
0 2 25 [2, 3, 5, 7, 9, 11, 13, 15, 17, 19, 21, 23, 25, 27, 29, 31, 33, 35,
37, 39, 41, 43, 45, 47, 49]
1 3 18 [2, 3, 5, 7, 11, 13, 17, 19, 23, 25, 29, 31, 35, 37, 41, 43, 47, 49]
2 5 16 [2, 3, 5, 7, 11, 13, 17, 19, 23, 29, 31, 37, 41, 43, 47, 49]
3 7 15 [2, 3, 5, 7, 11, 13, 17, 19, 23, 29, 31, 37, 41, 43, 47]
```

◇ 결과 해석

while문으로 바꾸었더니 ns에 남아 있는 소수만큼만 반복이 되었습니다. for문으로 했다면 2, 3, 4, 5, 6, 7 이렇게 순서대로 돌려야 하지만 while문을 이용하면 이미 빠진 숫자들의 배수를 다시 찾는 작업을 하지 않고 넘어갈 수 있습니다.

```
[2, 3, 4, 5, 6, 7, 8, 9, 10, 11, 12, 13, 14, 15, 16, 17, 18, 19, 20,
21, 22, 23, 24, 25, 26, 27, 28, 29, 30, 31, 32, 33, 34, 35, 36, 37, 38,
39, 40, 41, 42, 43, 44, 45, 46, 47, 48, 49, 50]
```

맨 처음 ns에는 위와 같이 49개의 숫자가 있습니다. ns에서 0번째는 2입니다. 2는 소수이기 때문에 ns에 남겨두어야 합니다. 그래서 ns[0]을 제외한 ns[0]의 배수들을 모두 지우면 아래와 같이 25개의 숫자만 남습니다.

```
[2, 3, 5, 7, 9, 11, 13, 15, 17, 19, 21, 23, 25, 27, 29, 31, 33, 35, 37,
 39, 41, 43, 45, 47, 49]
```

위 ns에서 i에 +1을 해서 i가 1일 때는 ns[1]은 3입니다. 3의 배수를 모두 지우면 아래와 같이 18개의 숫자만 남습니다. 여기까지는 for문을 이용하는 것과 같습니다.

```
[2, 3, 5, 7, 11, 13, 17, 19, 23, 25, 29, 31, 35, 37, 41, 43, 47, 49]
```

하지만 i가 2일 때부터는 효율이 훨씬 좋아집니다. ns에서 2의 배수를 지울 때 4가 지워졌습니다. 그래서 ns[2]는 4가 아니고 5입니다. 그래서 4의 배수를 지우는 과정은 실행되지 않고 5의 배수를 지우는 과정으로 넘어갑니다.

```
[2, 3, 5, 7, 11, 13, 17, 19, 23, 29, 31, 37, 41, 43, 47, 49]
```

i가 4일 때는 ns[4]=7이므로 역시 앞에서는 6의 배수를 지우는 과정을 실행했지만 이번에는 이미 ns에서 6이 지워졌기 때문에 7의 배수를 지우는 로직이 실행되어 7 × 7 = 49 한 개의 숫자만 지웁니다.

결과는 앞에서 for문을 이용할 때와 같지만 연산 횟수가 많이 줄어들어서 로직의 속도가 개선되었습니다. N이 300,000 기준으로 연산 횟수를 세어 보면 17,640,327번에서 3,778,159번으로 줄어든 것을 볼 수 있습니다.

완성된 함수 형태는 아래와 같습니다.

```python
def sieve(N):
    ns = list(range(2, N + 1))  # 2부터 50까지 숫자 생성
    i = 0
    while ns[i] * ns[i] <= N:
        for j in range(len(ns) - 1, 1, -1):
            # 자기 자신은 지우면 안 되기 때문에 > ns[i]
            if ns[j] % ns[i] == 0 and ns[j] > ns[i]:
```

```
            ns.pop(j)
        i += 1
return ns
```

연산 횟수를 줄이긴 했지만, 아직도 ns에서 숫자를 제거할 때 -1이 적용된 ns 길이로 배열을 생성하고 값을 복사해 생성한 배열에 다시 넣는 연산이 계속되고 있습니다. 이 연산을 해결하면 추가로 속도가 개선될 수 있습니다.

그래서 이번에는 ns에서 숫자를 빼지 않는 방법으로 에라토스테네스 체를 구현하여 속도를 개선해 보겠습니다.

7.4. 숫자를 지우지 않는 에라토스테네스의 체

에라토스테네스의 체는 배수들을 모두 지우면서 소수만 남기는 방법입니다. 하지만 앞에서 ns에 있는 숫자들을 지우면 배열을 새로 만들고 복사하는 연산이 뒤에서 진행되기 때문에 속도가 느려졌고, 때문에 숫자가 100만 정도로만 커져도 앞에서 만든 로직은 느려서 쓸 수 없었습니다.

그래서 이번에는 ns에서 숫자를 지운 후 배열을 만들어 다시 복사하는 복잡한 연산을 하지 않고, 속도를 개선해 보겠습니다.

7.4.1. check 배열 만들기

ns에서 지우는 연산을 하지 않기 위해 에라토스테네스 체로 친 결과가 저장될 check배열을 만듭니다.

'숫자가 있는 배열이 있는데 또 배열을 만들면 낭비 아닌가?' 하는 생각이 들 수도 있습니다. 하지만 앞의 연산과 비교했을 때, 큰 낭비도 아닙니다. 앞에서 ns에 있는 값을 지울 때도, ns의 길이보다 한 개 작은 배열을 만들고 값을 복사하는 연산이 로직이 끝날 때까지 이루어졌기 때문입니다. 그래서 연산할 때 메모리를 차지하는 공간에는 별 차이가 없습니다.

여기서 잠시, 여러분의 이해를 돕기 위해 사람이 기억하고 연산하는 방법과 컴퓨터가 기억하고 연산하는 방법을 비교해 보겠습니다.

	2	3	4	5	6	7	8	9	10
11	12	13	14	15	16	17	18	19	20
21	22	23	24	25	26	27	28	29	30
31	32	33	34	35	36	37	38	39	40
41	42	43	44	45	46	47	48	49	50

에라토스테네스 체 연산을 할 때 사람은 위와 같이 숫자가 많이 있다가 아래와 같이 색칠한 칸에 있는 숫자들을 지우면 생각할 것들이 줄어들기 때문에 이렇게 결과를 지워가는 방식이 효율적입니다.

	2	3		5		7		9	
11		13		15		17		19	
21		23		25		27		29	
31		33		35		37		39	
41		43		45		47		49	

하지만 컴퓨터는 사람의 뇌와는 다르게 기억하는 곳과 연산하는 곳이 따로 구분되어 있습니다. CPU는 연산을 담당하고 RAM은 기억을 담당합니다. 그래서 CPU 입장에서는 RAM에 10개가 담겨 있든 1억 개가 담겨 있든 RAM이 꽉 차 있지만 않다면 CPU는 알지 못할뿐더러 CPU 작동에 영향을 주지 않습니다. CPU 연산의 효율을 높여야 실제 결과가 나오는 속도가 빠르기 때문에 보통은 RAM을 더 많이 쓰는 연산을 합니다.

Index	0	1	2	3	4	5	6	7	8	9
Value	2	3	4	5	6	7	8	9	10	11

이렇게 숫자가 들어있는 배열은 그대로 두고,

아래와 같이 True가 들어있는 배열을 하나 더 만들어서 연산에 이용할 예정입니다.

| True | True | True | True | True | True | True | True | True | True |

이전의 로직에서 2의 배수를 제외시키고 배열을 만들어 복사하는 복잡한 연산 대신, True가 들어있는 배열에 4, 6, 8 등 2의 배수가 들어있는 자리를 False로 바꾸는 연산만 하면 됩니다.

Index	0	1	2	3	4	5	6	7	8	9
Value	True	True	False	True	False	True	False	True	False	True

그림처럼 만들어 놓은 True 배열에 ns의 인덱스 번째 배열 값을 False로 바꾸는 연산을 합니다.

아래의 코드처럼 True 배열은 ns의 크기와 같은 크기로 만들어 주면 됩니다. 파이썬은 [True] * len(ns)처럼 간단한 코드로 ns 길이만큼의 True가 들어있는 배열을 만들 수 있습니다.

```
N = 50
ns = list(range(2, N + 1))
check = [True] * len(ns)    # True배열에 check라는 이름을 붙이겠습니다

print(len(ns))
print(len(check))
print(check)
```

◇ 결과

49
49
[True, True, True, True, True, True, True, True, True, True, True, True,
True, True, True, True, True, True, True, True, True, True, True, True,
True, True, True, True, True, True, True, True, True, True, True, True,

```
True, True, True, True, True, True, True, True, True, True, True, True,
True]
```

> **결과 해석**

　check배열에 있는 값들은 모두 True로 시작합니다. 에라토스테네스의 체를 활용해서 2를 제외한 모든 2의 배수, 3, 4, 5, 6, 7의 배수들을 모두 False로 바꾼 후에 True 번째 숫자들만 배열에 담아주는 방식으로 로직을 구현해 보겠습니다.

7.4.2. while문으로 반복하기

　바로 앞절(7.3)에서는 for문을 이용해 N제곱근 이하의 모든 수를 반복하면서 값들을 빼는 방법을 사용했습니다. 그리고 체에 걸러지고 남은 숫자들만 이용하여 반복하기 위해, for문 대신 while문으로 숫자를 빼는 로직을 넣어 연산 횟수를 줄이고 알고리즘의 성능을 개선했습니다.

　하지만 이번 '숫자를 지우지 않는 에라토스테네스의 체' 알고리즘에서는 .pop()을 이용해 숫자를 빼지 않습니다. .pop() 연산을 사용한다는 것은 값이 빠질 때 리스트의 인덱스 개수를 계속 업데이트하는 연산이 코드에는 보이지 않지만 진행되고 있습니다. 그래서 속도가 떨어지는 구간이 생길 수밖에 없습니다. 그래서 .pop()을 이용해 연산 횟수를 줄이는 방법 대신 다른 방법을 이용해 '더 빠른 에라토스테네스 체' 알고리즘을 구현해 보겠습니다.

　바로 check 배열을 이용해 소수를 판별할 것입니다.

```
check = [True] * len(ns)
```

　위와 같이 생성한 check 배열은 모두 True가 들어있지만, 소수가 아닌 인덱스에 있는 값을 False로 바꿔주면서 앞에서 했던 .pop()의 기능을 대체할 것입니다.

ns	2	3	4	5	6	7	8	9	10	11
Index	0	1	2	3	4	5	6	7	8	9
check	True	True	False	True	False	True	False	True	False	True

예를 들어 ns[2]는 4입니다. 4는 소수가 아니기 때문에 check[2]를 False로 바꿔줄 것입니다. ns[4]도 마찬가지로 6이기 때문에 check[4]도 False입니다. 이 방식을 이용하여, while 루프 안에 if check[i]:를 넣어서 ns[i]가 소수일 때만 check에 False로 표시하는 로직을 구현해 보겠습니다.

```python
N = 50
ns = list(range(2, N + 1))
check = [True] * len(ns)

i = 0
while ns[i] * ns[i] <= N:
    if check[i]:        # check[i]가 True라면
        print(i, ns[i], check[i])    # print 합니다
    i += 1
```

⊘ 결과

```
0 2 True
1 3 True
2 4 True
3 5 True
4 6 True
5 7 True
```

⊘ 결과 해석

```
ns = [2, 3, 4, 5, 6, 7, 8, 9, 10, … N]
```

ns[0]은 2이고 ns[1]은 3입니다. N 이하의 모든 소수를 구하는 것이기 때문에 루트 N보다 작거나 같으면 됩니다. 루트 연산보다는 제곱 연산이 빠르기 때문에 위에서 ns[i] * ns[i] <= N으로 조건을 넣었습니다.

ns[i] * ns[i] <= N인 동안 반복하면 되기 때문에 ns[i]가 7이 되는 i = 5까지 로직이 작동하고 끝났습니다. if check[i]는 아직 check에 False로 바꾸는 로직이 없기 때문에 모두 True가 들어있어서 6번 작동했습니다.

7.4.3. ns[i]의 배수를 False로 표시하기

앞에서 ns = list(range(2, N + 1))을 이용해 아래와 같은 숫자 리스트를 생성했습니다.

ns = [2, 3, 4, 5, 6, 7, 8, 9, 10, 11, 12, 13, 14, 15, 16, 17, 18, 19, 20, 21, 22, 23, 24, 25, 26, 27, 28, 29, 30, 31, 32, 33, 34, 35, 36, 37, 38, 39, 40, 41, 42, 43, 44, 45, 46, 47, 48, 49, 50]

위 리스트 ns에는 2부터 50까지 총 49개의 숫자가 들어있습니다. N이 50일 때, 2부터 N + 1 미만까지 생성하기 때문에 위와 같이 49개의 숫자가 들어있습니다. 그래서 ns[i]는 2, 3, 4, 5, 6, 7까지 숫자가 들어갈 것입니다.

False로 바꾸는 조건은 앞의 7.3에서 나머지를 구한 후 나머지가 0이면 .pop()을 이용해 배열에서 소수가 아닌 숫자를 뽑았던 로직과는 다르게 ns, check는 길이가 바뀌지 않습니다. 배수들은 일정한 간격으로 떨어져 있기 때문에 일정한 간격마다 False 표시를 해줍니다. 이 알고리즘은 .pop()을 이용해 배열에서 값을 빼내는 알고리즘보다 2가지 점에서 속도 향상에 도움이 되는 점이 있습니다. 첫 번째는 배수마다 False를 해주기 때문에 나머지를 구하는 계산을 할 필요가 없고, 두 번째는 if조건을 태울 필요가 없기 때문에 알고리즘의 효율이 높아진다는 것입니다.

	2의 배수: 4부터 거리를 2씩 띄우며 False 표시									
i	2	3	4	5	6	7	8	9	10	11
v	4	5	6	7	8	9	10	11	12	13

False로 표시할 2의 배수를 보겠습니다. 4, 6, 8, 10, 12, 14 순으로 False 표시를 합니다. 4와 6의 거리는 2이고 6과 8의 거리도 2입니다. 그래서 for j in range(0, len(ns), 2): 이런 식으로 3번째 파라미터를 2로 바꾸어 2칸씩 움직이면서 False로 바꾸면 됩니다.

```
for j in range(0, len(ns), 2):
    check[j] = False
```

하지만 위와 같이 범위를 0부터 len(ns)까지 하면 문제가 있습니다.

```
ns = [2, 3, 4, 5, 6, 7, 8, 9, 10, 11, 12, 13, 14, 15, 16, 17, 18, 19,
20, 21, 22, 23,  ..... 50]
```

ns는 2부터 50까지인데 ns[0]은 2입니다. 위 로직대로면 2, 4, 6, 8 … 50까지 모두 False로 바뀝니다. 하지만 2는 소수이기 때문에 check[0]을 False로 바꾸면 안 됩니다.

```python
for j in range(2, len(ns), 2):
    check[j] = False
```

그래서 2의 배수를 지울 때는 j는 2부터 시작해야 ns[2] = 4이므로 check[2] = False가 들어가게 됩니다. check[2]부터 시작하기 때문에 check[0]은 그대로 True로 남아 있습니다.
코드에 적용해서 실행해 보겠습니다.

```python
N = 50
ns = list(range(2, N + 1))
check = [True] * len(ns)

i = 0
while ns[i] * ns[i] <= N:
    if check[i]:
        for j in range(2, len(ns), 2):
            check[j] = False     # 배수면 False로 바꿈
            print(ns[i], ns[j])
    i += 1
```

⊘ 결과

2 4
2 6

```
2 8
2 10
---- 중략 ----
3 4
3 6
3 8
3 10
---- 중략 ----
7 46
7 48
7 50
```

> **결과 해석**

결과의 첫 번째 줄에 2 4가 나왔습니다.

```
ns = [2, 3, 4, 5, 6, 7, 8, 9, 10, … N]
```

i가 0이기 때문에 ns[i]는 2이고 j가 2부터 시작하기 때문에 ns[j]는 4입니다. 4는 2의 배수이기 때문에 check[j] = False(check[4] = False)로 바뀌고 이후 6, 8 … 50까지 모두 False로 바뀝니다.

```
for j in range(2, len(ns), 2):
    check[j] = False
```

하지만 이렇게 해 놓으면 3, 5, 7의 배수를 False로 바꿀 때 문제가 있습니다.

위 결과를 보시면 3의 배수를 지울 때도 4부터 시작하고 2씩 올라갑니다. 이 부분을 처리해 보겠습니다.

	3의 배수: 6부터 거리를 3씩 띄우며 False 표시									
i	4	5	6	7	8	9	10	11	12	13
v	6	7	8	9	10	11	12	13	14	15

3의 배수는 6, 9, 12, 15, 18, 21 순으로 6을 시작으로 3의 간격씩 False 표시를 합니다. 6이 들어있는 인덱스는 4이기 때문에 j는 4부터 시작해서 3의 간격으로 len(ns)까지 반복을 해주도록 바꾸면 아래와 같습니다.

```python
for j in range(4, len(ns), 3):
```

하지만 이렇게 바꾸면 3의 배수는 잘 지우겠지만 2의 배수는 제대로 처리가 안 될 것입니다. 그래서 2의 배수일 때는 3번째 파라미터가 2씩 올라가고 3의 배수일 때는 3씩, 4의 배수일 때는 4씩, 5의 배수일 때는 5씩 올라가도록 상수가 아닌 변수로 넣어주어야 합니다. 여기에 적합한 변수는 2, 3, 4, 5 이렇게 증가하는 ns[i]입니다.

```python
for j in range(4, len(ns), ns[i]):
```

일단 위와 같이 바꾸고 실행해 보겠습니다.

```python
N = 50
ns = list(range(2, N + 1))
check = [True] * len(ns)

i = 0
while ns[i] * ns[i] <= N:
    if check[i]:
        for j in range(4, len(ns), ns[i]):
            check[j] = False
            print(ns[i], ns[j])
    i += 1
```

⊘ 결과
```
2 6
2 8
```

```
2 10
2 12
---- 중략 ----
3 6
3 9
3 12
3 15
---- 중략 ----
4 6
4 10
---- 중략 ----
5 6
5 11
---- 중략 ----
7 6
7 13
```

⊘ 결과 해석

결과의 첫 번째 줄에 2 6이 나왔습니다. 앞에 숫자는 ns[i]이고 뒤에 숫자는 ns[j]입니다. ns[i]는 배수입니다. 2의 배수, 3의 배수 … 입니다. 2의 배수를 False로 바꿀 때 6부터 바꾼다는 것입니다.

```
for j in range(4, len(ns), ns[i]):
```

위 구간에서 4가 4부터 시작한다는 뜻이므로 즉 ns[4]는 6이기 때문에 6부터 False로 바꾼 것입니다.

이렇게 바꿨을 때의 문제점은 4의 위치인 check[2]가 False로 바뀌지 않았다는 것입니다. 그래서 check[2]가 True이므로 4의 배수일 때도 반복문을 실행했기 때문에 결과에 4 6, 4 8 … 이 출력 되었습니다.

이 문제뿐만 아니고 5도 6부터 False로 바꾸기 시작해서 11, 16, 21, 26 … 을 바꾸고 있습니다.

7도 마찬가지입니다.

if조건으로 나누어떨어지는지 판단하지 않기 때문에 몇 번부터 지우기 시작하는지도 중요합니다. 지금은 j가 4부터 시작하기 때문에 2, 3, 4, 5, 7에서 모두 6부터 False로 만들기 시작했습니다.

2일 때는 4부터, 3일 때는 6부터, 5일 때는 10부터, 7일 때는 14부터 False로 바꾸도록 하면 좋을 것 같습니다.

  2 => 4
  3 => 6
  5 => 10
  7 => 14

여기까지 보니 규칙이 보일 것 같네요. ns[i]가 2, 3, 4, 5, 7 순이기 때문에 ns[i] * 2를 하면 4, 6, 8, 10, 14 가 됩니다. 하지만 아래와 같이 for문에 4 대신 ns[i] * 2를 넣는다고 문제가 해결되지는 않습니다.

```
for j in range(4, len(ns), ns[i]):   # 이전의 코드

for j in range(ns[i]*2, len(ns), ns[i]):   # 이후의 코드
```

check[j]에서 j는 인덱스입니다. 아래 표는 리스트 ns의 2~12까지를 나타낸 표입니다.

색칠된 칸의 간격을 보시기 바랍니다. 4~6은 2칸이고 6~8도 2칸 8~10도 두 칸이지만 10~14까지는 4칸입니다

j	2	3	4	5	6	7	8	9	10	11	12
v	4	5	6	7	8	9	10	11	12	13	14

10에서 14부터는 간격이 멀어지기 시작합니다.
11 × 2는 22인데 22는 24번 인덱스에 들어있습니다.

그래서 인덱스로는 2, 4, 6, 8, 12 이런 식으로 들어가야 합니다.

7.4.4. 반복문 시작 숫자를 식(Statement)으로

여기에서 변수 i가 한 번 더 사용됩니다. i는 0부터 시작해서 0, 1, 2, 3, 4 이렇게 올라갑니다. ns[i]는 2, 3, 4, 5, 6 이렇게 바뀝니다. 정리를 해 보면 아래와 같습니다.

```
for j in range(ns[i] + i, len(ns), ns[i]):
```

i는 0부터 시작해서 0, 1, 2, 3, 4 이렇게 올라갑니다. ns[i]는 2, 3, 4, 5, 6 이렇게 바뀝니다. 정리해 보면 아래와 같습니다.

i	ns[i]	ns[i] + i
0	2	2
1	3	4
2	4	6
3	5	8
4	6	10
5	7	12

i가 2일 때는 4의 배수이므로 2의 배수가 지워질 때 check[2]에 False를 잘 표시했다면 if check[i] 조건이 True가 아니기 때문에 4의 배수는 False로 바꾸는 로직을 타지 않습니다.

i가 3일 때 ns[i]는 5이므로 5의 배수를 지우는 차례입니다. 5는 소수이므로 10부터 False 표시를 하면 됩니다. 10은 인덱스 8에 들어있기 때문에 i가 3일 때 ns[i] + i = 8이므로 맞는 위치입니다.

이 로직을 반영하고 실행해 보겠습니다.

```
N = 50
ns = list(range(2, N + 1))
```

```
check = [True] * len(ns)

i = 0
while ns[i] * ns[i] <= N:
    if check[i]:
        for j in range(ns[i] + i, len(ns), ns[i]):
            check[j] = False
            print(ns[i], ns[j])
    i += 1
```

◉ 결과

```
2 4
2 6
2 8
---- 중략 ----
3 6
3 9
3 12
---- 중략 ----
5 10
5 15
5 20
---- 중략 ----
7 14
7 21
---- 중략 ----
7 35
7 42
7 49
```

✓ 결과 해석

이제는 우리가 원하는 대로 2의 배수를 지울 때는 4부터, 3의 배수는 6부터, 5의 배수는 10부터, 7의 배수는 14부터 False로 바꾸게 되었습니다. 그리고 4의 배수, 6의 배수 등은 if check[i]: 에서 걸리기 때문에 앞에서 지운 수의 배수들은 모두 반복하지 않게 됩니다.

7.4.5. 체에 친 결과 출력하기

해당 숫자가 있는 인덱스의 값이 소수라면 True이고 아니면 False를 표현하기 위해 처음 check 배열에 ns 배열의 크기만큼 True를 넣었습니다.

check에 있는 True, False만으로는 n보다 작은 모든 소수를 구하기에는 정보가 다소 제한적입니다. check의 True, False를 ns와 대조해서 다시 확인해야 하기 때문입니다. 그래서 이 과정도 줄이기 위해, check에서 True인 값을 ns에서 뽑아 새로운 리스트로 만드는 작업을 해보겠습니다.

check배열만 한 번 훑으면 되기 때문에 속도는 O(N)이 추가되는 정도입니다.

```python
N = 50
ns = list(range(2, N + 1))
check = [True] * len(ns)

i = 0
while ns[i] * ns[i] <= N:
    if check[i]:
        for j in range(ns[i] + i, len(ns), ns[i]):
            check[j] = False
    i += 1

primes = []
for i in range(len(ns)):
    if check[i]:
        primes.append(ns[i])
```

```
print(len(primes), primes)
```

◎ 결과
```
15 [2, 3, 5, 7, 11, 13, 17, 19, 23, 29, 31, 37, 41, 43, 47]
```

결과에 N은 50일 때 n보다 작은 모든 소수 15개가 출력되었습니다.

7.4.6. 함수로 만들기, 속도 테스트

로직을 만들었으니 함수로 만들고 속도 테스트를 해 보겠습니다. 앞에서는 .pop()연산, % 연산을 하기 때문에 속도가 느렸습니다. 새로 만든 로직은 이 두 가지 연산을 하지 않기 때문에 속도가 빨라졌을 것입니다.

```python
def sieve(N):
    ns = list(range(2, N + 1))
    check = [True] * len(ns)

    i = 0
    while ns[i] * ns[i] <= N:
        if check[i]:
            for j in range(ns[i] + i, len(ns), ns[i]):
                check[j] = False
        i += 1

    primes = []
    for i in range(len(check)):
        if check[i]:
            primes.append(ns[i])
    return primes
```

```
N = 50
res = sieve(N)
print(len(res), res)
```

⊘ 결과
```
15 [2, 3, 5, 7, 11, 13, 17, 19, 23, 29, 31, 37, 41, 43, 47]
```

⊘ 결과 해석

앞에서 만든 로직과 결과는 같습니다. N이 50이면 50보다 작은 소수는 47까지로 15개입니다. 결과는 변함이 없지만 앞에서 만든 로직에 비해 떠올리기 어렵고, 변수 한 가지 위치만 달라져도 문제가 생기기 때문에 구현하기에도 조금 어려울 수 있습니다.

하지만 속도는 매우 빠릅니다. 앞에서 만들었던 로직은 N이 30만일 때 20초 정도 걸렸던 걸 기억하며, 새로 만든 로직의 속도를 테스트해 보겠습니다. 속도를 테스트할 때 from datetime import datetime하는 것을 잊지 마시기 바랍니다.

```
---- 중략 ----
start_time = datetime.now()
N = 300000
res = sieve(N)
end_time = datetime.now()
print(len(res), max(res))
print(end_time - start_time)
```

⊘ 결과
```
25997 299993
0:00:00.032060
```

⊘ 결과 해석

30만 이하의 소수는 총 25997개이고 그중 가장 큰 수는 299993입니다. 구하는 데에는 1초도 걸리지 않았습니다.

이번에는 조금 더 많은 단위를 테스트해 보겠습니다. N이 100만일 때를 살펴보겠습니다.

```
78498  999983
0:00:00.136666
```

100만 이하의 소수는 총 78498개이고 그중 가장 큰 수는 999983입니다. 구하는 데에는 역시 1초도 걸리지 않았지만 0.13초 정도로, 30만 개 구할 때의 0.03초에서 4배 정도 느려졌습니다.

N이 1000만일 때의 결과입니다.

```
664579  9999991
0:00:01.677888
```

1.67초 걸렸습니다. 10만 개는 0.13초였는데 10배 정도 더 걸린 것 같습니다.

N이 1억일 때는 시간이 꽤 걸립니다.

```
5761455  99999989
0:00:25.062860
```

25초로 앞의 1.67초보다 10배 이상 늘어났습니다. 하지만 ns에서 .pop()을 하는 로직이 30만 개에 20초 가량 걸린 것에 비하면 드라마틱하게 개선된 속도입니다.

7.4.7. 중복으로 처리되는 값들에 대해

여기까지 오면서 한 가지 의문이 들지 않으셨나요?

2의 배수인 4, 6, 8, 10, 12, 14, 16 …을 소수에서 제외시키는 것은 이해가 가지만 3의 배수 6, 9, 12, 15, 18 … 배수들을 지울 때 앞에서 이미 False로 바꾼 6, 12, 18 등의 수를 다시 한번 False로 바꾸는 것은 낭비가 아닌가 하는 생각이 들 수도 있습니다.

그래서 아래와 같이 if문을 넣어서 이미 False로 바뀐 곳은 안 건드리고 지나가면 더 좋지 않을까? 하는 생각이 들 수도 있습니다.

```
for j in range(ns[i] + i, len(ns), ns[i]):
    if check[j]:
        check[j] = False
```

실제로 위와 같이 넣고 N을 1천만 개로 해서 실행을 하면 속도가 거의 비슷하지만 조금 느립니다.

◎ 결과
```
664579 9999991
0:00:01.780698
```

◎ 결과 해석

if문을 이용해 check[j]가 True일 때만 check[j]를 False로 바꾸면 연산을 조금이라도 줄일 수 있지 않을까? 하는 생각으로 check하는 로직을 넣어본 결과 시간이 조금 더 걸렸습니다.

테스트를 해보니 9999991까지 소수를 구했을 때 기준으로 0.1초 정도 더 걸렸습니다. array에 값을 바꾸는 연산 보다 if문을 사용했을 때 시간이 조금 더 걸리는 것으로 결과가 나왔습니다. 그래서 굳이 if check[j]를 쓰지 않아도 됩니다.

여기까지 에라토스테네스의 체를 구현해 보고 속도 최적화와 테스트까지 해보았습니다. 에라토스테네스의 체를 구현하면서 연산을 줄이는 것이 얼마나 중요한지 느껴볼 수 있으셨기를 바랍니다.

8. 단순 탐색(Simple Search)과 이진 탐색(Binary Search)

우리가 많이 사용하는 인터넷 쇼핑몰에는 사용자들이 아주 많습니다. 예를 들어 1000만 명이라고 했을 때 '김미미'라는 고객이 6개월 동안 구입한 제품 목록을 알고 싶다면 '김미미'라는 고객의 ID를 알아야겠지요?

'김미미'라는 고객을 DB에서 찾는 방법은 크게 두 가지가 있습니다. 하나는 0번부터 '김미미'가 나올 때까지 하나씩 확인하면서 찾는 방법입니다.
코드로 표현하면 아래와 같이 0번부터 1000만 번까지 하나씩 찾을 것입니다.

```python
for i in range(0, 10000000):
    if user[i].name == '김미미':
        return i
```

김미미 고객이 500만 번째에 있다면 500만 명의 이름을 모두 확인한 후 김미미 고객이 몇 번째에 있다는 정보를 알 수 있습니다.
하지만 500만 개의 데이터를 다 확인하는 것은 시간이 많이 걸릴 수 있기 때문에 보다 효과적으로 결과를 얻기 위해서는 시간을 줄일 수 있는 방법을 찾는 것이 좋을 것입니다.
그리고 그 중에는 사전처럼 찾는 방법이 있습니다. 먼저 이 방법을 사용하려면 데이터를 사전처럼 정렬해 놓아야 합니다. 데이터를 가나다순으로 정렬을 해 놓으면 성이 'ㄴ'으로 시작하는 이후의 모든 고객 데이터를 확인하지 않아도 되기 때문입니다.

사전을 찾을 때 김미미로 한 번에 갈 수 없으니 일단 'ㄱ'이 모여 있는 페이지를 폅니다. 펼친 페이지에 바로 김미미가 있다면 좋겠지만 보통은 그렇게 쉽게 찾아지지 않습니다. 만약 펼친 페이지에 김가가라는 사람이 있다면 김가가는 김미미보단 앞에 있기 때문에 김가가 들어있는 페이지보다 뒤에 있는 페이지만 살펴보면 됩니다. 그리고 김가가부터 한 장씩 넘겨가면서 김미미가 있는 페이지까지 접근하면 됩니다.

여기에서 하나씩 모든 데이터를 확인하는 방법이 단순 탐색이고 사전처럼 탐색하는 방법이 이진 탐색입니다.

8.1. 심플 서치(Simple Search) - 단순 탐색

단순 탐색이란 앞에서부터 원하는 값이 나올 때까지 하나하나 찾는 것을 말합니다. 단순 탐색의 장점은 만들기가 쉽고, 그렇기 때문에 단순하게 생각할 수 있다는 점입니다. 또한 앞에서부터 하나씩 찾으면서 원하는 값에 도달하면 위치를 알려 주기 때문에, 어떤 기준에 따라 정렬을 하지 않아도 됩니다.

컴퓨터의 장점이 이런 단순 반복 연산을 아주 빠르게 해 주는 것이기 때문에 때로는 단순 탐색이 가장 좋은 수단이 될 수 있습니다.

하지만 단순 탐색의 단점은 뒤에서 설명할 이진 탐색에 비해 속도가 느리다는 것입니다. 개수가 1000개, 10000개 정도로 얼마 안 될 때는 속도에서 큰 차이가 없지만 1억 개, 10억 개 이렇게 크기가 커질수록 속도는 느려질 수밖에 없습니다. 이진 탐색(Binary Search)은 단순 탐색보다 구현이 복잡하기 때문에 먼저 단순 탐색을 구현해 보고 이진 탐색에 대해 알아보겠습니다.

```
arr = [1, 2, 3, 5, 6, 7, 8, 9, 10, 11]
```

arr이라는 배열이 있다고 해 보겠습니다. 8은 몇 번째에 있을까요? 여기서는 눈으로도 알 수가 있습니다. 7번째에 있고 인덱스로는 6번째에 있습니다.

단순 탐색을 이용해서 8이 몇 번째 인덱스에 있는지 찾는 알고리즘을 만들어 보겠습니다. 우선 인덱스로 접근하기 위해 arr의 인덱스를 뽑아 보겠습니다.

```
arr = [1, 2, 3, 5, 6, 7, 8, 9, 10, 11]
```

```python
def simple_search(arr, target_num):
    for index in range(0, len(arr)):
        print(index)

print(simple_search(arr,8))
```

✓ 결과

```
0
1
2
3
4
5
6
7
8
9
```

이것을 바탕으로 각 index에 있는 숫자들을 뽑아 보겠습니다.

```python
def simple_search(arr, target_num):
    for index in range(0, len(arr)):
        print(arr[index])

print(simple_search(arr,8))
```

✓ 결과

```
1
2
```

```
3
5
6
7
8
9
10
11
```

그 다음 단계는 arr의 값과 target_num을 비교해서 값이 같으면 그 index를 알려 주는 것입니다. 그리고 target_num이 arr에 없다면 -1을 리턴하도록 하겠습니다.

```python
def simple_search(arr, target_num):
    for index in range(0, len(arr)):
        if arr[index] == target_num:
            return index
    return -1

print(simple_search(arr,8))
print(simple_search(arr,4))
```

◉ 결과
```
6
-1
```

이것은 8이라는 숫자가 arr에서 6번째 인덱스에 있다는 것을 알려줍니다. 또한 4라는 숫자는 arr에 없기 때문에 -1이라는 결괏값이 나오는 것입니다.

이렇게 쉽게 로직을 구해서 풀 수 있지만, 이미 언급했듯이 단순 탐색은 속도가 느립니다. 이번에는 숫자가 많지 않았지만, 만약 10억 개의 숫자가 있다고 가정한다면, 10억 번째 숫자를 찾으려면 총 10억 번을 탐색해야 하기 때문입니다. 그래서 단순 탐색은 숫자가 커지면 커질수록 속도가 느려져, 활용하기가 효과적이지 않습니다.

8.2. 바이너리 서치(Binary Search) - 이진 탐색

바이너리 서치(Binay Search)를 한글로 번역해 놓은 말은 이진 탐색입니다. 탐색하는 범위가 계속 절반으로 줄어들기 때문에 이진 탐색입니다. 이진 탐색의 '이'가 일이삼사 할 때 그 '2' 맞습니다. 즉, 두 개 중에 하나를 고른다는 뜻이죠.

스무고개 놀이를 한번 해 볼까요? 1부터 10억까지 숫자가 있습니다. 답을 하나 생각해 보시기 바랍니다. 저는 답을 961,000,000(9억 6천 1백만)으로 정했습니다만 여러분들은 더 어려운 숫자를 생각해 보시기 바랍니다.

자, 그럼 필자가 질문을 할 테니 여러분들은 생각한 숫자에 맞게 답변을 해 보시기 바랍니다.

질문1 5억보다 큽니까?
답1 네.

961,000,000은 5억보다 크기 때문에 '네'라고 대답했습니다. 그러면 자동적으로 1부터 5억 사이에는 답이 없는 것이기 때문에 더 생각하지 않아도 되겠죠? 10억 개의 절반인 5억 개를 덜어냈습니다.

질문2 7억 5천보다 큽니까?
답2 네.

961,000,000은 7억 5천보다 크기 때문에 '네'라고 대답했습니다. 마찬가지로 5~7.5억 사이에는 답이 없습니다. 5억 개 중 절반인 2.5억 개를 덜어냈습니다. 이런 식으로 탐색 범위를 줄여가면 데이터가 10억 개라도 20번 내외로 답을 찾을 수가 있습니다.

이진 탐색은 범위를 절반씩 줄여가는 특성 때문에 정렬이 되어 있는 배열에서만 사용 가능합니다. 정렬이 되어 있지 않으면 쓸 수 없습니다. 실행 속도는 단순 탐색에 비해 아주 빠릅니다.

단순 탐색은 개수가 n개라면 n번을 연산해야 하지만 바이너리 서치는 log n번만 연산을 하면 됩니다. 갑자기 로그(log)가 나와서 많이 당황스러우셨죠? 로그가 기억이 나지 않아도 크게 문제없으니 계속 읽어 보시기 바랍니다.

10억 개의 숫자가 있다고 합시다.

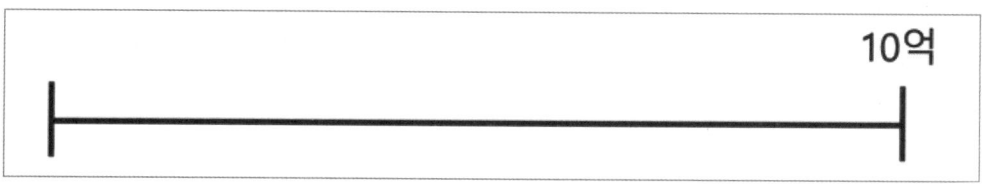

우리가 원하는 숫자가 9억 6천 번째에 있다고 하면 단순 탐색은 1번부터 9억 6천 번째까지 하나씩 검색을 해야 합니다.

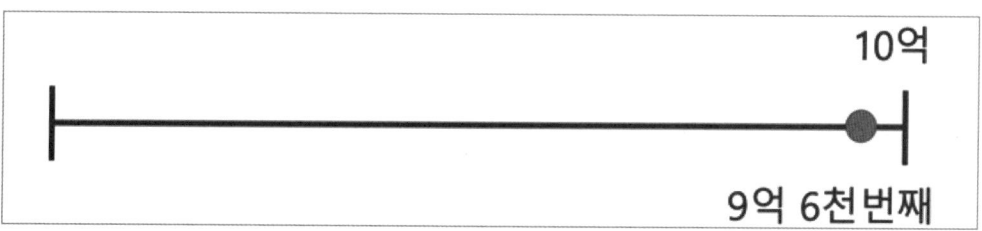

하지만 이진 탐색은 몇 번만 연산하면 답을 찾을 수 있습니다. 중간 index가 5억 번이고 중간 값도 5억이라고 합시다. 중간값 5억은 9억 6천 번보다 작습니다.

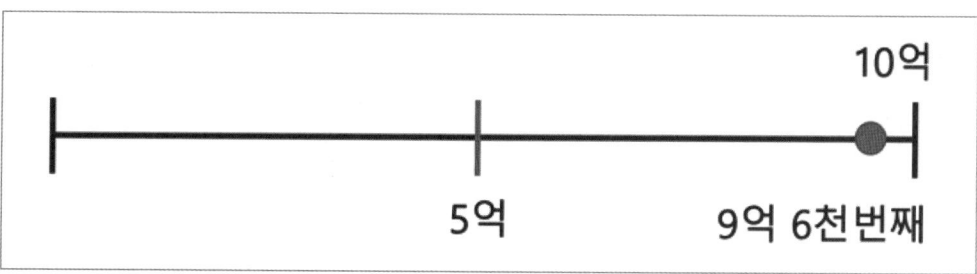

이진 탐색은 이미 정렬이 되어 있기 때문에 5억보다 작은 숫자는 아예 검색을 하지 않고, 바로 5~10억 사이에서 두 번째 연산을 진행합니다. 이미 5억 개는 대상이 아니므로 탐색해야 하는 범위가 절반으로 줄었습니다.

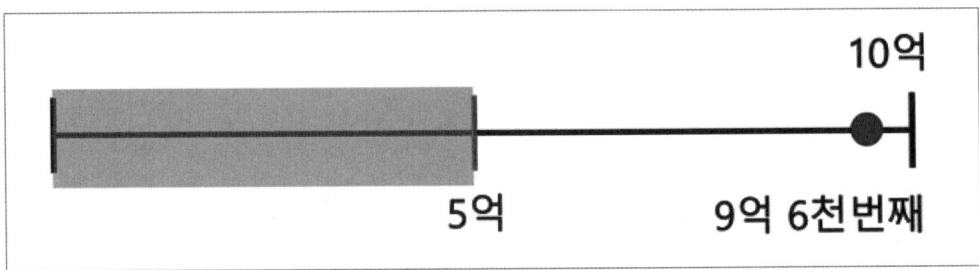

1부터 10억까지의 중간은 len([1~10억]) // 2이기 때문에 5억입니다.
```
arr = [1, 2, 3, 4, 5, 6, 7, 8, 9, 10, 11, 12, 13, 14, 15, 16, 17, 18, 19, 20]
```

억 단위는 단위가 커서 헷갈린다면 20개만 놓고 해도 똑같습니다. 1부터 20까지는 총 20개의 숫자이고 len([1~20])은 20입니다. 중간은 20 // 2로 10입니다. arr[10]은 11입니다.

홀수인 경우도 생각해 보겠습니다.
```
arr_odd = [0, 1, 2, 3, 4, 5, 6, 7, 8, 9, 10, 11, 12, 13, 14, 15, 16, 17, 18, 19, 20]
```

0부터 20까지는 총 21개의 숫자이고 len([0~20])은 21입니다. 홀수의 중간 역시, 21 // 2로 몫만 구했기 때문에 10입니다. arr_odd[10]은 10입니다.

찾는 값이 12라면 위 0부터 20까지 짝수 개가 있는 11을 포함하여 모두 버리게 되어 아래와 같이 되겠습니다.
```
짝수개 arr = [12, 13, 14, 15, 16, 17, 18, 19, 20]
```

마찬가지로 0부터 20까지 홀수 개가 있는 경우는 10을 포함하여 모두 버리게 되어 아래와 같이 되겠습니다.

```
홀수개arr_odd = [11, 12, 13, 14, 15, 16, 17, 18, 19, 20]
```

여기서 중요한 것은 짝수, 홀수가 아니라 중간값은 함께 버린다는 것입니다.

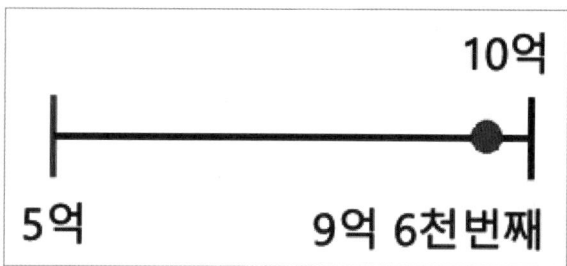

두 번째 검색을 할 때는 처음 크기의 절반에서만 검색을 하면 됩니다. 숫자가 10억 개가 있다고 해도 범위를 절반씩 줄여나가서 30번 이내로 답을 찾을 수 있습니다.

10억 → 5억 → 2.5억 → 1.25억
6.25천만 → 3.125천만 → 1.5625천만
7.8125백만 → -- 생략 --

다음번 탐색을 할 때마다 절반으로 계속 탐색 범위가 줄어드는 것을 log n이라고 합니다. 여기에서는 n이 10억이니까 log 10억입니다. 10억 번을 검색하는 단순 탐색 알고리즘과 30번 이내로 검색하는 이진 탐색 알고리즘 중 빠른 것은 어떤 것일까요?
처음에 숫자가 100개 정도라면 크게 속도 차이가 나지 않겠지만 숫자가 커지면 커질수록 이진 탐색을 쓰지 않으면 결과를 받아 보는 시간이 늦어질 수밖에 없습니다.

8.2.1. 중간값(mid index) 찾기

이진 탐색(Binary Search)의 가장 중요한 알고리즘은 중간값을 찾는 것입니다. 전체에서 중간값을 찾고 주어진 숫자가 그 중간값보다 작은지 큰지를 비교해서 나머지 부분을 버리면 한 번 돌 때마다 탐색 범위가 절반씩 줄어들기 때문에 금방 찾을 수 있습니다.

예를 들어 1부터 11까지의 수가 들어있는 배열이 있습니다. 여기에서 4는 몇 번째 인덱스에 있는지 그 인덱스를 알아보는 로직을 만들어 보겠습니다. 1에서 11의 중간이라고 하면 6이 중간값일 것입니다.

4는 3번째 인덱스에 있습니다. 4가 중간값보다 작은지 큰지를 알고 싶다면 먼저 중간값을 찾아야 합니다. 아래 로직은 1부터 11까지 숫자 중에서 중간값을 찾는 로직입니다.

```python
numbers = [1, 2, 3, 4, 5, 6, 7, 8, 9, 10, 11]

def binary_search(arr, target_num):
    mid_index = len(numbers) // 2
    print("mid_index=>", mid_index)
    return -1

print(binary_search(numbers, 4))
```

⊘ 결과
```
mid_index=> 5
-1
```

중간값은 arr의 길이의 절반에 해당하는 인덱스에 있는 값입니다. 그래서 전체 길이를 구한 후에 나누기 2를 합니다. 앞에서 자릿수의 합을 구할 때 몫을 구하는 // 연산자에 대해 배웠던 것 기억나시나요?

```python
mid_index = len(numbers) // 2
```

numbers의 길이는 11입니다. 11을 2로 나누면 몫은 5이고 나머지가 1입니다. //연산자는 몫을 리턴하기 때문에 mid_index의 값은 5입니다.

```python
numbers = [1, 2, 3, 4, 5, 6, 7, 8, 9, 10, 11]
```

```python
def binary_search(arr, target_num):
    start = 0
    end = len(arr) - 1
    mid_index = (start + end) // 2
    print(start, end, mid_index)
    return -1
print(binary_search(numbers, 4))
```

◇ 결과
```
0 10 5
-1
```

◇ 결과 해석

이진 탐색은 시작과 끝이 점점 줄어드는 탐색 방법입니다. 때문에 이진 탐색에서는 탐색의 범위를 좁혀주기 위해 start와 end라는 보조 변수를 사용합니다.

start는 인덱스가 0번째부터 시작하기 때문에 0에서 출발을 하고 end는 arr의 size만큼이지만 인덱스가 0부터 시작하기 때문에 size의 값에 -1을 해 줍니다. 따라서 arr에 총 11개의 숫자가 들어있기 때문에 11 - 1을 하면 end는 10이 됩니다.

mid_index는 0(start) + 10(end) // 2를 해서 5가 나옵니다. 파이썬에서 몫을 계산해 주는 //는 자주 사용되는 연산자이니, 잊지 마시기 바랍니다.

8.2.2. 중간에 있는 값과 찾고자 하는 값 비교하기

중간 인덱스(mid_index)는 항상 (start + end) // 2입니다. 원하는 값을 찾을 때까지 이 과정이 반복되는 로직이 이진 탐색입니다.

그렇다면 중간 인덱스만 찾으면 로직이 끝나는 걸까요? 그렇지 않습니다. 그 인덱스에 할당되어 있는 값까지 찾아야 하죠. 하지만 그 값을 찾는 것은 어렵지 않습니다. 인덱스를 이용하여 값을 쉽게 뽑아낼 수 있으니까요.

다시 한번 강조하자면 실제로 비교하는 것은 인덱스와 대상 숫자(target_num)가 아니고 인덱스로 뽑아낸 숫자(index_value)와 대상 숫자(target_num)를 비교하는 것입니다.

```python
numbers = [1, 2, 3, 4, 5, 6, 7, 8, 9, 10, 11]

def binary_search(arr, target_num):
    start = 0
    end = len(arr) - 1
    mid_index = (start + end) // 2
    index_value = arr[mid_index]
    print(start, end, mid_index, "index_value:",index_value)

    if index_value == target_num:
        return mid_index
    return -1

print(binary_search(numbers, 4))
```

◇ 결과

```
0 10 5 index_value: 6
-1
```

◇ 결과 해석

index_value = arr[mid_index]
이 식으로 중간 인덱스에 있는 값을 찾을 수 있습니다.

```
if index_value == target_num:
    return mid_index
```

위와 같이 코드를 작성하면 컴퓨터가 중간값과 내가 찾길 원하는 값을 비교하며 연산하다가, 두 개의 값이 같아지면 그때 해당 중간값의 인덱스를 리턴합니다.

8.2.3. 중간값이 대상값보다 작을 때, 클 때

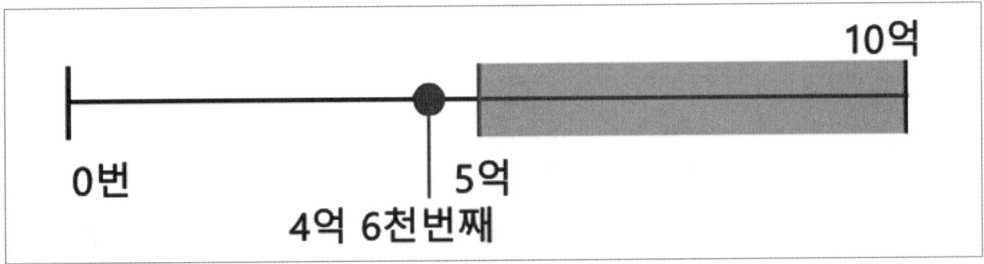

0번~10억까지 숫자가 있을 때 내가 찾고자 하는 값이 4억 6천 번째에 있다면 5억 번째부터는 검색 대상에서 제외시켜도 됩니다. 왜냐하면 배열은 오름차순으로 정렬이 되어 있고 중간값이라고 찾은 5억이 내가 찾고자 하는 4억 6천보다 크기 때문에 5억보다 큰 숫자는 비교를 해도 모두 4억 6천보다 크다고 나올 것이기 때문입니다.

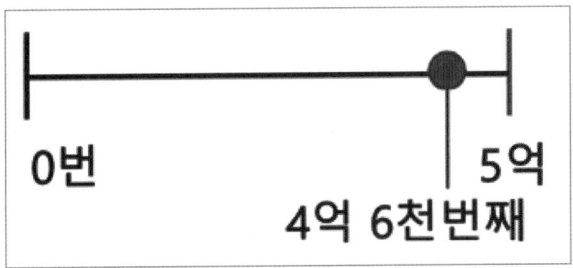

start는 0으로 그대로 두고 end는 중간 인덱스로 바꾸어 줍니다. 여기에서는 5억까지 비교를 했기 때문에 end = 5억 - 1을 해주면 됩니다.

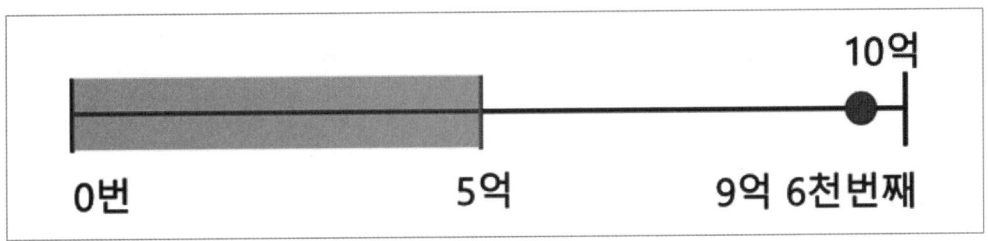

만약 중간값이 5억인데 내가 찾고자 하는 값은 9억 6천이라고 하면 0번~5억까지는 고려하지 않아도 됩니다. 그래서 start = 5억 + 1로 바꾸어 주면 됩니다.

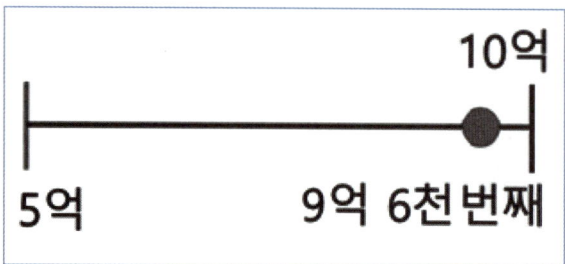

중간값이 대상값보다 작을 경우 중간값보다 작은 수는 더이상 고려하지 않아도 되기 때문에 start = 5억 + 1 / end = 10억입니다.

이 로직을 구현해 보겠습니다.

```python
numbers = [1, 2, 3, 4, 5, 6, 7, 8, 9, 10, 11]

def binarySearch(arr, target_num):
    start = 0
    end = len(arr) - 1
    mid_index = (start + end) // 2
    index_value = arr[mid_index]
    print(start, end, mid_index, "index_value:", index_value)

    if index_value == target_num:
        return mid_index
    elif index_value < target_num:
        start = mid_index + 1
    elif index_value > target_num:
        end = mid_index - 1
```

```
        print("start:",start, "end:",end, "mid_index:", mid_index,
            "target_num:", target_num, "index_value:",index_value)

        return -1

print(binarySearch(numbers, 4))
```

◎ 결과
```
0 10 5 index_value: 6
start: 0 end: 4 mid_index: 5 target_num: 4 index_value: 6
-1
```

크기를 비교해서 start, end를 바꾸는 로직을 타기 전에는 start가 0, end가 10이었습니다.

8.2.4. 찾을 때까지 반복하기

앞에서 핵심 로직인 중간 인덱스(mid_index), 인덱스값(index_value)을 뽑는 로직과 대상값과 인덱스값을 비교하는 로직을 구현했습니다.

이번 단계에서는 내가 원하는 값이 나올 때까지 반복할 수 있도록 while문을 적용해 보겠습니다.

```
numbers = [1, 2, 3, 4, 5, 6, 7, 8, 9, 10, 11]

def binarySearch(arr, target_num):
    start = 0
    end = len(arr) - 1
    while(start <= end):
        mid_index = (start + end) // 2
        index_value = arr[mid_index]
        print(start, end, mid_index, "index_value:", index_value)
```

```python
        if index_value == target_num:
            return mid_index
        elif index_value < target_num:
            start = mid_index + 1
        elif index_value > target_num:
            end = mid_index - 1

        print("start:", start, "end:", end, "mid_index:", mid_index,
              "target_num:", target_num, "index_value:", index_value)
    return -1

print(binarySearch(numbers, 4))
```

⊘ 결과

```
0 10 5 index_value: 6
start: 0 end: 4 mid_index: 5 target_num: 4 index_value: 6
0 4 2 index_value: 3
start: 3 end: 4 mid_index: 2 target_num: 4 index_value: 3
3 4 3 index_value: 4
3
```

여기에서 실수하기 쉬운 부분은 중간 인덱스(mid_index)와 인덱스값(index_value)을 구하는 부분을 while문 안에 넣어주어야 한다는 것입니다. 그 이유는 mid_index를 구하는 부분이 while문 밖에 있다면 중간값이 줄어들지 않아 로직이 무한 루프를 돌기 때문입니다.

8.2.5. 코드 정리 & 찾는 값이 없을 때

print 문처럼 개발하는 과정에서 값을 확인하는 용도로 사용되는 코드들이 있지만, 실제로 로직을 작동시킬 때는 필요 없기 때문에 코드를 정리해 보겠습니다.

여기서 꼭 신경 써야 하는 부분이 있습니다. 바로 **start = mid_index + 1, end = mid_index - 1**

부분입니다. 큰 숫자로 이진 탐색을 하는 경우에 +1, -1이 크게 차이가 나지는 않겠지만 +1, -1을 넣지 않아 범위가 잘못 설정되면 무한 루프를 돌 수 있기 때문에 꼭 처리를 해 주어야 합니다.

예를 들어, 아래 코드 numbers 배열을 보시면 [1, 2, 3, 5, 6, 7, 8, 9, 10, 11]에서 3 다음에 4가 없습니다. 여기서 4를 찾으려고 했을 때 -1이 리턴 되게 하려면 start, end 값을 바꾸어 줄 때 +1, -1에 꼭 신경 써야 합니다.

```python
numbers = [1, 2, 3, 5, 6, 7, 8, 9, 10, 11]

def binarySearch(arr, target_num):
    start = 0
    end = len(arr) - 1
    while(start <= end):
        mid_index = (start + end) // 2
        index_value = arr[mid_index]

        if index_value == target_num:
            return mid_index
        elif index_value < target_num:
            start = mid_index + 1
        elif index_value > target_num:
            end = mid_index - 1
    return -1

print(binarySearch(numbers, 4))
```

⊘ 결과
```
-1
```

start, end에 +1, -1을 빼고 위 로직을 실행하면 무한 루프를 돌게 되어, 결과가 나오지 못하고 실행만 계속됩니다. 이 부분은 쉽게 놓칠 수 있는 부분이기 때문에 꼭 한번 실습을 해 보시기 바랍니다.

8.2.6. 코드 정리

마지막으로 공간 복잡도를 줄이기 위해 index_value라는 변수 대신 배열에 직접 접근하는 arr[mid_index]로 바꾸어 주겠습니다. 변수를 많이 사용하면 공간 복잡도가 높아지기 때문에 변수를 최소한으로 선언하는 것이 좋습니다. 그리고 만약 변수를 선언했다면, 여러분은 변수를 선언한 이유를 정확히 이야기할 수 있어야 합니다.

실제 프로젝트를 할 때는 코드 가독성이 중요하기 때문에 변수를 한두 번 더 사용하는 게 좋을 때도 있지만, 알고리즘 문제를 풀 때는 메모리를 적게 사용하는 것이 좋기 때문에 공간 복잡도를 낮추기 위해서 변수는 최소한으로 사용해야 합니다.

```python
arr = [1, 2, 3, 5, 6, 7, 8, 9, 10, 11]

def binarySearch(arr, target_num):
    start = 0
    end = len(arr) - 1
    while(start <= end):
        mid_index = (start + end) // 2
        if arr[mid_index] == target_num:
            return mid_index
        elif arr[mid_index] < target_num:
            start = mid_index + 1
        elif arr[mid_index] > target_num:
            end = mid_index - 1
    return -1
print(binarySearch(arr, 4))
```

⊘ 결과
```
-1
```

9장
정렬(Sort)

9. 정렬(Sort)

    정렬은 데이터 찾는 속도를 높일 때, 사용하기 좋은 방법입니다. 예를 들어 '알고리즘'이라는 단어를 찾을 때, 사전이 가나다순으로 정렬되어 있기 때문에 다른 부분은 볼 필요 없이 'ㅇ'이 모여 있는 곳만 보면 찾을 수 있습니다. 그렇기 때문에 정렬은 데이터에 쉽게 접근할 수 있도록 도울 때, 많이 사용됩니다.

    정렬은 오름차순, 내림차순으로 할 수 있습니다. 즉, 데이터를 정렬하면 데이터에 일정한 규칙이 생기는 것입니다. 예를 들어 배열 [7, 3, 2, 9]를 오름차순으로 정렬한다면, 결과는 [2, 3, 7, 9]가 됩니다.

    오름차순 정렬은 숫자들이 뒤로 갈수록 커지고 내림차순은 뒤로 갈수록 작아지는 것을 의미하기 때문에, 정렬은 숫자를 뒤에서부터 찾을지 앞에서부터 찾을지 판단하는 중요한 기준이 되기도 합니다.

    우리는 스마트폰이나 PC를 통해 이미 정렬에 많이 노출되어 있습니다. 그래서 이 장에서는 정렬에 대해 자세히 공부하며, 각 상황에 맞는 효과적이고 더욱 최적화된 정렬을 사용하여 빠른 작업 속도까지 구현해 보겠습니다.

9.1 버블정렬

    버블정렬은 개발자라면 한 번쯤 들어봤을법한 알고리즘입니다. 거품이 물에서 떠오르는 모양으로 정렬이 된다고 해서 버블정렬이며, 알고리즘 교과서에서 가장 먼저 나오는 정렬 알고리즘입니다.

첫 번째로 나오는 정렬이니 쉬울 거라 생각할 수 있지만, 의외로 버블정렬에서 어려움을 겪는 사람들이 많습니다. 심지어는 버블정렬의 벽을 넘지 못하고 알포자(알고리즘 포기자)가 되는 분들도 꽤 많습니다. 필자 역시 그랬었고요.

사실 실제 개발에서는 알고리즘을 모르고도 서비스가 구현이 되는 경우가 많습니다. .sort() 와 같이 최적화된 알고리즘이 많이 개발되어 있기 때문에 갖다 쓰는 경우가 대부분이라서 직접 버블정렬을 구현할 일은 없습니다. 하지만 컴퓨터가 숫자를 정렬할 때 어떻게 하는지를 알아보고 나중에 응용하거나 최적화하는 데에 인사이트를 얻을 수 있기 때문에 정렬 공부는 충분히 가치가 있습니다.

버블 정렬의 핵심 로직은 다음과 같습니다.
"앞에서 뽑은 값(첫 번째)과 뒤에서 뽑은 값(두 번째)을 비교해서 두 번째 값이 작으면 두 값의 자리를 바꾼다."
그러면 이 핵심 로직을 우리가 먼저 떠올릴 수 있는 것부터 시작해서 하나씩 공략해 보겠습니다.

9.1.1 대상 배열 선언하고 결과 쓰기

정렬을 하려면 먼저 정렬하려는 대상이 있어야겠죠? 파이썬으로 배열을 하나 선언해 보겠습니다.

```
numbers = [7, 3, 2, 9]
```

이렇게 7, 3, 2, 9 총 4개의 숫자가 들어있는 배열을 오름차순(왼쪽이 작은 것부터)으로 정렬을 하는 알고리즘을 구현해 보겠습니다.

우리가 원하는 결과는 오름차순으로 정렬된 [2, 3, 7, 9]입니다. 문제와 함께 예상 결과도 써놓으면 깜깜한 밤에 불을 켜는 것처럼, 아무것도 생각나지 않던 머릿속에서 새로운 생각이 시작되는 계기가 될 수 있으니 여러분도 예상 결과를 함께 적어 보시기 바랍니다.
실제 개발할 때는 .sort()를 쓰면 되겠지만, .sort()를 사용하지 않고 알고리즘을 구현해야 하는 상황이 생길 수 있습니다. 이때 여러분은 어떻게 해야 할까요?

가장 먼저 생각해 볼 만한 것은 주어진 것이 배열이기 때문에, 배열에서 무언가를 꺼내는 것입니다. 일단 배열에서 무언가를 꺼내 보면 그 다음에는 어떻게 해야할지 생각을 점차 발전시켜 나갈 수 있습니다.

9.1.2 첫 번째와 두 번째 값 뽑기

그러면 첫 번째 값을 뽑아 보겠습니다.

```
first = numbers[0]
print(first)
```

◎ 결과
```
7
```

알고리즘 문제를 풀 때는 이 부분이 가장 중요합니다. 처음에 무언가 한 줄이라도 코딩을 해봐야 시작할 수 있습니다. 계속 생각만 한다면 아무것도 못하고 결국 면접관에게 모른다고 해야 할 수 있습니다. 그렇게 된다면, 내가 원하는 회사에 갈 수 있는 확률이 그만큼 줄어듭니다.

첫 번째 값을 뽑았으니 두 번째 값도 뽑아 보겠습니다.

```
numbers = [7, 3, 2, 9]    # => [2, 3, 7, 9]
first = numbers[0]
second = numbers[1]
print(first, second)
```

second라는 변수를 선언하고 인덱스로 두 번째 값은 1번 인덱스에 있기 때문에 numbers[1]을 사용해서 값을 뽑았습니다.

코드를 실행하기 전에 어떤 결과가 나올지 꼭 예측해 보시기 바랍니다. 아직은 반복문을 연결하지 않은 상태이고 인덱스를 하나씩 확인하면서 어둠 속에서 길을 찾아가는 단계이기 때문에 차분히 생각한다면, 결과가 어떤 것이 나올지 예측할 수 있습니다.

◎ 결과
```
7 3
```

첫 번째와 두 번째 값을 뽑았습니다(first, second). 그러면 이제 핵심 로직인 앞의 값과 뒤의 값을 비교해서 뒤의 값이 작은지 여부를 판단하는 로직을 한번 짜보겠습니다.

```python
numbers = [7, 3, 2, 9]   # => [2, 3, 7, 9]
first = numbers[0]
second = numbers[1]
print(first > second)
```

위 코드에선 first가 클까요, second가 클까요? first의 값은 numbers의 0번째 인덱스에 들어 있는 값이니 7이고, second의 값은 numbers의 1번째 인덱스에 들어있는 3입니다.

그러면 7 > 3 이 되겠군요.

그렇다면 이 연산의 결과는 어떻게 나올지 한번 생각해 보시기 바랍니다. True로 나올까요, False로 나올까요?

◎ 결과
```
True
```

7보다 3이 큰지 물어봤을 때(7 > 3) 결과는 True가 나옵니다. 위에서 이야기했던 핵심 로직을 다시 한번 살펴보겠습니다.

9.1.3. 자리 바꾸기

앞에 나왔던 핵심 로직을 다시 한번 생각해 보겠습니다.

> "앞에서 뽑은 값(첫 번째)과 뒤에서 뽑은 값(두 번째)을 비교해서 뒤에서 뽑은 값이 작으면 자리를 바꾼다."

이 핵심 로직은 하나의 문장이지만 3가지 내용이 들어있다고 볼 수 있습니다.

1. 배열에서 첫 번째 값과 두 번째 값을 뽑는 것
2. 앞에서 뽑은 값(첫 번째)과 뒤에서 뽑은 값(두 번째) 값을 비교하는 것
3. 두 번째가 작으면 서로 자리를 바꾸는 것

여기에서 세 번째 내용인. 첫 번째 값과 두 번째 값의 자리를 바꾸는 로직이 필요합니다. 두 번째 값이 더 작다면, 첫 번째 값이 들어간 자리에는 두 번째 값이 들어가야 하고 두 번째 값이 들어있던 자리에는 첫 번째 값을 넣어야 합니다. 이 부분을 로직으로 구현해 보겠습니다. 먼저 가장 간단하게 우리가 떠올릴 수 있는 코드가 있습니다. 처음부터 정답을 떠올리고자 한다면 오히려 생각이 막힐 수 있으니, 단순하게 시작해 보겠습니다.

첫 번째 값이 들어 있던 자리에 두 번째 값을 넣습니다.

```
first = second
```

두 번째 값이 들어 있던 자리에 첫 번째 값을 넣습니다.

```
second = first
```

코드를 작성해 보겠습니다. 맨 마지막 줄에는 결과를 확인하기 위해, first와 second를 프린트합니다.

우리가 원하는 결과는 첫 번째 값인 7과 두 번째 값인 3의 자리를 바꾼 "3 7"입니다.

```
numbers = [7, 3, 2, 9]
first = numbers[0]
second = numbers[1]

first = second
second = first
```

```
print(first, second)
```

◎ 결과
```
3 3
```

하지만 야속하게도 결과는 "3 7"이 아닌 "3 3"이 나왔습니다. 너무 당연하다고 생각할 수 있지만, 이 로직을 손코딩해야 하는 면접 상황이었다면 잘못된 결과를 예상하지 못했을 수도 있습니다. 실제로 많은 개발자가 면접장에서 이런 사소한 로직에 막혀 길을 잃곤 합니다.

그렇다면 어떻게 고쳐야 우리가 원하는 대로 "3 7"의 결과를 얻을 수 있을까요?

지금 로직에서는 second의 값인 3을 first에 넣고 first의 값인 7을 second에 넣으려고 할 때, 이미 first가 3으로 바뀌어 있기 때문에 7이 덮어쓰기가 되는 문제가 있습니다. 때문에 이 문제를 해결하기 위해선, first의 값을 미리 다른 곳에 복사하는 방법을 사용해야 합니다.

```
temp = first
first = second
second = temp
```

temp와 같은 임시 저장 공간을 이용하여, 로직을 바꿔 실행해 보겠습니다.

```
numbers = [7, 3, 2, 9]   # => [2, 3, 7, 9]

first = numbers[0]
second = numbers[1]

temp = first
first = second
second = temp
print(first, second)
```

> ⊘ 결과
>
> 3 7

> ⊘ 결과 해석

first에는 3이 나오고 second에는 7이 출력된 것을 볼 수 있습니다. temp라는 임시 변수에 값을 저장해 놓아야 first = second에서 값을 덮어쓰기했을 때 원래 first에 있던 7이 보존이 됩니다.

9.1.4. 배열에 적용하기

처음에 주어졌던 numbers = [7, 3, 2, 9] 배열에서 첫 번째 7과 두 번째 3을 바꾼다면 아래와 같이 될 것입니다.

```
numbers = [3, 7, 2, 9]
```

물론 위 소스코드는 first라는 변수와 second라는 변수로 되어 있어서 실제 numbers 배열에는 아무런 변화가 없습니다. 하지만 여러분의 이해를 돕기 위해, 앞으로도 계속해서 변수를 사용하여 차근차근해 보겠습니다. 물론 나중에는 실제 배열의 값을 바꿔볼 것입니다.

```
numbers = [7, 3, 2, 9]
```

위 배열을 잘 봐주세요. 처음 상태입니다.

지금까지 우리는 numbers[0]인 7과 numbers[1]인 3을 비교해서 뒤의 숫자가 작으면 서로 바꾸는 로직을 만들어 보았습니다. 그 결과 3, 7, 2, 9가 되었습니다.
배열 뒷부분의 숫자도 바꿔야 하기 때문에 이번에는 앞의 숫자 numbers[0]과 numbers[2]를 비교해 보겠습니다.

버블정렬의 반복 비교

처음 본다면 이 부분이 잘 이해가 안 갈 수도 있습니다. '왜 아까 비교했던 0번 인덱스를 또 비교하지?' 이런 생각이 들어서 생각의 흐름이 막힐 수도 있지만 버블정렬의 원리가 이것이므로 일단은 진행해 보시기 바랍니다. 한 번 비교한 것을 계속 비교하기 때문에 버블정렬의 속도가 느린 것입니다.

다시 변수로 뽑아 보겠습니다.

```
first = numbers[0]
third = numbers[2]
```

앞에서는 numbers[0]과 numbers[1]을 비교했기 때문에 first와 second를 변수 이름으로 사용했지만, 이번에는 numbers[0]과 numbers[2]를 비교하기 때문에 first와 third를 변수 이름으로 사용하였습니다.

```
numbers = [7, 3, 2, 9]    # 최초 배열
numbers = [3, 7, 2, 9]    # 최초 배열에서 0번과 1번 자리 바꿈

first = numbers[0]
third= numbers[2]

print(first, third)
```

위 코드를 실행하면 어떤 결과가 나올지 생각해 보세요. numbers[0]과 numbers[1]을 비교해서 뒤에 있는 숫자가 작으면 서로 바꾸는 로직을 실행한 상태입니다.

그래서 numbers에는 3, 7, 2, 9가 들어있습니다.

> 결과
> 3 2

0번째와 2번째를 뽑아서 각각 first와 third에 넣고 출력해 보니 3 2가 나왔습니다. 여기에서도 마찬가지로 숫자를 비교해서 뒤의 숫자가 더 작다면 자리를 바꾸는 로직을 넣어보겠습니다.

```python
numbers = [7, 3, 2, 9]
numbers = [3, 7, 2, 9]

first = numbers[0]
third = numbers[2]

if first > third:
    temp = first
    first = third
    third = temp
print(first, third)
```

> 결과
> 2 3

이번에는 그냥 바꾸지 않고 if문을 이용해 first > third일 때 두 숫자를 바꾸도록 하였습니다. 3과 2를 비교했고, 뒤에 있는 2가 3보다 더 작아서 두 숫자의 자리를 바꾸었습니다. 자리가 바뀐 후 배열의 정렬 상태는 [2, 7, 3, 9]가 되었습니다.

9.1.5. 4번째 숫자와 비교하기

위 로직까지 실행이 되었으면 배열 상태는 아래와 같이 2, 7, 3, 9가 되어 있습니다.

```python
numbers = [7, 3, 2, 9] # 최초 상태
```

```
numbers = [3, 7, 2, 9] # 0, 1 비교한 상태
numbers = [2, 7, 3, 9] # 0, 2 비교한 상태
```

이 상태에서 배열 안에는 숫자가 4개 있고 인덱스로 하면 0, 1, 2, 3까지 있는 상태입니다. 차례대로 0번과 1번, 0번과 2번까지 비교를 했으니 이번에는 0번과 3번을 비교할 차례입니다.

```
numbers = [2, 7, 3, 9]
```

위에서 썼던 소스코드에서 변수명을 third -> fourth로 바꿔 주고 numbers[2]를 numbers[3]으로 바꿨습니다.

```
numbers = [2, 7, 3, 9]

first = numbers[0]
fourth= numbers[3]

if first > fourth:
    temp = first
    first = fourth
    fourth = temp

print(first, fourth)
```

바로 이전 상태인 2, 7, 3, 9에서 시작을 하겠습니다. 값들을 뽑은 다음에 비교를 할 텐데요, if문을 다시 확인해 보시기 바랍니다. if문에서 first에는 2, fourth에는 9가 들어있습니다. 그렇다면 **if first > fourth:** 이 if문은 실행이 될까요, 안될까요?

first > fourth는 2 > 9이기 때문에 결과는 False입니다. 그래서 if조건이 참일 때만 실행되는, 순서를 바꾸는 로직은 진행되지 않습니다.

⊘ 결과

```
2 9
```

⊘ 결과 해석

앞의 두 번은 뒤의 숫자가 앞에 있는 숫자보다 작기 때문에 (7, 3), (3, 2) 각각 바꾸는 로직이 실행됐지만, 이번에는 뒤에 있는 숫자가 더 크기 때문에 바꾸는 로직이 실행되지 않았습니다.

그래서 결과는 똑같이 [2, 7, 3, 9]입니다.

9.1.6. 변수 대신 인덱스로 변경

앞에서 실행했던 로직은 다음과 같습니다.

```python
# first second
numbers = [7, 3, 2, 9]


first = numbers[0]
second = numbers[1]


temp = first
first = second
second = temp


# first third
numbers = [3, 7, 2, 9]


first = numbers[0]
third= numbers[2]


if first > third:
    temp = first
```

```
        first = third
        third = temp

# first fourth
numbers = [2, 7, 3, 9]

first = numbers[0]
fourth= numbers[3]

if first > fourth:
    temp = first
    first = fourth
    fourth = temp

print(first, fourth)
```

✅ 결과
```
2 9
```

약 30줄 정도 됩니다. 하지만 이 코드에서 계속해서 반복되는 부분이 있기 때문에 for문을 이용하여 정리해 보겠습니다. for문을 쓸 때는 계속해서 바뀌는 부분이 어딘지를 먼저 찾아야 합니다.

```
numbers = [2, 7, 3, 9]
first = numbers[0]
fourth= numbers[3]

if first > fourth:
    temp = first
    first = fourth
```

```
        fourth = temp

print(first, fourth)
```

위 소스코드에서 바뀌는 부분은 한 군데뿐입니다. 어디일까요?

바로 변수명입니다. second, third, fourth로 계속 바뀌는 변수를, 이제는 따로 선언하지 않고 배열에서 바로 바꿔 주도록 로직을 수정해 보겠습니다.

```
numbers = [2, 7, 3, 9]

if numbers[0] > numbers[3]:
    temp = numbers[0]
    numbers[0] = numbers[3]
    numbers[3] = temp

print(numbers) # numbers 배열을 출력함
```

⊘ 결과
[2, 7, 3, 9]

first와 fourth 자리에 각각 numbers[0], numbers[3]을 넣어주었습니다.

그리고 변수를 사용하지 않기 때문에 변수를 선언하는 부분인 first = numbers[0], fourth = numbers[3]은 뺐습니다.

if문에서 False가 나오기 때문에 바꾸는 로직을 타지 않아, 위 코드의 결과는 [2, 7, 3, 9]가 그대로 나옵니다.

9.1.7. for문 적용하기

위에서 변수를 사용하지 않고 인덱스를 사용하게 했기 때문에 현재 코드는 아래와 같습니다.

```python
numbers = [7, 3, 2, 9]

if numbers[0] > numbers[3]:
    temp = numbers[0]
    numbers[0] = numbers[3]
    numbers[3] = temp

print(numbers) # numbers 배열을 출력함
```

여기에서 numbers[3]이 앞에서는 각각 numbers[1], numbers[2]로 계속 바뀌는 부분입니다. 이 부분을 반복문에 적용해 보겠습니다.

```python
numbers = [7, 3, 2, 9]

for ib in range(1, 3+1):
    if numbers[0] > numbers[3]:
        temp = numbers[0]
        numbers[0] = numbers[3]
        numbers[3] = temp

    print(numbers)
```

range를 이용해서 1, 2, 3을 생성하기 위해 range(1, 3+1)로 써 주었습니다. range(1, 4)로 써서도 됩니다. range함수는 뒤에 오는 파라미터 미만까지의 수를 생성하기 때문입니다.

그리고 바뀌는 변수 이름은 ib이라고 지었습니다. 하지만 이렇게 코드를 작성하면 결과가 제대로 나오지 않을 것입니다. 왜냐하면 뒤의 숫자 numbers[3]이 계속 3번째 인덱스에 있는 숫자만 가리키고 있기 때문입니다. 그래서 차례대로 1, 2, 3이 들어갈 수 있도록 바꿔 주겠습니다.

```python
numbers = [7, 3, 2, 9]
for ib in range(1, 3+1):
```

```
    if numbers[0] > numbers[ib]:
        temp = numbers[0]
        numbers[0] = numbers[ib]
        numbers[ib] = temp

print(numbers)
```

⊘ 결과
```
[3, 7, 2, 9]
[2, 7, 3, 9]
[2, 7, 3, 9]
```

⊘ 결과 해석

[3]이 들어가던 자리에 [ib]가 들어가게 바꾸었습니다. 그러면 총 3번 실행이 되어서 지금까지 우리가 했던 [2, 7, 3, 9]까지 왔습니다.

9.1.8. 배열 크기에 따라 실행 횟수 바뀌게 하기

지금 배열에는 숫자가 4개 들어있습니다.
```
numbers = [7, 3, 2, 9]
```

하지만 배열에 들어있는 숫자가 4개가 아니라면 앞에서 만든 로직이 제대로 작동할까요?
```
numbers = [6, 3, 8, 10, 29, 1]
```

이렇게 총 6개의 숫자가 들어있는 배열을 정렬하려고 하면 지금의 로직상으로는 3, 8, 10까지만 비교하고 뒤에 있는 29와 1은 무시됩니다. 그렇기 때문에 우리가 원하는 결과가 나오지 않습니다.

이렇게 정렬해야 하는 배열의 크기가 매번 달라질 수 있기 때문에 배열의 크기에 따라서 반복할 횟수가 유동적으로 바뀔 수 있게 로직을 만들어야 합니다.

그래서 range에 넘겨주는 두 번째 파라미터가 배열의 크기에 따라 바뀔 수 있도록 수정해 보겠습니다. 이 경우, len()함수를 사용하면 됩니다. len()함수는 배열에 엘리먼트(element)가 몇 개 들어있는지 알려주는 로직입니다. 예를 들어, len([7, 3, 2, 9])의 결과는 4가 나올 것이고 len([1, 2, 3, 4, 5, 6])의 결과는 6이 나옵니다.

```
numbers = [7, 3, 2, 9]

for ib in range(1, len(numbers)):
    if numbers[0] > numbers[ib]:
        temp = numbers[0]
        numbers[0] = numbers[ib]
        numbers[ib] = temp

    print(numbers)
```

⊙ 결과
```
[3, 7, 2, 9]
[2, 7, 3, 9]
[2, 7, 3, 9]
```

len(numbers)의 결과는 4입니다. 기존에는 3 + 1로 되어 있었기 때문에 len(numbers)로 교체해 주면 됩니다. 그러면 배열 크기가 바뀌어도 따로 소스코드를 수정해 줄 필요가 없습니다.

9.1.9. 중첩 for문 적용하기

이제까지는 첫 번째 숫자와 뒤의 숫자를 한 칸씩 이동하면서 비교하고 바꾸는 로직을 만들었습니다. 하지만 지금 로직의 문제점은 맨 앞에 있는 숫자만 나머지 숫자들과 비교하기 때문에 처음부터 끝까지 비교를 했어도 결과가 [2, 7, 3, 9]로 완전히 정렬되지 않았습니다.

지금의 로직을 다시 한번 살펴 보겠습니다.

```
numbers = [7, 3, 2, 9]
```

이 배열을 정렬하는 과정은 아래와 같습니다.

```
numbers[0] > numbers[1]: True면 바꿈
numbers[0] > numbers[2]: True면 바꿈
numbers[0] > numbers[3]: True면 바꿈
```

지금까지는 0번과 1번, 0번과 2번, 0번과 3번을 비교했습니다. 그 결과 이 과정이 끝나면 0번째 자리에는 가장 작은 숫자가 옵니다. 그리고 그 다음에 해야할 일은 0번째를 빼고 남은 숫자 중에 가장 작은 숫자를 1번째 자리에 오도록 하는 것입니다.

```
numbers = [2, 7, 3, 9]
```

즉, numbers 배열에서 0번째 인덱스에 있는 2는 그대로 두고 2 다음으로 작은 값이 1번째 인덱스에 들어오도록, 아래와 같은 비교 로직이 추가되어야 합니다.

```
numbers[1] > numbers[2]
numbers[1] > numbers[3]
```

비교 로직을 작성해 보겠습니다.

```python
numbers = [2, 7, 3, 9]      # 변화 ①
for ib in range(2, len(numbers)):    # 변화 ②
    if numbers[1] > numbers[ib]:     # 변화 ③
        temp = numbers[1]   # 변화 ④
        numbers[1] = numbers[ib]     # 변화 ⑤
        numbers[ib] = temp

print(numbers)
```

✓ 결과

```
[2, 3, 7, 9]
[2, 3, 7, 9]
```

이전 로직에서 바뀐 부분은 총 5군데입니다.

① 먼저 코드 첫 번째 줄의 numbers에 있는 내용이 [7, 3, 2, 9]에서 [2, 3, 7, 9]로 바뀌었습니다. 이것은 [7, 3, 2, 9]에서 0번과 나머지 숫자들을 비교한 후에 0번 인덱스에 있는 값보다 뒤에 있는 인덱스 값이 작으면 서로 바꾸는 로직을 실행한 결과입니다.

② 그리고 range() 안의 첫 번째 파라미터 값이 1에서 2로 바뀌었습니다. 1번과 2번, 1번과 3번을 비교하기 때문에 뒤에 들어가는 숫자를 선택하는 인덱스는 1번이 아니라 2번부터 출발하면 됩니다. 이 부분은 아주 중요합니다.

③, ④, ⑤ 그리고 numbers[0]으로 되어 있던 부분이 모두 numbers[1]로 바뀌었습니다. 0번에는 이미 배열에서 가장 작은 값이 들어있기 때문에 1번 인덱스 자리에 있는 숫자로 비교하면 됩니다. 따라서 인덱스를 [0]에서 [1]로 바꾼 것입니다.

즉, 정리하자면 range의 첫 번째 파라미터 값이 1 → 2로 바뀌었고 numbers에서 선택하는 인덱스가 0 → 1로 바뀌었습니다. 이렇게 값이 한 개씩 증가하기 때문에 이것도 반복문으로 처리해 주면 됩니다. 반복문에 적용해 보겠습니다.

```python
numbers = [2, 7, 3, 9]   # 앞에서 0번 인덱스 값을 가장 작은 값으로 바꾼 결과

for idf in range(0, 1+1):
    for ib in range(2, len(numbers)):
        if numbers[1] > numbers[ib]:
            temp = numbers[1]
            numbers[1] = numbers[ib]
            numbers[ib] = temp

    print(numbers)
```

numbers[0], numbers[1] 순서로 들어가고 있기 때문에 일단 range(0, 1 + 1)로 넣어주었습니다. 그리고 반복될 변수 이름을 idf라고 지었습니다.

위의 코드와 같이 바꾸고 실행을 하면 for idf 아래에 있는 로직이 두 번 실행은 되겠지만 실제로 코드에 number[1]로 되어 있어, 인덱스가 1번으로 고정되고 이동하지 않습니다. 그러면 올바르게 실행이 두 번 될 수 있게 로직을 수정해 보겠습니다.

```python
numbers = [7, 3, 2, 9]

for idf in range(0, 1+1):
    for ib in range(idf + 1, len(numbers)):
        if numbers[idf] > numbers[ib]:
            temp = numbers[idf]
            numbers[idf] = numbers[ib]
            numbers[ib] = temp

    print(numbers)
```

⊘ 결과

```
[3, 7, 2, 9]
[2, 7, 3, 9]
[2, 7, 3, 9]
[2, 3, 7, 9]
[2, 3, 7, 9]
```

처음부터 실행을 하기 때문에 맨 처음에 주어진 배열로 시작을 해도 됩니다.

```python
numbers = [7, 3, 2, 9]
```

바뀐 부분을 하나씩 보겠습니다.

```python
for ib in range(idf + 1, len(numbers)):
```

ib은 뒤에 있는 숫자의 인덱스입니다. 뒤에 있는 숫자의 인덱스는 앞에 있는 숫자보다 하나 큰 게 들어가야 하기 때문에 idf + 1이 들어갔습니다. n + 1입니다. n이 0일 때 n + 1은 1이고, n이 1일 때 n+1은 2가 됩니다.

`numbers[idf]`

이 부분이 핵심입니다. 앞의 숫자는 idf값이 0, 1로 변하면서 numbers[0], numbers[1]의 순서로 값을 넣어 줍니다. 위의 로직은 for idf in range(0, 1 + 1): 이렇게 0과 1이 들어가도록 되어 있기 때문에 두 번 실행이 됩니다.

처음에 주어진 배열이 [7, 3, 2, 9]이기 때문에 [2, 7, 3, 9]가 되었다가 [2, 3, 7, 9]가 되면 우리가 원하는 정렬된 답이 나옵니다. 하지만 이 로직에는 아직 하나의 문제가 더 남아 있습니다.

9.1.10. 배열에 숫자가 추가되어도 정렬이 잘 되게 하기

지금까지는 배열 [7, 3, 2, 9]를 오름차순으로 정렬하는 프로그램을 만들었습니다. 하지만 [7, 3, 2, 9, 4]를 정렬하려면 어떻게 해야 할까요?

현재 로직으로 [7, 3, 2, 9, 4]를 정렬하면 결과는 [2, 3, 7, 9, 4]로 나옵니다. 왜냐하면 for idf in range(0, 1 + 1): 부분에서 두 번째 파라미터가 1 + 1로 0, 1 이렇게 두 번만 실행되도록 되어 있기 때문입니다. 그래서 실행되는 횟수를 배열의 크기에 따라 바뀌도록 해야 합니다.

```
numbers = [7, 3, 2, 9, 4]

for idf in range(0, len(numbers) - 1):
    for ib in range(idf + 1, len(numbers)):
        if numbers[idf] > numbers[ib]:
            temp = numbers[idf]
            numbers[idf] = numbers[ib]
            numbers[ib] = temp

print(numbers)
```

⊘ 결과

```
[3, 7, 2, 9, 4]
[2, 7, 3, 9, 4]
[2, 7, 3, 9, 4]
[2, 7, 3, 9, 4]
[2, 3, 7, 9, 4]
[2, 3, 7, 9, 4]
[2, 3, 7, 9, 4]
[2, 3, 7, 9, 4]
[2, 3, 4, 9, 7]
[2, 3, 4, 7, 9]
```

`for idf in range(0, len(numbers) - 1):`

이 부분이 핵심입니다. len()하고 - 1을 해 주었습니다.

`for ib in range(idf + 1, len(numbers)):`

뒤에 있는 숫자를 뽑을 때 idf + 1을 하기 때문에 숫자가 총 5개가 있다고 하면 idf는 4번째 있는 숫자까지만 가면 되기 때문입니다. 인덱스로는 0, 1, 2, 3, 4까지 있을 것이기 때문에 3번까지만 가면 되는거죠.

현재 결과는 반복문이 실행되는 횟수만큼 출력이 되었습니다. 정렬을 하고 싶은 배열 [7, 3, 2, 9, 4]의 숫자 개수는 총 5개이기 때문에 실행 횟수는 아래와 같습니다.

```
0: 1, 2, 3, 4
1: 2, 3, 4
2: 3, 4
3: 4
```

4 + 3 + 2 + 1 = 10회입니다. 만약 배열에 숫자가 6개가 있다면 5회가 추가된 15회가 될 것입니다. 실행 횟수를 식으로 나타내면 n(n-1) / 2 = (n^2- n) / 2이며, O표기법은 O(n^2)이 됩니다.

버블정렬은 실행 속도가 O(n^2)이기 때문에 느린 알고리즘입니다. 하지만 버블정렬이 그나마 떠올리기가 쉽고 비교적 직관적이기 때문에, 버블정렬을 통해 다른 정렬 알고리즘에 대한 이해를 도울 수 있습니다. 그리고 이렇게 하지 말라고 배우는 것이기도 합니다. 보통 버블정렬은 안 좋은 예로 많이 나오기 때문에 버블정렬이 어떤 것인지는 알아둘 만한 가치가 있는 것이죠.

9.2 퀵정렬

정렬의 종류는 다양합니다. 버블, 선택, 삽입, 병합, 퀵 정렬 등이 있는데 이 중에서 가장 빠른 정렬이 퀵정렬입니다. 퀵정렬은 속도가 O(logN)인데, 속도가 log로 나오는 건 연산해야 할 횟수가 절반 혹은 1 / n으로 줄어든다는 것을 의미합니다.

그렇다면 이번 장에서는 퀵정렬이 왜 빠른지 알아보고 직접 구현해 보겠습니다.

9.2.1. 퀵정렬이 빠른 이유

퀵정렬은 정렬을 나누어서 처리하는 것입니다. 앞에서 배웠던 이진 탐색(Binary Search)과 비슷합니다. 예를 들어 array에 [40, 35, 27]이 있다고 가정해 보겠습니다.

```
array = [40, 35, 27]
```
무언가 기준을 정해야 하기 때문에 0번째인 40을 뽑습니다.

보다 작은	기준	보다 큰
	40	

40을 뽑았으니 35, 27 두 개가 남습니다. array에서 그 다음 순서인 35를 뽑습니다. 35는 40

보다 작기 때문에 40의 왼쪽에 배치됩니다.

보다 작은	기준	보다 큰
35	40	

27도 40보다 작으니까 40의 왼쪽, 그리고 35보다 작으니까 35의 왼쪽에 배치됩니다.

보다 작은	기준	보다 큰
27, 35	40	

이 array에 다른 숫자도 추가해서 예를 들어 보겠습니다.

array가 [40, 35, 27, 50, 75]입니다. 그러면 다시 0번째인 40을 뽑습니다. 그리고 35는 40보다 작기 때문에 40의 왼쪽, 27은 40과 35보다 작기 때문에 그 왼쪽에 배치됩니다. 50은 40보다 크니까 40의 오른쪽에 배치되고 75는 40보다 크고 50보다 크기 때문에 가장 오른쪽에 배치됩니다. 최종적으로는 오름차순으로 정렬이 됩니다.

```
                40
          35    40
    27    35    40
    27    35    40    50
    27    35    40    50    75
```

이처럼 하나의 숫자를 기준으로 양쪽 옆에 정렬을 하는 게 퀵정렬입니다. 그리고 양쪽에 뽑힌 숫자를 가지고도 정렬을 할 수 있습니다. 이때는 재귀(recursive)를 이용합니다. 재귀는 뒤에서 조금 더 자세히 다루기로 하고 일단 진행해 보겠습니다.

9.2.2. 퀵정렬 구현하기

정렬할 숫자는 위에서 예로 든 것과 같이 [40, 35, 27, 50, 75]로 하고 이를 numbers라는 변수로 지정하겠습니다.

함수 이름은 quick_sort로 하고, 재귀를 이용하기 때문에 무한 재귀를 돌지 않도록 재귀 탈출 조건을 만들어 줘야 합니다. 우선 array의 길이가 2보다 작을 때를 탈출 조건으로 만들어 주고 함수가 잘 작동되는지부터 확인해 보겠습니다. array의 길이가 아직 변하지 않았기 때문에 if의 영향을 받지 않고, 바로 else의 영향을 받아 return되어, array가 그대로 나올 것입니다.

```python
numbers = [40, 35, 27, 50, 75]
def quick_sort(array):
    if len(array) < 2:
        return array
    else:
        return array

result = quick_sort(numbers)
print(result)
```

⊘ 결과
[40, 35, 27, 50, 75]

이제 정렬해 보겠습니다. 그중 기준이 되는 수를 pivot이라는 변수에 담겠습니다. 여기서는 array의 0번째 숫자를 pivot으로 뽑아 줍니다. 그다음 그보다 작은 수들을 뽑아낼 것입니다. 기준이 되는 pivot보다 작은 수들을 뽑기 위해, 우선 pivot 다음의 숫자들인 array[1:]를 less라는 변수에 저장하겠습니다. [1:]은 1번째부터 배열의 끝까지를 의미합니다.

```python
numbers = [40, 35, 27, 50, 75]

def quick_sort(array):
```

```
    if len(array) < 2:
        return array
    else:
        pivot = array[0]
        less = array[1:]
        print("less:", less)
        return array

result = quick_sort(numbers)
print(result)
```

⊙ 결과

```
less: [35, 27, 50, 75]
[40, 35, 27, 50, 75]
```

따로 조건을 주도록 하겠습니다.

```
less = [number for number in array[1:] if number <= pivot]
```

이렇게 코드를 작성할 경우 1번째부터 끝까지의 array 중에 pivot보다 작거나 같은 숫자를 뽑아낸다는 의미입니다. 수정된 부분을 코드에 적용해 보겠습니다.

```
    else:
        pivot = array[0]
        less = [number for number in array[1:] if number <= pivot]
        print("less:", less)
        return array
```

✅ 결과
```
less: [35, 27]
[40, 35, 27, 50, 75]
```

pivot보다 작거나 같은 숫자를 less에 지정했으니 이제는 pivot보다 큰 숫자를 greater에 지정해 보겠습니다.

```
greater = [number for number in array[1:] if number > pivot]
```

위의 코드는 1번째부터 끝까지의 array 중에 pivot보다 큰 숫자를 뽑아낸다는 의미입니다. 수정된 부분을 코드에 적용해 보겠습니다.

```
else:
    pivot = array[0]
    less = [number for number in array[1:] if number <= pivot]
    greater = [number for number in array[1:] if number > pivot]
    print("less:", less)
    print("greater:", greater)
    return array
```

array의 1번째 인덱스부터 마지막 인덱스의 숫자 중에 pivot보다 큰 숫자를 뽑아내는 조건입니다.

✅ 결과
```
less: [35, 27]
greater: [50, 75]
[40, 35, 27, 50, 75]
```

pivot의 왼쪽에 정렬될 less와 오른쪽에 정렬될 greater를 나누었으니 return 값을 바꾸어 주도록 하겠습니다. else의 return값을 pivot으로 했을 때 결과는 '40'이라는 숫자로 나옵니다. 때문에 list 형식인 less와 숫자인 pivot을 함께 배열해 주기 위해선 pivot도 list 형식으로 만들어줘야 합니다.

```python
numbers = [40, 35, 27, 50, 75]

def quick_sort(array):
    if len(array) < 2:
        return array
    else:
        pivot = array[0]
        less = [number for number in array[1:] if number <= pivot]
        greater = [number for number in array[1:] if number > pivot]
        print("less:", less)
        print("greater:", greater)
        return less + [pivot]

result = quick_sort(numbers)
print(result)
```

⊙ 결과

```
less: [35, 27]
greater: [50, 75]
[35, 27, 40]
```

pivot을 기준으로 less와 pivot이 정렬되었습니다. 하지만 아직 less의 정렬이 필요합니다. 여기서 less를 quick_sort 함수에 태워주면 다시 less 안에서 0번째 array인 35를 기준으로 정렬이 됩니다.

그리고 greater는 50, 75로 이미 정렬되어 있어 quick_sort 함수를 태워줄 필요는 없습니다. 하지만 다른 수가 들어올 경우 상황은 달라질 수 있기 때문에, 다른 상황에서도 함수가 제대로 작동할 수 있도록 greater도 quick_sort 함수를 작동시켜 주겠습니다.

```python
numbers = [40, 35, 27, 50, 75]
```

```
def quick_sort(array):
    if len(array) < 2:
        return array
    else:
        pivot = array[0]
        less = [number for number in array[1:] if number <= pivot]
        greater = [number for number in array[1:] if number > pivot]
        return quick_sort(less) + [pivot] + quick_sort(greater)

result = quick_sort(numbers)
print(result)
```

⊙ 결과

```
[27, 35, 40, 50, 75]
```

이제 이 일반화된 quick_sort 함수에 다른 숫자들을 얼마든지 추가하더라도 퀵정렬을 할 수가 있습니다.

```
numbers = [40, 35, 27, 50, 75, 74, 77, 63]

def quick_sort(array):
    if len(array) < 2:
        return array
    else:
        pivot = array[0]
        less = [number for number in array[1:] if number <= pivot]
        greater = [number for number in array[1:] if number > pivot]
        return quick_sort(less) + [pivot] + quick_sort(greater)

result = quick_sort(numbers)
```

```
print(result)
```

◎ 결과
[27, 35, 40, 50, 63, 74, 75, 77]

◎ 결과 해석
8개의 숫자 40, 35, 27, 50, 75, 74, 77, 63의 정렬이 오름차순으로 잘 된 것을 볼 수 있습니다.

10장
재귀 (Recursive)

10. 재귀(Recursive)

재귀함수는 직·간접적으로 자기 자신을 함수 내에서 다시 호출하는 함수를 말합니다. 재귀함수는 자기 자신을 호출하기 때문에 무한으로 자기 자신을 실행하지 못하게 하려면 종료하는 조건을 꼭 넣어주어야 합니다.

10.1. 1에서 100까지 loop문 안 쓰고 출력하기

1에서 100까지 loop문을 쓰지 않고 출력하는 로직을 만들어 보겠습니다. 재귀가 익숙하지 않은 분들은 '어떻게 for나 while을 사용하지 않을 수 있지?'라고 생각할 수도 있지만 재귀를 사용한다면 충분히 가능한 일입니다.

재귀는 미리 로직을 만들어보지 않으면, 바로 구현하기가 쉽지 않습니다. 그래서 재귀는 꼭 공부할 필요가 있습니다. 처음에는 재귀가 익숙하지 않아서 잘되지 않을 수 있지만, 몇 가지 알고리즘을 직접 만들어 보면 그 이후부터는 재귀가 어떻게 작동할지 머릿속에 그려질 것입니다.

10.1.1. 1에서 100까지 loop문으로 반복하기

먼저 1부터 100까지 출력하는 로직을 for문을 이용해 만들어 보겠습니다.

```python
def print1To100():
    for num in range(1, 100+1):
        print(num)
```

```
print1To100()
```

✓ 결과
```
1
2
3
--- 중략 ---
99
100
```

함수 print1To100()은 반복문을 이용해 1부터 100까지 수를 for문을 이용해 print()하는 로직입니다. 실제로 온라인 코딩 테스트나 손코딩 면접을 볼 때 반복문을 사용하지 않고 연산하는 문제를 많이 냅니다. 이 경우, 반복문 대신 재귀함수를 사용해서 문제를 풀어야 합니다.

재귀함수(recursive function)는 두 가지가 꼭 포함이 되어야 합니다. 첫 번째는 파라미터고, 두 번째는 탈출 조건입니다. 재귀함수는 자기 자신을 호출하는 함수입니다. 그래서 자기 자신을 무한히 호출하는 것을 막기 위해, 탈출 조건이 꼭 들어가야 합니다.

그리고 재귀함수를 거듭 실행하면서 중간에 값이 변하고 그 변한 값으로 탈출 조건을 만났을 때 결과를 리턴해야, 우리가 원하는 결과를 받을 수 있습니다. 그래서 바뀐 값이 파라미터를 통해 다음번에 호출될 때 넘어가야 하기 때문에 최소한 1개의 파라미터가 필요합니다.

10.1.2. 파라미터 만들기

재귀를 쓸 때는 파라미터로 넘어온 값으로 종료 조건을 확인하여 재귀함수를 종료시켜야 합니다. 그렇기 때문에 반드시 파라미터가 필요한데, 여기서는 먼저 파라미터가 1개인 함수부터 만들어 보겠습니다.

```
def print1To100(num):
    print(num)
```

```
print1To100(1)
```

✓ 결과
```
1
```

가장 단순한 형태의 함수입니다. num이라는 파라미터를 받아서 출력하는 함수입니다. 1부터 100까지 출력하는 함수이기 때문에 print1To100(1) 이렇게 함수를 호출해 주었습니다. 1부터 100까지 출력하는 게 아니고 0부터 100까지 출력하는 함수를 재귀로 만들고 싶다면 print1To100(0)으로 호출을 해 줍니다.

이건 초기 값입니다. 재귀함수를 처음 호출할 때는 초기값을 잘 생각해야 합니다. 주로 0, 1이나 [] 빈 배열, [7, 3, 2, 9]와 같은 대상 배열 등을 넘겨주고 이 값들에 값이 더해지거나 배열에 값이 추가되거나 빠지는 등의 상태 변화 이후의 값을, 다음번 자신을 호출할 때 파라미터로 넘겨줍니다.

10.1.3. 자신을 호출하도록 만들기

자신을 호출하도록 만들어 보겠습니다.

```python
def print1To100(num):
    print(num)
    print1To100()

print1To100(1)
```

✓ 결과
```
1
Traceback (most recent call last):
  File 03_print_1_to_100.py", line 5, in <module>
    print1To100(1)
```

```
  File 03_print_1_to_100.py", line 3, in print1To100
    return print1To100()
TypeError: print1To100() missing 1 required positional argument: 'num'


Process finished with exit code 1
```

print1To100() 을 추가했습니다. print1To100()함수 코드를 보면, 자기 자신인 print1To100() 을 다시 호출하는 것을 볼 수 있습니다. 이렇게 자기 자신을 호출하는 함수를 바로 재귀함수라고 합니다. 이것이 재귀입니다.

하지만 결과를 보시면 에러가 난 것을 확인할 수 있습니다. print1To100() missing 1 required positional argument: 'num', 에러 메시지를 읽어보면 argument를 넘기지 않았다고 합니다. print1To100()은 num이라는 파라미터가 있기 때문에, 호출할 때 꼭 파라미터로 값을 넘겨주어야 합니다. 이 부분이 매우 중요하죠. 때문에 재귀 로직을 짤 때 자신을 재귀 호출할 경우, 어떤 값을 넘겨줄지를 항상 잘 생각해야 합니다.

10.1.4. 파라미터에 값 넘겨주기

일단 파라미터가 없다는 에러가 나기 때문에 파라미터에 값을 넘겨주겠습니다.

```python
def print1To100(num):
    print(num)
    print1To100(1)


print1To100(1)
```

⊘ 결과

```
1
1
1
1
```

```
--- 중략 ---
    return print1To100(1)
  [Previous line repeated 993 more times]
  File 03_print_1_to_100/04_print_1_to_100.py", line 2, in print1To100
    print(num)
RecursionError: maximum recursion depth exceeded while calling a Python
object
```

또 에러가 납니다. 위에서 났던 에러는 파라미터를 넘기지 않아서 났던 에러인데 여기에서 난 에러는 **maximum recursion depth exceeded**로 재귀 호출을 너무 많이 했다는 에러입니다. 위 코드의 재귀 호출은 끝이 없습니다. 탈출 조건이 없기 때문에 무한 반복을 할 수밖에 없습니다. 이렇게 되면 다음 작업을 진행할 수 없기 때문에 재귀로직을 작성할 때는, 탈출 조건도 꼭 넣어주어야 합니다.

10.1.5. 탈출 조건 넣기

재귀를 언제 끝낼지 탈출 조건을 코드에 작성해 보겠습니다. 탈출 조건을 어떤 것으로 할지는 고민해 볼 필요가 있습니다.

```
def print1To100(num):
```

이 함수에서 파라미터는 1개만 만들었습니다. 재귀에서 파라미터를 너무 많이 만들면 오히려 처리하기가 더 복잡해질 수 있기 때문에 최소한으로 만드는 게 좋습니다. 단순히 숫자를 출력하는 이 로직에서는 파라미터가 1개면 됩니다. 1개의 파라미터를 가지고 탈출 조건을 만들려면 핵심 로직에 대해 생각해 볼 필요가 있습니다.

여기서 핵심 로직은 무엇일까요? 힌트를 드리자면, 주로 파라미터로 넘어가는 값을 계산하는 로직이 핵심 로직이 되는 경우가 많습니다.

1부터 100까지 출력을 해야 하기 때문에 1에서 시작을 하고 100에서 끝나게 만들면 될 것 같지 않나요?

이 로직에서 값이 바뀔 만한 부분은 파라미터인 num이기 때문에 num == 100이면 재귀를 끝내는 로직을 넣어보겠습니다.

```python
def print1To100(num):
    print(num)
    if num == 100:
        exit()
    print1To100(1)

print1To100(1)
```

◉ 결과

```
1
  [Previous line repeated 993 more times]
1
  File "/Users/kyeongrok/git/python/python_algorithm/com/recursive/03_print_1_to_100/05_print_1_to_100.py", line 2, in print1To100
1
1
    print(num)
1
1
RecursionError: maximum recursion depth exceeded while calling a Python object
1
--- 중략 ---
```

앞에서 났던 재귀 호출 리밋 초과 에러가 또 납니다.

```python
if num == 100:
    exit()
```

10장 재귀(Recursive) **309**

exit()는 지금 실행 중인 프로그램을 끝내는 함수입니다. exit()를 넣었지만 if num == 100: 조건에 걸리는 경우가 나오지 않기 때문에 함수가 끝나지 않았습니다. num이 계속 1이기 때문입니다. 그리고 결과에 출력이 되는 값도 계속 1입니다. 우리가 하고 싶은 것은 1, 2, 3, 4 … 100 이렇게 1부터 1개씩 증가시키면서 출력하는 것인데 계속 1만 출력되고 있습니다.

10.1.6. 1씩 커지는 로직 넣기

1씩 커지는 로직을 넣어보겠습니다. 1~100까지 출력하는 재귀함수에서는 1씩 커지는 로직이 핵심 로직이라고 할 수 있겠죠?

```python
def print1To100(num):
    print(num)
    if num == 100:
        exit()
    print1To100(num + 1)

print1To100(1)
```

⊘ 결과

```
1
2
3
--- 중략 ---
99
100
```

결과를 보니 딱 우리가 원하던 바입니다. 0에서 시작하지도 않고 101에서 끝나지도 않았습니다. loop를 쓰지 않고 1에서 100까지 출력해야 한다는 조건을 충분히 만족시키는 로직이 완성되었습니다.

10.1.7. 정리하기

우리가 원하는 결과는 만들었지만 소스코드를 조금 더 간단하게 만들 수 있는 여지가 있기 때문에 코드를 정리할 필요가 있습니다. 여러분의 이해를 돕기 위해, 프로그램을 끝내는 exit()를 넣었지만 사실 현업에서는 exit()는 잘 쓰지 않습니다. 1에서 100까지 출력하는 로직은 100에서 끝나면 됩니다. 하지만 현재 서비스 중인 서버에서 작동되고 있는 프로그램이라면, 함수가 끝났거나 실패했다고 해서 서버 프로그램이 종료되면 안 되기 때문입니다.

그래서 이번에는 exit()를 사용하지 않고, 로직을 구현해 보겠습니다.

```python
def print1To100(num):
    if num <= 100:
        print(num)
        print1To100(num + 1)

print1To100(1)
```

조건을 num <= 100으로 주면 1에서 시작해서 100까지만 작동을 합니다. print() 위치도 if문 안쪽으로 옮겼고 print1To100(num + 1), 즉 자기 자신을 호출하는 부분도 if문 안쪽으로 넣었습니다.

이 로직은 4줄의 간단한 로직이지만 재귀를 설명하는 데에 필요한 것들은 다 들어있습니다.

1. 시작하는 값은 어떤 것인지 - print1To100(1)
2. 변화는 어떻게 줄 것인지 - print1To100(num + 1)
3. 언제 끝낼 것인지 - if num <= 100:

이렇게 3가지가 재귀함수를 만드는 데에 꼭 필요한 것들입니다. 이 세 가지 중에서 한 가지라도 빠진다면 앞에서 경험했던 것처럼 에러가 나거나 내가 원하는 대로 프로그램이 실행되지 않습니다.

재귀를 짤 때 처음부터 완성된 로직을 짜려고 하면 너무 막연하고 머리가 아프지만 우리가 사용할 수 있는 익숙한 방법으로 시작해서 문제점을 하나씩 해결하며 로직을 개선한다면, 재귀를 이용해 원하는 문제를 풀 수 있습니다.

10.2. 리턴(return) 값이 있는 재귀 - 배열의 모든 값 sum하기

앞에서는 함수가 특정 결과를 리턴하지는 않습니다. 함수 안에서 원하는 범위 안에 있는 값들을 print()를 이용해 출력하기만 하면 되었습니다. 물론 이렇게 실행하고 끝나는 함수도 있지만 특정 결과를 리턴하는 함수도 많이 사용합니다.

이번에는 리턴 값이 있는 재귀함수를 만들어 보겠습니다. 재귀에서 값을 리턴한다는 것은 재귀가 끝난다는 것도 의미합니다. [7, 3, 2, 9] 배열에 있는 4개의 숫자를 한 개씩 뽑아서 더하는 로직을 재귀함수로 만들어 보겠습니다.

10.2.1. 배열에서 인덱스로 값 뽑아서 더하기

배열에 있는 모든 값을 재귀를 이용해서 전부 더하려면 어떻게 해야 할까요? 가장 단순하게 생각할 수 있는 방법으로는 하나씩 뽑아서 더하는 것이 있습니다. 바로 해 보겠습니다.

```python
arr = [7, 3, 2, 9]

def sum(arr):
    print(arr[0] + arr[1]) # 10

result = sum(arr)
print(result) # None
```

⊙ 결과
```
10
None
```

10은 함수 안에 있는 print(arr[0] + arr[1])에서 출력된 것이고 None은 sum 함수를 호출하였지만 return이 없기 때문에 None이 나온 것입니다. None은 맨 마지막 줄 print(result)에서 출력된 것입니다.

먼저 배열을 선언해 주고 sum이라는 함수를 만들었습니다. sum 함수는 배열을 받아서 그 안에 있는 모든 원소의 합을 구하는 함수입니다. 그래서 파라미터 이름은 arr입니다. 일단은 arr에서 첫 번째, 두 번째 값을 뽑아서 더한 후 출력하는 로직 먼저 작성했습니다.

첫 번째 값을 뽑으려면 arr[0]을, 두 번째 값은 arr[1]을 이용하면 됩니다. 알고리즘 문제에서 배열을 이용할 때 배열 값에 인덱스로 접근하는 방법은 정말 많이 쓰이고 실제 프로젝트를 할 때도 많이 사용하는 방법이니 익숙해질 때까지 연습하시기 바랍니다.

10.2.2. 변수 사용하기

연산의 중간 결과들을 출력해 보기 위해 위에서 만들었던 로직에 result라는 변수를 선언해서 arr[0]과 arr[1]을 더한 결과를 넣어봅니다.

```python
def sum(arr):
    result = arr[0] + arr[1]
    print(result)
```

result를 출력하는 로직으로 바꾸어 봅니다.

```python
def sum(arr):
    result = arr[0] + arr[1] + arr[2] + arr[3]
    print(result)
```

arr에 element가 총 4개 들어 있으므로 0, 1, 2, 3번 인덱스에 있는 값을 모두 뽑아서 더하면, 배열에 있는 모든 값을 더한 결괏값을 출력할 수 있습니다.

10.2.3. arr.pop() 이용해서 맨 뒤의 값 뽑아내기

arr.pop() 함수를 이용해 보겠습니다. pop 함수는 배열에서 가장 나중에 들어간 값을 뽑고 그 값을 리턴해 주는 함수입니다. arr배열에는 7, 3, 2, 9가 들어있습니다. 그래서 arr.pop()을 하면 맨 뒤에 있는 값인 9가 출력이 됩니다.

```python
arr = [7, 3, 2, 9]

def sum(arr):
    last = arr.pop()
    print(last)
    result = arr[0] + arr[1] + arr[2] + arr[3]
    print(result)

result = sum(arr)
print(result)
```

◉ 결과
```
9
Traceback (most recent call last):
  File 04_pop_error.py", line 9, in <module>
    result = sum(arr)
  line 6, in sum
    result = arr[0] + arr[1] + arr[2] + arr[3]
IndexError: list index out of range
```

◉ 결과 해석

last에 arr.pop()한 결과를 넣고 출력을 했기 때문에 결과에 9가 나왔습니다.

그런데 9 아래로 **IndexError: list index out of range** 에러가 보이시나요? 바로 리스트 인덱

스 아웃 오브 레인지 에러, 즉, 리스트 인덱스의 범위를 벗어났다는 의미의 에러입니다. result = arr[0] + arr[1] + arr[2] + arr[3] 이 줄에서 에러가 났습니다. 이 전에는 괜찮았는데 이번 로직에서는 에러가 납니다. 왜 그런 걸까요? arr.pop()을 쓰면 arr에 가장 나중에 들어간 값을 뽑습니다. 그래서 [7, 3, 2, 9]였던 배열이 [7, 3, 2]가 된 것입니다.

[7, 3, 2, 9] ----> [7, 3, 2]

그래서 arr[3]을 이용해 3번째 인덱스(인덱스는 0, 1, 2, 3 …)에 접근을 하려고 하면 3번째 인덱스에 값이 없기 때문에 에러가 난 것입니다. 에러가 났으니 다시 고쳐 보겠습니다. arr[3]에 접근하는 부분을 제거해 보겠습니다.

```python
arr = [7, 3, 2, 9]
def sum(arr):
    last = arr.pop()
    print("arr=>", arr)
    print("last=>", last)
    result = arr[0] + arr[1] + arr[2]
    return result

result = sum(arr)
print("result=>", result)
```

⊙ 결과
```
arr=> [7, 3, 2]
last=> 9
result=> 12
```

위 소스코드에서 arr[3]에 접근하는 부분을 빼면 에러가 나지 않습니다. arr.pop()을 한 후에 arr=>을 출력해 보니 [7, 3, 2]가 들어있습니다. 그리고 result를 리턴하도록 바꾸었습니다.

우리가 원하는 결과는 7, 3, 2, 9를 모두 더한 21이 result=>에 나왔으면 좋겠지만 지금은 result = arr[0] + arr[1] + arr[2] 이렇게 3개의 값을 더한 결과를 리턴해주기 때문에 12가 나왔습니다. 여기에 9까지 더해 보도록 하겠습니다. 9는 arr.pop()을 한 last 변수에 들어있습니다.

```python
arr = [7, 3, 2, 9]
def sum(arr):
    last = arr.pop()
    print("arr=>", arr)
    print("last=>", last)
    result = arr[0] + arr[1] + arr[2] + last
    return result
--- 중략 ---
```

⊘ 결과
```
arr=> [7, 3, 2]
last=> 9
result=> 21
```

⊘ 결과 해석

arr[0] + arr[1] + arr[2] + last 이렇게 last를 더하도록 수정을 하면 결과가 우리가 원하는 21로 잘 나옵니다.

10.2.4. pop 한 번 더 사용하기

[7, 3, 2, 9]에서 마지막 번째에 있는 9를 arr[3] 대신 arr.pop()을 이용해 뽑아서 더했습니다. 그러면 현재 배열에는 [7, 3, 2]가 남아 있는데, 여기에서 다시 pop()을 이용해 맨 마지막 번째 값을 뽑아서 계속 더하는 작업을 진행해 보겠습니다.

```python
arr = [7, 3, 2, 9]
def sum(arr):
```

```python
    last = arr.pop()
    print("arr=>", arr)
    print("last=>", last)
    result = arr[0] + arr[1] + last  # 7, 3, 9

    # arr = [7, 3, 2]
    last = arr.pop() # 2
    print("arr2=>", arr)
    print("last2=>", last)
    result = result + last
    return result

result = sum(arr)
print("result=>",result)
```

⊘ 결과

```
arr=> [7, 3, 2]
last=> 9
arr2=> [7, 3]
last2=> 2
result=> 21
```

두 번째 arr.pop()이 나오기 전 배열은 arr=> [7, 3, 2]로 3개가 들어있습니다. arr.pop()을 하면 arr2=> [7, 3]으로 2개가 남습니다. pop한 숫자는 역시나 last에 넣고 result = result + last 이렇게 result에 계속 더해 줍니다.

result = arr[0] + arr[1] + arr[2] + last 이렇게 4개의 숫자를 더했던 코드는 뒤에서 arr[2]의 값을 더하는 작업을 하기 때문에 result = arr[0] + arr[1] + last로 바꿨습니다.

이제 3번째 pop()을 해서 더하는 작업을 진행해 보겠습니다.

```python
arr = [7, 3, 2, 9]
def sum(arr):
    last = arr.pop()
    print("arr=>", arr)
    print("last=>", last)
    result = arr[0] + last

    # arr = [7, 3, 2]
    last = arr.pop() # 2
    print("arr2=>", arr)
    print("last2=>", last)
    result = result + last

    # arr = [7, 3]
    last = arr.pop()  # 3
    print("arr3=>", arr)
    print("last3=>", last)
    result = result + last
    return result

result = sum(arr)
print("result=>",result)
```

✓ 결과

```
arr=> [7, 3, 2]
last=> 9
arr2=> [7, 3]
last2=> 2
arr3=> [7]
last3=> 3
```

```
result=> 21
```

결과는 똑같이 21이 나옵니다. 3번째까지 가니 반복되는 패턴이 보입니다. 패턴을 보기 쉽게 코드를 정리해 보겠습니다.

```python
arr = [7, 3, 2, 9]
def sum(arr):
    last = arr.pop()
    result = last
    last = arr.pop()
    result = result + last
    last = arr.pop()
    result = result + last
    last = arr.pop()
    result = result + last
    return result

result = sum(arr)
print("result=>",result)
```

◉ 결과

```
result=> 21
```

4개의 숫자 모두 arr.pop()을 이용해서 뽑은 후에 result에 더해 주었습니다. 그래서 결과는 [7, 3, 2, 9]를 모두 더했기 때문에 21이 나옵니다. 그런데 여기에서도 반복되는 코드가 있습니다.

```python
last = arr.pop()
result = result + last
```

이 두 줄이 계속 반복됩니다. 지금은 arr에 숫자가 4개뿐이라서 4번 반복되었지만 숫자가 늘어난다면 이 코드는 더 많이 반복될 것입니다. 이렇게 코드의 반복이 있을 때가, 재귀 호출을 사용하기에 매우 적절한 상황입니다.

10.2.5. 재귀 호출하기

재귀 호출의 특징은 다음번 재귀로 넘어갈 때 파라미터로 변화된 값이 넘어간다는 것입니다.
함수 안쪽에서 자신을 다시 호출하는 재귀 호출을, return sum(arr)로 작성해 보겠습니다. 가장 먼저 위에서 4번 반복됐던 로직은 한 번만 남기고 다 지워주겠습니다.

```
def sum(arr):
    last = arr.pop()
    result = result + last
```

그리고 return에서 자기 자신인 sum()을 호출해 줍니다. 파라미터로는 arr을 넘겨주는데요. 이 arr은 앞에서 arr.pop()을 했기 때문에 상태 변화가 생겼습니다. [7, 3, 2, 9]로 시작했던 배열이 return sum(arr)에 왔을 때는 [7, 3, 2]가 되었습니다.
아직 result는 사용하지 않습니다.

```
arr = [7, 3, 2, 9]
def sum(arr):
    print(arr)
    last = arr.pop()
    result = last
    return sum(arr)

result = sum(arr)
print("result=>",result)
```

◎ 결과
```
[7, 3, 2, 9]
[7, 3, 2]
[7, 3]
[7]
[]
Traceback (most recent call last):
  File line 8, in <module>
    result = sum(arr)
  File line 6, in sum
    return sum(arr)
  File line 6, in sum
    return sum(arr)
  File line 6, in sum
    return sum(arr)
  File line 4, in sum
    last = arr.pop()
IndexError: pop from empty list
```

실행을 하면 print(arr)을 했기 때문에 배열의 변화가 보입니다. [7, 3, 2, 9]에서 하나씩 빠져서 결국에는 빈 배열([])이 될 때까지 출력이 되었습니다. 그런데 이렇게 하면 에러가 발생합니다. 왜 그럴까요? .pop() 함수는 배열에서 값을 뽑고 뽑은 값을 리턴해 주는 함수입니다. 그런데 계속 .pop()을 호출하기 때문에 빈 배열([])에도 arr.pop()을 하게 됩니다. 그러면 위의 결과처럼 IndexError: pop from empty list, 즉 빈 리스트에서는 .pop()을 할 수 없다는 에러가 나면서 프로그램이 종료되는 것입니다.

만약 IndexError가 나지 않았다면, 빈 배열이 무한히 호출되었을 것입니다. 물론 파이썬에는 무한히 호출되면 자동적으로 에러가 나는 안전장치가 되어 있긴 하지만 그래도 무한히 호출되게 만들면 안 되기 때문에 그 부분을 수정해 보겠습니다.

10.2.6. 쌓이는 부분 만들기 accu

무한히 호출되는 에러를 해결하기 전에 재귀가 끝났을 때 결과를 리턴하려면 재귀가 한 바퀴 돌 때마다 쌓이는 변수가 있어야 합니다.

재귀는 return result와 같이 결과를 특정 변수에 넣어서 리턴하는 방식이 아니고 연산 과정에서 바뀌는 값들이 계속 파라미터로 넘어가는 구조입니다. 그래서 데이터가 바뀌는 부분이나 쌓이는 부분을 파라미터로 만들어 주어야 하는 경우가 많습니다. 여기에는 accu라는 이름의 파라미터를 추가하겠습니다. accu는 accumulate를 줄여서 쓴 표현으로, 어큐뮬레이트(accumulate)는 모은다, 축적한다, 누적한다, 쌓인다 등의 뜻이 있습니다. accu에는 재귀가 한 번 돌 때마다 연산한 결과가 누적될 것입니다. 여기에서는 arr에서 한 개씩 꺼낸 값을 더한, 누적된 값을 쌓을 것입니다.

```python
arr = [7, 3, 2, 9]
def sum(arr, accu):
    print(arr, accu)
    last = arr.pop()
    result = last
    return sum(arr, accu)

result = sum(arr, 0)
print("result=>",result)
```

⊙ 결과

```
[7, 3, 2, 9] 0
  File line 10, in <module>
[7, 3, 2] 0
    result = sum(arr, 0)
[7, 3] 0
  File line 8, in sum
[7] 0
```

```
      return sum(arr, accu)
[] 0
  File line 8, in sum
    return sum(arr, accu)
  File line 8, in sum
    return sum(arr, accu)
  File line 5, in sum
    last = arr.pop()
IndexError: pop from empty list
```

✓ 결과 해석

작성한 코드를 실행하면, 결과에는 아직 에러가 남아 있고 accu도 print()를 했지만 accu에 무언가 변화를 주는 코드가 없기 때문에 arr은 4개에서 3개, 3개에서 2개로 점점 줄어드는 것이 보이지만 accu는 계속 0으로 출력이 됩니다.

```
result = sum(arr, 0)
print("result=>", result)
```

처음 함수를 호출할 때는 초기 값을 넣어 줍니다. sum처럼 더하는 로직은 보통 0에서 시작하는 경우가 많습니다. 이 부분이 재귀를 사용할 때 헷갈리는 부분입니다. 재귀를 쓰지 않으면 파라미터는 호출할 때 함수로 값을 전달하는 용도로만 쓰이지만 재귀에서는 연산 결과가 계속 넘어가도록 저장해 주는 역할도 합니다.

그렇기 때문에 재귀가 아닌 경우는 아래의 코드와 같이 값이 쌓이는 결과를 반복문 앞에 선언을 해 줍니다.

```
result = 0
for number in arr:
    result = result + number
```

이렇게 result = 0으로 초기화해 주는 부분이 함수 안에 있지만 재귀를 쓸 때는 초기값을 미리 정해주고 그 위치에 값이 쌓이도록(정확히는 값이 변하는 부분) 초기 값을 지정해 주어야 합니다.

10.2.7. 탈출 조건 적용하기

재귀함수는 탈출 조건이 꼭 들어가야 합니다. 그렇지 않으면 무한히 자기 자신을 호출하기 때문에 메모리도 꽉 찰 것이고 결국은 재귀함수가 안전장치가 없는 시스템에 들어가 있는 경우 시스템이 다운될 수도 있습니다. 그래서 재귀함수는 항상 탈출 조건을 만들어 주어야 합니다. 탈출 조건은 재귀함수가 끝나서 값을 리턴하는 조건문입니다.

```python
arr = [7, 3, 2, 9]
def sum(arr, accu):
    print(arr, accu)
    if(len(arr) == 0):
        return accu
    
    last = arr.pop()
    result = last
    return sum(arr, accu)

result = sum(arr, 0)
print("result=>",result)
```

✓ 결과
```
[7, 3, 2, 9] 0
[7, 3, 2] 0
[7, 3] 0
[7] 0
[] 0
result=> 0
```

탈출 조건을 넣었더니 빈 리스트에서 값을 뽑으려 했다는 위에서 발생했던 **IndexError: pop from empty list**가 다시 발생하지 않았습니다.

이 로직에서 탈출 조건은 len(arr) == 0, arr에 있는 아이템(item) 개수가 0이면 리턴하라는 조건입니다. if문을 통해 arr에 있는 원소 개수가 0일 때 리턴을 하기 때문에, arr이 비어 있을 경우 .pop()을 하지 않게 됩니다. 그래서 에러가 발생하지 않습니다.

```
return sum(arr, accu)
```

위와 같이 return에서 다시 sum()을 호출하기 때문에 함수가 return에서 끝나는 게 아니고 다시 호출되어서 시작합니다. 함수는 len(arr)이 0이 되었을 때 끝납니다. 물론 탈출 조건이 없다면 함수가 끝나지 않고 계속 호출될 것입니다. print(arr, accu)는 함수가 다시 호출될 때마다 실행되어, arr에 있는 값과 accu를 계속 출력해 줍니다.

결과를 보니 arr에서 가장 최근에 입력한 값부터 하나씩 뽑는 로직은 잘 작동하는 것으로 보입니다. 하지만 결과가 쌓이는 accu의 값은 값이 쌓이도록 로직을 추가하지 않았기 때문에 계속 0으로 나옵니다. 이번에는 arr.pop()을 한 숫자가 0에 계속 더해지도록 로직을 만들어 보겠습니다.

10.2.8. accu에 뽑은 값을 더하는 로직

위에서는 arr에서 .pop()을 이용해 계속 값을 뽑기만 하기 때문에 결과가 0으로 나왔습니다. 결과에 쌓인 값을 넣어주기 위해서는 결과에 .pop()을 한 값을 계속 더해 주어야 합니다. 소스 코드에는 약간의 변화만 있지만, 결과에는 큰 차이가 있기 때문에 잘 비교해야 합니다.

여기서는 sum()을 재귀 호출할 때 두 번째 파라미터에 accu + result를 넘기는 것이 핵심 로직입니다. 로직의 앞 부분을 잘 만들어 놓았어도 이 부분에 식을 정확히 넣어주지 않는다면, 원하는 결과가 나올 수 없습니다.

```
arr = [7, 3, 2, 9]
def sum(arr, accu):
    print(arr, accu)
```

```python
    if(len(arr) == 0):
        return accu

    last = arr.pop()
    result = last

    return sum(arr, accu + result)

result = sum(arr, 0)
print("result=>",result)
```

⊘ 결과

```
[7, 3, 2, 9] 0
[7, 3, 2] 9
[7, 3] 11
[7] 14
[] 21
result=> 21
```

우리가 원하는 결과인 21이 잘 나왔습니다. print(arr, accu)를 이용해 함수가 한 번 호출될 때마다 arr과 accu를 출력했기 때문에 값의 변화도 확인할 수 있습니다.

```
return sum(arr, accu + result)
```

이렇게 바뀌는 값을 넘기면서 자기 자신을 호출하는 재귀 호출을 했기 때문에 arr에서는 값들이 한 개씩 빠져나가고 accu에는 그 빠진 값들이 계속 더해지는 연산이 진행되었습니다.

10.2.9. 소스코드 정리하기

지금까지 여러 단계를 거쳐서 우리가 원하는 값이 재귀 호출의 결괏값으로 나오도록 재귀함수를 만들어 보았습니다. 마지막으로 한 번 더 코드를 정리하여, if문을 한 줄로 줄이고 중간 결과를 출력하는 print() 문과 만들어 놓았던 result, last 등을 빼겠습니다. 이렇게 하면 처음 30줄 가까이 됐던 코드가 여러 단계를 거치면서 def부터 return까지 3줄로 정리되는 것을 보실 수 있습니다.

```python
arr = [7, 3, 2, 9]
def sum(arr, accu):
    if(len(arr) == 0): return accu
    return sum(arr, accu + arr.pop())

print("result=>",sum(arr, 0))
```

⊘ 결과
```
result=> 21
```

콘솔에는 result=> 21만 찍히게 바꾸었습니다. 중간 결과는 로직을 만들 때는 로직의 흐름이 제대로 이어지고 있는지 확인하기 위해 필요합니다. 하지만 완성된 로직을 사용할 때는 결괏값만 필요하기 때문에, 개발을 완료한 후에는 콘솔에 불필요하게 출력되는 값들은 정리해 줘야 합니다.

10.3. 팩토리얼(Factorial) – 재귀 호출의 과정

지금까지는 재귀함수가 모두 끝난 후에 결과가 print()로 출력된 것을 보았습니다. 이번에는 거꾸로 재귀함수가 어떻게 작동하는지 print()를 통해 알아보겠습니다. 아마 재귀로 풀 수 있는 문제 중에 가장 간단한 예제가 팩토리얼이 아닐까 싶습니다. 그래서 재귀의 작동 원리에 대해 알아보기 좋은 예제가 될 것 같습니다.

팩토리얼은 4!로 쓰고, 4 팩토리얼이라고 읽습니다. 4!은 4 × 3 × 2 × 1과 같이 4부터 1까지 -1을 하면서 곱하는 것입니다. 먼저 재귀를 쓰지 않고 4!을 구하는 코드부터 살펴보겠습니다.

```python
def factorial(n):
    result = 1

    for i in range(n, 0, -1):
        print(i)
        result *= i
    return result

print(factorial(4))
```

⊘ 결과

```
4
3
2
1
24
```

⊘ 결과 해석

result에 4, 3, 2, 1 순으로 곱하면 24가 나옵니다.

재귀를 써도 안 써도 간단한 식이기 때문에 단순히 4 × 3 × 2 × 1을 구하는 용도로만 for문을 사용해도 됩니다. 하지만 A, B, C, D 4장의 카드로 만들 수 있는 모든 조합을 실제로 만들어 내는 것처럼 좀 더 복잡해지면 재귀를 사용하는 것이 좋습니다. 지금은 재귀에 대해 알아보는 예제이므로, for문이 아닌 재귀로 4 × 3 × 2 × 1이 어떻게 연산되는지 알아보겠습니다.

10.3.1. 재귀로 팩토리얼 구하기

팩토리얼을 재귀로 구하는 방법입니다. 코드는 함수를 선언하는 부분을 제외하고는 단 3줄입니다.

```python
def factorial(n):
    if n == 1:
        return 1
    return n * factorial(n - 1)

result = factorial(4)
print(result)
```

◎ 결과
```
24
```

◎ 결과 해석

for문을 쓸 때와 똑같이 24가 나왔습니다.

위 재귀 로직을 하나씩 살펴보면서 재귀가 어떻게 작동을 해서 결과를 구하는지 보겠습니다. 가장 처음에는 재귀함수도 함수이기 때문에 함수 호출을 해야 합니다. factorial(4)와 같이 재귀가 아닌 함수를 호출할 때와 똑같이 호출합니다.

```python
result = factorial(4)
```

함수를 호출할 때 4를 넘겼기 때문에 파라미터 n을 통해 4가 함수 안으로 들어와서 아래 로직이 작동합니다.

```python
if 4 == 1:
    return 1
```

```
return 4 * factorial(4 - 1)
```

4는 1이 아니기 때문에 if조건에서 1을 리턴하고 끝나지 않고 4 * 를 한 후 다시 factorial(3)을 호출합니다. factorial(3)으로 호출을 다시 하지만 이해를 돕기 위해 리턴을 했다고 생각해 보시기 바랍니다.

```
result = 4 * factorial(3)
```

위와 같이 result = 4 * factorial(3)으로 또 다른 식을 리턴한 것입니다. 이 식은 다시 factorial() 함수를 호출합니다.

함수 호출	함수 내부
result = 4 * factorial(3)	if 3 == 1: return 1 return 3 * factorial(3 - 1)

factorial(3)은 위에서와 같지만 n값만 바뀐 3 * factorial(3 - 1)을 리턴합니다. 3 - 1은 2이므로 factorial(2)로 쓰겠습니다.

함수 호출	함수 내부
result = 4 * 3 * factorial(2)	if 2 == 1: return 1 return 2 * factorial(2 - 1)

factorial(2)는 2 * factorial(1)을 리턴합니다. 그래서 result = 4 * 3 * 2 * factorial(1)이 됩니다. 이제 factorial(1)까지 왔습니다. factorial(1)은 위에서와 다르게 if조건문을 탑니다.

함수 호출	함수 내부
result = 4 * 3 * 2 * factorial(1)	if 1 == 1: return 1 return 1 * factorial(1 - 1)

return 1을 하기 때문에 result = 4 * 3 * 2 * 1이 되고 더는 실행할 함수가 없기 때문에 result는 4 * 3 * 2 * 1 = 24가 됩니다.

10.4. 피보나치 수열 만들기

피보나치 수열은 재귀에 대한 이해도를 높이는 데에 좋은 예제입니다. 피보나치 수열은 비교적 친숙합니다. 물론 여기에서 친숙하다는 것은 들어본 적이 있다는 것이지 쉽다는 뜻은 아닙니다. 피보나치 수열에 대해서 알고 있고 피보나치 수열 알고리즘을 구현하는 데에 다이내믹 프로그래밍을 왜 사용하고, 사용하면 뭐가 좋은지를 비교적 쉽게 연관시킬 수 있기 때문에 피보나치 수열을 공부해 보겠습니다.

10.4.1. 피보나치 수열의 인덱스

피보나치 수열은 1, 1, 2, 3, 5와 같이 진행되는 수열입니다. 피보나치 수열은 앞에 두 수를 더한 결과가 그 다음에 오는 수열입니다. 그런데 이것을 알고리즘으로 구현하기 위해서는 인덱스에 대해 생각해 볼 필요가 있습니다. 인덱스가 헷갈리기 시작하면 뒤로 갈수록 더 헷갈리기 때문에 여기서 한번 정리해 보겠습니다. 그러면 1, 1, 2, 3, 5에서 세 번째에 있는 값은 어떤 것일까요? 첫 번째, 두 번째가 각각 1, 1이기 때문에 세 번째 값은 2가 됩니다. 함수로 표현해 보면 fib(1) = 1이고 fib(2) = 1, fib(3) = 2입니다.

계속해 보면 fib(4)는 3이고 fib(5)는 5, fib(6)은 8입니다. 이것을 리스트에 넣어보면 [1, 1, 2, 3, 5, 8], 이렇게 들어갑니다.

```
fib = [1, 1, 2, 3, 5, 8]
```

fib라는 변수에 리스트 형태로 넣고 인덱스를 이용해서 값을 출력해 보겠습니다.

```
fib = [1, 1, 2, 3, 5, 8]
print("0:", fib[0])
print("1:", fib[1])
print("2:", fib[2])
```

◎ 결과
```
0: 1
```

```
1: 1
2: 2
```

fib()라는 함수가 있다고 생각을 했을 때 fib(3) 이렇게 넣으면 1, 1, 2, 3, 5에서 3번째이기 때문에 2가 나옵니다. 하지만 fib라는 변수에 리스트가 들어있고 그 리스트에는 [1, 1, 2, 3, 5, 8] 처럼 값이 들어 있다고 하면 fib[3]은 3이 되고, fib[0]은 1이 됩니다.

10.4.2. 피보나치 수열 구현하기

피보나치 수열을 프로그램으로 구현할 때, 피보나치 수열을 알아도 처음에 바로 프로그램으로 구현해 내기는 힘듭니다. 함수(function)를 설계할 때에도 많은 선택지가 있기 때문입니다. 함수 이름을 fib라 할 때, 파라미터(parameter)는 몇 개를 받을 것인지 리턴(return)은 어떻게 할 것인지 등 정해야 할 것이 많습니다. 이렇게 복잡한 상황에서 이게 맞나 저게 맞나 고민을 하다 보면, 결국 결정을 못 하고 문제를 포기해버리는 경우가 있습니다.

물론 정답을 바로 내면 좋겠지만, 처음부터 욕심부리지 않고 하나씩 풀어가는 것이 매우 중요합니다. 우리가 한 번쯤 들어본 회사에서 나온 프로그램들도 버그가 항상 있고 수시로 패치를 하는데, 아직 초보인 우리가 알고리즘을 처음부터 완벽하게 짤 수 없는 것은 당연한 일입니다. 그렇기 때문에 너무 많은 고민으로 문제를 풀기도 전에 시간과 에너지를 다 써버리기보다, 함수 이름을 fib로 정했으니 파라미터와 리턴 값을 정하고 하나씩 해결해 가는 것이 중요합니다.

```
fib(n): []
```

피보나치 수열을 구현하고 싶을 때 1, 1, 2, 3, 5처럼 숫자부터 적기 때문에 리턴을 어떤 것을 해야 하는지 정하기가 어렵지만 말 그대로 피보나치 '수열'이기 때문에 숫자들이 들어가 있는 리스트를 리턴하도록 프로그램을 만들어 보겠습니다.

먼저 함수 선언을 해 보겠습니다. fib(4) 이렇게 넣으면 1, 1, 2, 3에서 4번째 수가 3이기 때문에 3을 리턴하는 함수입니다.

10.4.3 3번째 값을 넣는 부분 반복하기

피보나치 수열은 1, 1, 2 이렇게 시작을 해서 앞에 두 개를 더해 현재 값을 구합니다. 예를 들면, 1 + 1은 2가 되고 1 + 2는 3이 되는 연산이 반복됩니다.

반복 연산을 넣기 위해 3번째 값을 넣는 부분부터는 for문 안에서 반복되게 수정합니다.

```python
def fib(n):
    # 1, 1, 2, 3, 5, 8
    result = []

    first = 1
    second = 1
    third = 2

    result.append(first)
    result.append(second)
    for i in range(n):
        result.append(third)

    return result

print(fib(6))
```

⊘ 결과

```
[1, 1, 2, 2, 2, 2, 2, 2]
```

⊘ 결과 해석

3번째 값은 third이고 third = 2로 되어 있기 때문에 결과가 1, 1, 2, 2, 2 … 로 나왔습니다. third에 어떤 연산도 추가하지 않기 때문에 2, 2, 2, 2 … 만 반복한 결괏값이 나왔습니다.

10.4.4. 연산 반복하기

앞에서는 3번째 값을 넣는 부분을 단순 반복해서 넣었기 때문에 결과로 [1, 1, 2, 2, 2, 2, 2, 2]가 나왔습니다. 이 부분을 연산된 결과가 들어가도록 코드를 수정해 보겠습니다.

처음에 third 변수에는 third = 2로 되어 있습니다. 이 부분을 반복문 안에서 바꿔줄 것입니다.

```python
def fib(n):
    # 1, 1, 2, 3, 5, 8
    result = []

    first = 1
    second = 1
    third = 2

    result.append(first)
    result.append(second)
    for i in range(2, n):
        third = first + second
        result.append(third)
        first = second
        second = third

    return result

print(fib(6))
```

◇ 결과

[1, 1, 2, 3, 5, 8]

◉ 결과 해석

세 번째 값을 첫 번째 값 + 두 번째 값으로 바꿔주는 코드인 third = first + second로 넣고 첫 번째, 두 번째 값이 들어있는 변수인 first, second도 각각 second와 third로 다시 바꿔줍니다.

반복문도 0번부터 시작하는 것이 아니라 2번부터 시작하여 1 + 2 = 3부터 연산을 해줍니다. 그 결과 [1, 1, 2, 2, 2, 2, 2, 2]였던 결과가 [1, 1, 2, 3, 5, 8]로 바뀌었습니다.

10.4.5. 한 개의 숫자를 리턴하도록 바꾸기

피보나치 수열의 n번째 수를 리턴하는 함수이기 때문에 배열의 마지막 번째 값을 리턴하도록 수정하겠습니다. .pop()연산을 이용하면 가장 뒤에 있는 값을 뽑을 수 있습니다.

```python
def fib(n):
    # 1, 1, 2, 3, 5, 8
    result = []

    first = 1
    second = 1
    third = 2

    result.append(first)
    result.append(second)
    for i in range(2, n):
        third = first + second
        result.append(third)
        first = second
        second = third
    return result.pop()

print(fib(6))
```

> ⊘ 결과
>
> 8

이제 파라미터와 리턴 값 모두, 제대로 정해진 것 같습니다. 작성된 코드를 통해 피보나치 수열의 100번째 값을 구해 보겠습니다.

```
---- 중략 ----
print(fib(100))
```

> ⊘ 결과
>
> 354224848179261915075

fib(6)은 8이지만 fib(100)만 가도 아주 큰 숫자가 나오는 것을 볼 수 있습니다.

10.5. 재귀로 피보나치 수열 만들기

이번에는 for문과 같은 반복문이 아닌 재귀를 통해 피보나치 수열을 만들어 보겠습니다. 앞에서는 머릿속에서 생각나는 대로 피보나치 수열을 구현했습니다. 1, 1을 만들어 먼저 넣고 2, 3, 5, 8은 앞에 두 개를 더해서 구했습니다. 물론 소스코드가 많이 길지 않고 값도 잘 나왔지만, 재귀를 썼을 때에 비해 코드가 길어지고 코딩할 분량이 많아지기 때문에 재귀로 구현했을때 조금 어려울 수는 있지만 코딩을 덜 하고 로직을 구현할 수 있습니다. 또한 재귀에 대해 이해하기 좋은 예제가 피보나치 수열이기 때문에 재귀를 학습하기 위한 주제로도 좋습니다.

재귀로 구현할 때는 생각을 반대로 해야 합니다. 앞에서는 1, 1, 2, 3, 5의 순서로 만들었지만 재귀는 역산을 하는 방식을 이용합니다. 이를테면 8이 나오려면 5, 3이 있어야 하고 5가 나오려면 3과 2, 3이 나오려면 2, 1이 있어야 합니다. 8이 나오려면 3과 5가 있어야 한다고 표현을 하지 않고, 5와 3이 있어야 한다고 썼습니다. 이렇게 생각을 반대로 해야, 구현할 때 덜 헷갈리기 때문에 우리가 익숙한 오름차순이 아닌 내림차순으로 바꿔서 생각하는 것을 권해드립니다.

앞에서 재귀를 사용하지 않고 만들었던 fib()는 위처럼 1, 1, 2 순서로 fib(6)까지 구했습니다.

하지만 재귀는 fib(6)을 구하고 싶다면 fib(5)와 fib(4)를 알아야 합니다.

```
fib(1) = 1
fib(2) = 1      fib(1)
fib(3) = 2      fib(2) + fib(1)
fib(4) = 3      fib(3) + fib(2)
fib(5) = 5      fib(4) + fib(3)
fib(6) = 8      fib(5) + fib(4)
```

즉, fib(6)은 fib(5) + fib(4)이며 그래서 fib(6)은 5 + 3의 결과인 8이 되는 겁니다. 이 식을 소스코드로 만들어 보겠습니다.

```python
def fib(n):
    return 5 + 3

print(fib(6))
```

◉ 결과
```
8
```

◉ 결과 해석
피보나치 수열 값이 들어있는 리스트 [1, 1, 2, 3, 5, 8]에서 6번째에 있는 값은 8입니다.

10.5.1. return에서 재귀 호출

앞에서는 return에서 다시 fib()를 호출하지 않았기 때문에 재귀함수가 아닙니다. 이번엔 재귀로 피보나치 수열을 구현하기 위해, 재귀 로직을 짜보겠습니다.

return 5 + 3에서 5는 fib(5)이고 3은 fib(4)입니다. 그래서 return fib(5) + fib(4)로 바꾸고 실행해 보겠습니다.

```python
def fib(n):
    return fib(5) + fib(4)


print(fib(6))
```

◎ 결과
```
Traceback (most recent call last):
---- 중략 ----
    return fib(5) + fib(4)
  [Previous line repeated 996 more times]
RecursionError: maximum recursion depth exceeded
```

◎ 결과 해석

역시나 재귀가 끝나는 조건을 만들지 않았기 때문에 maximum recursion depth exceeded 에러가 났습니다.

재귀는 자신을 계속 호출하게끔 되어 있으므로 재귀의 깊이가 깊어지는 문제뿐만 아니라 무한하게 반복될 수 있고 컴퓨터가 다운이 될 수도 있습니다. 그래서 재귀가 끝나는 조건을 꼭 넣고 나서 재귀 호출을 해야 합니다.

파이썬에서는 재귀가 무한히 반복되는 것을 막기 위해 리밋이 설정되어 있습니다. 위 로직 같은 경우는 996번 이상 호출되었다고 에러가 났습니다. 물론 리밋을 늘릴 수 있지만 재귀가 너무 깊어진다면 다른 방법을 생각하는 것이 좋습니다. 피보나치 수열 같은 경우는 반복문으로 구하는 방법도 있고 11장에서 배울 다이내믹 프로그래밍 방법도 있으니, 다양한 방법을 생각해 보시기 바랍니다.

10.5.2. 피보나치 재귀의 핵심 로직 추가

아직 재귀로 핵심 로직을 구현하기 전이지만 피보나치 수열이 1, 1, 2, 3, 5처럼 진행될 때 fib(1)의 실행 결과는 1이고 fib(2)도 1, fib(3)은 2와 같이 n번째 값을 리턴하는 함수로 디자인 했습니다.

n	1	2	3	4	5	6
fib(n)	1	1	2	3	5	8

피보나치 수열은 앞의 두 개 값을 더한 것이 그 다음 값이 되는 수열입니다. 그래서 fib(1) + fib(2)는 fib(3)이 됩니다. fib(2) + fib(3)은 fib(4)가 되는 구조입니다. fib(2) + fib(3) = fib(4)를 다시 써 보면 fib(4) = fib(3) + fib(2)가 되는 것입니다.

하지만 함수에 전달되는 값은 fib(4), fib(5)처럼 n번째에 해당하는 숫자이기 때문에 fib(n)의 값은 fib(n-1)과 fib(n-2)를 알기 전에는 구할 수 없습니다. 여기에서 핵심 로직이 나옵니다. fib(4) = fib(3) + fib(2)를 n을 이용해 표현해 보겠습니다. 여기서 n은 4입니다.

```
n = 4
fib(n) = fib(n - 1) + fib(n - 2)
```

n이 4라면 fib(n)은 fib(4)이고 fib(n - 1)은 fib(3), fib(n - 2)는 fib(2)입니다. 이런 식으로 n을 1씩, 2씩 줄이면서 fib(2) + fib(1)까지 내려가야 1 + 1이 시작됩니다.

피보나치 수열은 1, 1, 2, 3, 5의 순서지만 재귀로 풀어낼 때는 5, 3, 2, 1, 1처럼 반대의 순서로 답을 구하게 됩니다. 이렇게 반복되는 연산에서 앞의 연산 결과가 뒤의 연산에 영향을 미치는 경우 재귀를 주로 사용하게 됩니다. 그래서 피보나치 수열은 재귀에 대해 알아보기 좋은 예제가 되며, 이번 장에서 명확히 여러분의 것으로 만드시기 바랍니다.

그럼 다시 코드를 작성해 보겠습니다. 피보나치 수열의 네 번째 값인 fib(4)를 리턴한다고 하면 [1, 1, 2, 3, 5, 8]에서 3을 리턴해야 합니다.

```
result = fib(4)
print(result)
```

그런데 여기서 fib(4)인 3은 2 + 1의 결과입니다. 그리고 2는 fib(3)이고 1은 fib(2)입니다. 다시

2는 1 + 1의 결과죠. 피보나치 수열이 1, 1로 시작하기 때문에 fib(1)과 fib(2)도 각각 1입니다. 식으로 표현해 보면, fib(4)는 fib(3)과 fin(2)의 합입니다. 코드로 작성해 보겠습니다.

```
result = fib(3) + fib(2)
```

fib(3)	fib(2) + fib(1)
fib(2)	fib(1) + fib(0)

각각 fib(3), fib(2)도 풀어서 써 보겠습니다. 풀어 쓰면 아래와 같이 됩니다.

```
result = fib(2) + fib(1) + fib(1) + fib(0)
```

fib(1)은 1, 1, 2, 3에서 1이라는 것을 알지만 fib(0)이 나왔습니다. 이 부분도 식에 포함이 되어 있기 때문에 처리해 주어야 합니다.

n	1	2	3	4	5	6
fib(n)	1	1	2	3	5	8

앞에서 위와 같이 1, 1, 2, 3으로 이어지는 피보나치 수열을 가지고 예제를 진행해 보고 있습니다. 피보나치 수열이 '앞에 두 수를 더한 값이 그 다음 값이 되는 수열이기 때문에 fib(0)을 0으로 한다면 이 조건에도 맞습니다.

n	0	1	2	3	4	5	6
fib(n)	0	1	1	2	3	5	8

우리에게 익숙한 것은 1, 1, 2, 3, 5, 8이지만 피보나치 수열을 0, 1, 1, 2, 3, 5, 8처럼 맨 앞에 0으로 시작을 해도 문제가 없습니다.

그러면 앞에 나왔던 식을 한 번 더 풀어서 써 보겠습니다.

```
result = fib(2) + fib(1) + fib(1) + fib(0)
```

fib(2) = fib(1) + fib(0)으로 풀어서 쓸 수 있습니다.
```
result = fib(1) + fib(0) + fib(1) + fib(1) + fib(0)
```

이제는 더 풀어서 쓸 것이 없습니다. 위 표를 참고하여 식을 완성해 보겠습니다.

```
result = 1 + 0 + 1 + 1 + 0
```

fib(4)는 fib(1) + fib(0) + fib(1) + fib(1) + fib(0)으로 풀어지고 fib(1)은 1이고 fib(0)은 0이기 때문에 fib(4)는 3이 됩니다. 재귀로 푸는 피보나치 수열은 fib()로 전달하는 n의 크기가 점점 줄어들다가 1까지 갔을 때, 다시 1부터 리턴하기 시작하여 답을 완성하게 됩니다. 핵심 로직인 fib(n - 1) + fib(n -2)를 적용해서 피보나치 수열을 재귀로 구성해 보겠습니다.

핵심 로직인 fib(n - 1) + fib(n - 2)를 적용해서 재귀를 구성해 보겠습니다.

```python
def fib(n):
    return fib(n - 1) + fib(n - 2)

print(fib(4))
```

생각보다 너무 간단한 로직이 나와서 당황스러우실 수 있지만 아직 끝난 것이 아닙니다. 왜냐하면 위 로직을 실행하면 에러가 나기 때문입니다.

◎ 결과
```
  [Previous line repeated 996 more times]
RecursionError: maximum recursion depth exceeded
```

◎ 결과 해석
앞에서 났던 maximum recursion depth exceeded 에러가 났습니다. 역시나 끝나는 조건이 없기 때문입니다. 여기에 재귀가 끝나는 탈출 조건을 넣어서 로직을 완성해 보겠습니다.

10.5.3. 탈출 조건 만들기

앞에서 탈출 조건을 만들어 주지 않아서 재귀가 계속 반복되다가 리밋에 가까워지자 에러가 났습니다. 그래서 이번엔 탈출 조건을 만들어 보겠습니다. 피보나치 수열에서 탈출 조건은 n <= 1일 때 리턴해 주는 것입니다. 왜냐하면 fib(6) = fib(5) + fib(4)인데 이 호출이 계속 반복되어 fib(1), fib(0)까지 가기 때문입니다.

리턴할 때, return 1을 해 주는 것이 아니고 return n을 한다는 것도 유의하시기 바랍니다.

```python
def fib(n):
    if n <= 1:
        return n
    return fib(n - 1) + fib(n - 2)

result = fib(6)
print(result)
```

✓ 결과
```
8
```

✓ 결과 해석

result = fib(6)에서 fib(6)은 fib(5) + fib(4)를 리턴하기 때문에 result = fib(5) + fib(4)가 됩니다.

fib(6)은 fib(5) + fib(4)를 리턴합니다.

```
fib(6) = fib(5) + fib(4)
```

fib(5) + fib(4)에서 fib(5)는 fib(4) + fib(3)입니다. 각 fib(4), fib(3)은 아래와 같이 fib(1), fib(0)이 나올 때까지 n을 하나씩 줄이면서 계속 fib()함수를 호출합니다.

```
fib(5) = fib(4) + fib(3)
        fib(4) = fib(3) + fib(2)
            fib(3) = fib(2) + fib(1)
                fib(2) = fib(1) + fib(0)
                    fib(1) = 1
                    fib(0) = 0
                fib(1) = 1
            fib(2) = fib(1) + fib(0)
                fib(1) = 1
                fib(0) = 0

        fib(3) = fib(2) + fib(1)
            fib(2) = fib(1) + fib(0)
                fib(1) = 1
                fib(0) = 0
            fib(1) = 1
```

fib(5) + fib(4)에서 fib(4)는 fib(3) + fib(2)입니다. 여기에서 fib(3), fib(2)등 구하는 연산이 반복되는 것을 볼 수 있습니다. 이것이 재귀의 문제입니다. 이미 결과가 나온 연산이지만 재귀는 또다시 연산을 해야 한다는 문제를 가지고 있습니다. 이 문제는 뒤에서 다룰 다이내믹 프로그래밍으로 해결할 수 있습니다.

```
fib(4) = fib(3) + fib(2)
fib(3) = fib(2) + fib(1)
    fib(2) = fib(1) + 0
        fib(1) = 1
    fib(1) = 1
```

```
fib(2) = fib(1) + fib(0)
       fib(1) = 1
       fib(0) = 0
```

위 로직에서 재귀를 타지 않는 경우는 n이 1인 경우, 0인 경우 두 가지뿐입니다.

```
def fib(n):
    if n <= 1:
        return n
    return fib(n - 1) + fib(n - 2)
```

위 함수는 fib(3), fib(2), fib(1)인 경우 모두 실행됩니다. if 3 <=1, if 2 <= 1, if 1 <= 1 이 경우가 모두 타게 됩니다만 실제로 return n은 n이 1 또는 0일 때만 실행됩니다.

result = fib(2)	if 2 <= 1: return n return fib(2 - 1) + fib(2 - 2)

n이 2일 때 fib(1) + fib(0)을 리턴하게 됩니다. 하지만 fib(1), fib(0)은 위와 같이 if조건을 타기 때문에 1인 경우는 1을 리턴하고 더는 재귀 호출을 하지 않습니다. 0인 경우도 마찬가지로 0을 리턴하고 재귀를 더는 호출하지 않습니다. n의 개수를 계속 줄여가면서 1과 0이 나올 때까지 내려가다가 재귀를 호출하지 않게 되는 1, 0까지 내려간 후 다시 1 + 1부터 시작해서 1 + 2, 2 + 3, 3 + 5를 차례로 계산하여 결과를 리턴하는 구조입니다.

10.6. 최대공약수 구하기(GCD: Greatest Common Divisor)

196, 42의 최대공약수를 구해 보겠습니다. 최대공약수를 구하려면 먼저 두 개의 숫자가 있어야 합니다. 최대공약수에서 '공'자는 서로 공유한다는 뜻이기 때문에 공유를 하려면 숫자가 한 개로는 부족합니다.

이 경우에는 196과 42가 되겠죠? 196과 42의 최대공약수는 이 두 개의 수가 포함하고 있는 공통된 약수 중 가장 큰 수일 것입니다. 196과 42를 소수의 제곱으로 각각 표현하면 아래와 같습니다. 여기에서 소수는 약수가 1 또는 자기 자신밖에 없는 수, 예를 들어 2, 3, 7, 11, 13과 같은 수를 말합니다.

42 = 2 × 3 × 7
196 = 2 × 2 × 7 × 7

42에는 2 × 7이 들어있고 196에도 2 × 7이 들어있습니다. 그래서 1, 2, 7, 14가 공약수가 되겠습니다. 이 공약수 중에서 가장 큰 수가 최대공약수가 됩니다. 여기에서는 1, 2, 7, 14 중 14가 가장 크기 때문에 최대공약수가 14가 되는 것입니다.

이제부터 두 수의 최대공약수를 구하는 함수를 만들어 보겠습니다. 최대공약수를 구하는 함수를 만들면 result = gcd(196, 42)와 같은 모양이 되겠습니다.

먼저 최대공약수의 4가지 정의를 살펴보겠습니다.

gcd(a, a) = a   - - - - - - - 1번 정의
두 수가 같으면 최대 공약수는 a라는 정의입니다.

gcd(a, b) = gcd(a, a + b) - - - - - - - 2번 정의
두 수가 다를 때 두 수의 최대공약수와 두 수 중 작은 수에 b를 더한 수와 작은 수의 최대공약수는 같다는 정의입니다.

a > b => gcd(a, b) = gcd(a - b, b) - - - - - - - 3번 정의
b가 a보다 작은 경우 두 수 a, b의 최대공약수와 큰 수인 a에서 b를 뺀 수와 b의 최대공약수는 같다는 정의입니다.

gcd(a, b) = gcd(b, a)   - - - - - - - 4번 정의
a, b의 최대공약수와 b, a의 최대공약수는 같다는 정의입니다.

이 4가지 정의를 이용해 196과 42의 최대공약수를 구해 보겠습니다.

먼저 3번 정의인 gcd(a, b) = gcd(a- b, b)를 적용해 보면 gcd(196, 42) = gcd(196-42, 42) 이렇게 됩니다.

gcd(196, 42) = gcd(196-42, 42)가 같다는 정의입니다. 여기서 1번 정의인 두 수가 같아지는 gcd(a, a)가 나올 때까지, 계속해서 연산해 보겠습니다.

154와 42의 최대공약수를 구하면 됩니다.

gcd(154, 42) = gcd(154 - 42, 42)

두 수 중에서 큰 수에서 작은 수를 빼서 작은 수와의 최대공약수를 구하면 됩니다. 계속해 보겠습니다.

gcd(154, 42) = gcd(112, 42) = gcd(112 - 42, 42)
gcd(70, 42) = gcd(70 - 42, 42)
gcd(28, 42)

28, 42가 나왔습니다. 이번엔 2번 정의인 gcd(a, b) = gcd(a, a + b)를 적용해 보겠습니다.
gcd(28, 42) = gcd(28, 28 + 14)
gcd(28, 14)

28, 14가 되었습니다. 다시 3번 정의를 적용해 보겠습니다.
gcd(28, 14) = gcd(28 - 14, 14)
gcd(14, 14)

같은 수가 나왔습니다. 그리고 이때, 1번 정의인 gcd(a, a) = a에 의해 14가 196과 42의 최대공약수가 됩니다. 위 과정을 한 번에 작성해 보면 아래와 같습니다.

gcd(196, 42) = gcd(196 - 42, 42)
gcd(154, 42) = gcd(154 - 42, 42)
gcd(112, 42) = gcd(112 - 42, 42)
gcd(70, 42) = gcd(70 - 42, 42)
gcd(28, 42) = gcd(28, 42 - 28)

```
gcd(28, 14) = gcd(28 - 14, 14)
gcd(14, 14)
```

이 로직을 프로그램으로 구현해 보겠습니다.

```
def gcd(first, second):
    return 1

print(gcd(196, 42))
```

> 결과
```
1
```

일단은 두 수 196과 42를 first, second로 받고 1을 리턴하는 함수를 만들었습니다. 1은 모든 수의 약수입니다. 약수 중에서 가장 작은 수는 1입니다. 어떤 수라도 1을 곱하면 자신이 나오기 때문입니다. 그래서 만약 두 수의 공약수가 없을 경우 1을 리턴할 수 있도록 코드를 작성했습니다.

10.6.1. gcd(a, a) = a 로직 추가하기

```
def gcd(first, second):
    if first == second:
        return first
    return 1

print(gcd(196, 42))
```

> 결과
```
1
```

최대공약수를 구하는 1번 정의인 gcd(a, a) = a인 로직을 추가했습니다. 196과 42, 두 숫자에서 의미 있는 결과가 나오기 위해서는 2, 3, 4번 정의에 따른 몇 가지 로직이 필요합니다. 사실 gcd(a, a) = a 로직은 최대공약수를 구하는 마지막 과정에서 필요합니다. 마지막 과정인 gcd(14, 14)를 코드에 적용해 보겠습니다.

```
--- 중략 ---

print(gcd(14, 14))
```

⊘ 결과
```
14
```

예상한 대로 결과가 14가 나왔습니다. 이제는 14가 나오기 이전의 과정에 대한 로직을 추가해 보겠습니다.

10.6.2. a > b 일 때, gcd(a, b) = gcd(a − b, b) 로직 추가하기

196과 42 두 숫자를 비교하였을 때 첫 번째 숫자인 196이 두 번째 숫자인 42보다 크기 때문에 3번 정의를 이용하여 로직을 추가하겠습니다. 3번 정의를 통하여,

gcd(196, 42) = gcd(196 - 42, 42)
gcd(154, 42) = gcd(154 - 42, 42)
gcd(112, 42) = gcd(112 - 42, 42)
gcd(70, 42) = gcd(70 - 42, 42)
gcd(28, 42)

이 과정까지 나아갈 수 있습니다.

```python
def gcd(first, second):
    print(first, second)
    if first == second:
```

```
        return first
    elif first > second:
        return gcd(first - second, second)
    return 1

print("result=>",gcd(196, 42))
```

◇ 결과
```
196 42
154 42
112 42
70 42
28 42
result=> 1
```

10.6.3. a < b 일 때, gcd(a, b) = gcd(a, b – a) 로직 추가하기

이제 첫 번째 숫자 28과 두 번째 숫자 42와의 비교를 통해 최대공약수를 찾아야 합니다. 여기서는 첫 번째 숫자 28이 두 번째 숫자 42보다 작아졌기 때문에 3, 4번 정의를 이용해야 합니다.

우선 4번 정의를 통해 gcd(a, b) = gcd(b, a)임을 알 수 있습니다. 그리고 3번 정의를 통해 gcd(b, a) = gcd(b - a, a)임을 알 수 있고, 마지막으로 다시 4번 정의를 통해 gcd(b - a, a) = gcd(a, b - a)임을 확인할 수 있습니다. 그래서 우리는 a < b인 상황에서 gcd(a, b) = gcd(a, b - a) 로직을 추가할 수 있습니다.

앞의 로직에서 나온 gcd(28, 42)에서 더 나아가 최대공약수를 구할 수 있게 됩니다.
gcd(196, 42) = gcd(196 - 42, 42)
gcd(154, 42) = gcd(154 - 42, 42)
gcd(112, 42) = gcd(112 - 42, 42)
gcd(70, 42) = gcd(70 - 42, 42)
gcd(28, 42) = gcd(28, 42 - 28)

gcd(28, 14) = gcd(28 - 14, 14)
gcd(14, 14)

```python
def gcd(first, second):
    print(first, second)
    if first == second:
        return first
    elif first > second:
        return gcd(first - second, second)
    elif first < second:
        return gcd(first, second - first)
    return 1

print("result=>",gcd(196, 42))
```

⊘ 결과

```
196 42
154 42
112 42
70 42
28 42
28 14
14 14
result=> 14
```

11. 다이내믹 프로그래밍 (Dynamic Programming)

다이내믹 프로그래밍(Dynamic Programming)은 알고리즘 문제를 풀 때 중간쯤에 나오는 주제입니다. 문제를 처음 확인했을 때, '이해는 가는데 로직 구현을 어떻게 해야 할까?'와 같은 생각이 드는 문제 중에 다이내믹 프로그래밍 기법을 이용하면 답을 낼 수 있는 문제들이 많습니다.

여기에서 다이내믹(Dynamic)은 한국어로 '동적'으로 번역을 많이 합니다. '동적'이란 단어 역시 한자어다 보니 한번에 의미를 이해하기 어려워, 오히려 영어인 다이내믹(Dynamic)이 더 편하고 잘 와닿을 수 있습니다. 그러면 '다이내믹', '동적'이라는 말에 대해서 한번 생각을 해볼 필요가 있습니다.

왜 이 기법에 다이내믹, 동적이라는 말을 붙였을까요? 정확히는 모르겠지만, 위키피디아에 'Dynamic Programming', '동적 계획법'을 검색해 보면 1950년대에 수학자 리처드 벨만이 공군 소속의 회사에 다닐 때 지었다고 합니다. 멋있는 이름이 어떤 것이 있을까 생각하다가 그 당시에 다이내믹(Dynamic)이라는 말이 유행을 하면서 붙였다는 설이 있습니다. 굳이 연관성을 따져 보자면 다이내믹 프로그래밍은 큰 문제 안에 작은 문제가 중첩되어 있는 경우 이것을 풀기 위한 방법이기 때문에, 연산들 중에서 풀이 과정과 결과가 가장 다이내믹하다고는 할 수 있겠습니다.

아래 대표적인 다이내믹 프로그래밍 문제를 풀어보면서 다이내믹 프로그래밍에 대해 알아보겠습니다.

11.1. LCS(Longest Common Subsequence)

LCS는 다이내믹 프로그래밍을 공부할 때 예제로 많이 나오는 문제입니다. LCS는 Longest Common Subsequence의 약자입니다. 한글로는 '가장 긴 공통된 부분집합' 정도로 옮겨 볼 수 있을 것 같습니다.

예를 들어 'ABC'라는 문자열과 'BC'라는 문자열이 있을 때 LCS는 'BC'입니다. 그리고 개수는 2개입니다. 이렇게 두 개의 문자열에서 겹치는 문자 중 가장 긴 문자열을 세는 것이 LCS알고리즘입니다.

이 알고리즘을 구현하려면 다이내믹 프로그래밍답게 현재 인덱스까지 진행된 결과를 기록해 놓고 그것을 계속해서 참조해야 합니다.

		A	B	C	D
		0	0	0	0
D	0				
C	0				
A	0				

그래서 이렇게 메모장 역할을 하는 배열을 만들어 놓고 현재 인덱스 i, j까지 개수를 센 결과를 참조해서 답을 내는 방법을 사용합니다.

11.1.1. LCS 핵심 로직

본격적으로 LCS알고리즘에 대해 알아보겠습니다. 사실 어떤 알고리즘이든 문제를 풀 때는 반복되는 부분이 어디인지를 먼저 찾아야 합니다. 그래야 그 부분을 로직화할 수 있기 때문입니다. 하지만 해당 알고리즘에 대해 미리 알고 있지 않다면, 어디가 반복되는 부분인지 정확히 찾을 수 없습니다.

그럴 때 보통 사용하는 방법은 인덱스를 하나씩 올려가면서 변화가 있는 부분을 어떻게 처리할 것인지 생각해 보는 것입니다.

　이번에 풀어볼 문제는 ABCDCBA와 DCABDC를 비교해서 순서대로 겹치는 문자 중에 가장 긴 것을 찾는 문제입니다. 이 문제의 답은 4입니다. ABDC가 4글자로 순서대로 겹치는 가장 긴 문자열입니다. 순서대로 겹치는 문자열은 DCA, ABD, DC 등 여러 가지가 있지만 가장 긴 것은 4입니다. 눈으로는 오히려 쉽게 찾았지만 이것을 컴퓨터로 구현하는 것은 쉽지 않습니다.

　어떻게 여러 가지 겹치는 문자열들 중에 가장 긴 것을 찾을지, 그것을 로직으로 어떻게 구현할지 함께 풀어 보겠습니다.

> **문제**
>
> seq1 = "ABCDCBA"
> seq2 = "DCABDC"
> 위 seq1, seq2의 문자열을 비교해서 겹치는 가장 긴 문자열의 개수를 세는 알고리즘을 만들어 보세요.
>
> 결과 = "ABDC"

　시작해 보겠습니다. 먼저 두 개의 변수 seq1과 seq2가 있고 그 변수들에서 문자를 하나씩 뽑아 적고 비교해 볼 수 있는 메모장 역할의 배열을 만들겠습니다.

		A	B	C	D	C	B	A
		0	0	0	0	0	0	0
D	0							
C	0							
A	0							
B	0							
D	0							
C	0							

```
seq1 = "ABCDCBA"
seq2 = "DCABDC"
```

sequence1은 ABCDCBA로 총 7글자입니다. sequence2는 DCABDC로 총 6글자입니다. 노트에 위와 같은 표를 그려봅니다. 우리는 LCS를 구하는 로직을 파이썬 코드로 구현할 것입니다. 하지만 먼저 노트에 표를 그려 놓고 손으로 3~4번 정도 작성해 보면 머릿속에 이 표 모양이 그려지면서 이해가 더 잘 될 수 있습니다. 그렇기 때문에 LCS 문제를 처음 접하시는 분이라면 이 방법을 권장합니다. 머릿속으로 떠올리는 것과 직접 노트에 작성해 보면서 이해하는 것은 전혀 다르기 때문입니다.

여기에서 ABCDCBA를 가로로 쓰고 DCABDC를 세로로 썼습니다. 우리 눈은 보통 가로로 먼저 가는 게 익숙합니다. 그래서 D를 하나 골라 놓고 가로로 ABCDCBA를 비교하고, 그 다음 세로로 다음 칸 C로 넘어가서 다시 ABCDCBA의 순서로 비교를 할 것입니다. 그래서 반복문을 쓸 때에도 i를 밖에 쓰고 j를 안쪽에 작성할 예정입니다.

11.1.2. i = 0일 때 (D와 ABCDCBA 비교)

	j	A	B	C	D	C	B	A	x축 seq1
i		0	0	0	0	0	0	0	y축 seq2
D	0	0							i = 0
C	0								
A	0								D
B	0								vs
D	0								A
C	0								

i가 0부터 시작을 하고 j도 0부터 시작을 합니다.

```
seq1 = ['A', 'B', 'C', 'D', 'C', 'B', 'A']    # j가 인덱스
seq2 = ['D', 'C', 'A', 'B', 'D', 'C']         # i가 인덱스
```

seq2[0]은 D입니다. seq1[0]은 A입니다. seq2[0] == seq1[0]은 False입니다. 그래서 D와 A가 만나는 칸은 0입니다.

여기에서 j를 한 개 늘려서 j = 1입니다. i는 여전히 0입니다. seq2[0]은 i가 여전히 0이기 때문에 D입니다. seq1[1]은 B입니다. seq2[0] == seq1[1]은 False입니다. D와 B가 만나는 칸도 역시 0입니다.

	j	A	B	C	D	C	B	A	x축 seq1 y축 seq2
i		0	0	0	0	0	0	0	i = 0 D vs ABCD
D	0	0	0	0	1				
C	0								
A	0								
B	0								
D	0								
C	0								

j가 2일 때는 seq1[2]이고 값은 C이기 때문에 seq2[0] == seq1[2] 역시 False입니다. 그래서 D와 C가 만나는 칸까지 0입니다. 그 다음 j가 3일 때는 seq1[3]은 D입니다. seq2[0] == seq1[3]은 True입니다. True이기 때문에 D와 D가 만나는 칸에 1을 작성해 줍니다.

	j	A	B	C	D	C	B	A	x축 seq1 y축 seq2
i		0	0	0	0	0	0	0	i = 0
D	0	0	0	0	1	1	1	1	D vs ABCDCBA
C	0								
A	0								
B	0								
D	0								
C	0								

j가 4, 5, 6까지 갑니다만 C, B, A이기 때문에 seq2[0]값인 D하고는 같은 게 없습니다. 그래서 여기까지는 1이 가장 큰 값입니다. D와 C가 만나는 칸에 1이라고 작성한 이유는 앞의 칸이 1이기 때문입니다.

11.1.3. i = 1일 때 (DC와 ABCDCBA 비교)

j가 6번인 끝까지 다 돌았기 때문에 0이었던 i에 +1을 해서 i가 1이 됩니다.

```
seq1 = ['A', 'B', 'C', 'D', 'C', 'B', 'A']   # j가 인덱스
seq2 = ['D', 'C', 'A', 'B', 'D', 'C']        # i가 인덱스
```

seq2[1]은 C입니다. 이번에는 C와 seq1에 있는 글자들을 하나씩 비교해 보겠습니다.

	j	A	B	C	D	C	B	A	x축 seq1 y축 seq2
i		0	0	0	0	0	0	0	i = 1 DC vs A
D	0	0	0	0	1	1	1	1	
C	0	0							
A	0								
B	0								
D	0								
C	0								

j는 다시 0부터 시작합니다. seq2[1]은 C이고 seq1[0]은 A입니다. seq2[1] == seq1[0]은 False입니다. False이기 때문에 C와 A가 만나는 칸에 0을 작성해 줍니다.

	j	A	B	C	D	C	B	A	x축 seq1 y축 seq2
i		0	0	0	0	0	0	0	i = 1 DC vs ABC
D	0	0	0	0	1	1	1	1	
C	0	0	0	1					
A	0								
B	0								
D	0								
C	0								

i는 여전히 1입니다. j는 한 개 올려서 1입니다. seq2[1]은 C이고 seq1[1]은 B입니다. seq2[1] == seq1[1]은 False입니다. 따라서 C와 B가 만나는 칸에 0을 작성해 줍니다.

i는 1이고 j를 한 개 올려서 j = 2입니다. 여기에서는 생각해 볼 거리가 있습니다. seq2[1]은 C이고 seq1[2]는 C입니다. seq2[1] == seq1[2]는 True입니다. 그래서 C와 C가 만나는 칸에는 1

이라고 작성해 줍니다. seq1[3]은 D입니다. 여기서 간혹, 앞에서 D와 D가 같을 때 +1을 했기 때문에 여기서도 +1을 해야 하는지 고민하시는 분들이 있습니다. 하지만 다시 잘 생각해 보면, ABC와 DC에서 공통된 알파벳은 C 한 개뿐이기 때문에 이 칸에 +1을 하지 않고 계속해서 1이라고 작성해 주면 됩니다.

	j	A	B	C	D	C	B	A	x축 seq1 y축 seq2
i		0	0	0	0	0	0	0	i = 1
D	0	0	0	0	1	1	1	1	DC vs ABCDC
C	0	0	0	1	1	2			
A	0								
B	0								
D	0								
C	0								

i는 1이고 j를 한 개 올려서 j = 3입니다.

```
seq1 = ['A', 'B', 'C', 'D', 'C', 'B', 'A']    # j가 인덱스
seq2 = ['D', 'C', 'A', 'B', 'D', 'C']         # i가 인덱스
```

seq2[1]은 C이고 seq1[3]은 D입니다. seq2[1] == seq1[3]은 C == D이므로 False입니다. 앞 칸이 1이기 때문에 C와 D가 만나는 칸은 1을 그대로 작성해 줍니다.

다음 단계로 j를 한 개 올려보겠습니다. j만 한 개 올렸기 때문에 i는 1이고 j는 4입니다. seq2[1]은 C이고 seq1[4]도 C입니다. seq2[1] == seq1[4]는 True입니다. ABCDC와 DC를 비교하기 때문에 D와 C가 겹칩니다. 그래서 겹치는 개수는 2입니다. seq2[1] == seq1[4]가 True이기 때문에 숫자에 +1을 해야 하는데 앞 칸이 1이었기 때문에 여기에 +1을 한 값인 2를 작성해 줍니다.

	j	A	B	C	D	C	B	A	x축 seq1 y축 seq2
i		0	0	0	0	0	0	0	i = 1
D	0	0	0	0	1	1	1	1	
C	0	0	0	1	1	2	2	2	DC vs ABCDCBA
A	0								
B	0								
D	0								
C	0								

 i는 1이고 j를 한 개 올려서 j = 5입니다. i, j 순서로 C, B입니다. 같지 않기 때문에 왼쪽 칸에 있는 숫자를 그대로 작성해 줍니다. j가 6일 때도 i, j 순서로 C, A입니다. 같지 않기 때문에 계속 2를 작성합니다.

 i = 1구간이 끝났습니다. i = 2구간으로 넘어갑니다.

11.1.4. i = 2일 때(DCA와 ABCDCBA 비교)

	j	A	B	C	D	C	B	A	x축 seq1 y축 seq2
i		0	0	0	0	0	0	0	i = 2
D	0	0	0	0	1	1	1	1	
C	0	0	0	1	1	2	2	2	DCA vs ABCD
A	0	1	1	1	1				
B	0								
D	0								
C	0								

 i = 2이고 다시 j = 0입니다. i, j 순서로 각각 A, A이기 때문에 True입니다. DCA와 A를 비교

한 것이기 때문에 A 한 개가 같아서 1을 작성합니다.

 i = 2, j = 1일 때는 A, B이기 때문에 False라서 왼쪽에 있는 숫자를 그대로 적어줍니다.
 i = 2, j = 2일 때는 A, C이기 때문에 False라서 왼쪽에 있는 숫자를 그대로 적어줍니다.
 i = 2, j = 3일 때는 A, D이기 때문에 False라서 왼쪽에 있는 숫자를 그대로 적어줍니다.
 i = 2, j = 4일 때는 A, C일 때가 앞에 나온 상황과 조금 다릅니다. DCA와 ABCDC를 비교합니다. 앞에서 DC와 ABCDC를 비교했을 때 DC가 공통이기 때문에 2개라고 개수를 세서 적어놓았습니다.

	j	A	B	C	D	C
i		0	0	0	0	0
D	0	0	0	0	1	1
C	0	0	0	1	1	2
A	0	1	1	1	1	

이 부분입니다. A와 C가 만나는 위 회색 칸에는 1을 적어야 할까요, 2를 적어야 할까요? 지금까지는 알파벳을 비교해서 다른 경우(False) 왼쪽 칸에 있는 숫자를 그대로 적었습니다. 하지만 여기에서는 왼쪽 칸에 있는 숫자 1을 적으면 안 됩니다. 왜냐하면 눈으로 DCA와 ABCDC를 비교해 봐도, DC가 공통이기 때문에 2를 적어야 할 것으로 보이기 때문입니다. 하지만 눈으로 확인하지 않고도 값을 구하기 위해, 새로운 규칙을 적용해야 합니다. 왼쪽에 있는 1과 위쪽에 있는 2 중에서 max(1, 2)를 한 값인 2를 적어주는 것입니다. 이처럼 앞으로는 왼쪽 칸에 있는 숫자뿐만 아니라, 위 칸의 숫자까지 확인해서 비교한 후 둘 중 큰 숫자를 적는 규칙을 적용하겠습니다.

	j	A	B	C	D	C	B	A	x축 seq1
i		0	0	0	0	0	0	0	y축 seq2
D	0	0	0	0	1	1	1	1	i = 2
C	0	0	0	1	1	2	2	2	DCA
A	0	1	1	1	1	2			vs
B	0								ABCDC
D	0								
C	0								

i = 2, j = 5일 때는 A, B이기 때문에 서로 같지 않은 False입니다. 앞서 말했듯 이제는, 왼쪽에 있는 숫자와 위쪽에 있는 숫자를 비교해서 둘 중 큰 숫자를 써줘야 하기 때문에 앞에서는 왼쪽 숫자만 비교해도 문제없었으나 실제로는 왼쪽 숫자, 위쪽 숫자 중 큰 숫자를 그대로 쓰거나 +1을 해야 합니다. 이 로직이 바로 LCS의 핵심입니다.

```
max(memo[i][j - 1], memo[i - 1][j])
```

왼쪽 숫자, 위에 숫자 중 큰 숫자를 뽑아내는 로직은 max(왼쪽 값, 위쪽 값)입니다. 이를 이용하여 코드를 작성합니다.

	j	A	B	C	D	C	B	A	x축 seq1
i		0	0	0	0	0	0	0	y축 seq2
D	0	0	0	0	1	1	1	1	i = 2
C	0	0	0	1	1	2	2	2	j = 5
A	0	1	1	1	1	2	2		DCA
B	0								vs
D	0								ABCDCB
C	0								

위에서 찾아낸 방법대로 max(왼쪽 값, 위쪽 값)을 이용해서 j = 5일 때 memo[i][j]에 어떤 값을 써야 하는지 생각해 보겠습니다. i = 2, j = 5의 값은 각각 A, B입니다. 같지 않습니다. False이기 때문에 max(왼쪽 값, 위쪽 값)을 찾아서 쓰면 됩니다.

최댓값 찾는 함수가 max이기 때문에 max(memo[2][5 - 1], memo[2 - 1][5])는 max(2, 2)가 되고 2와 2 중에서 최댓값은 2입니다. 그래서 memo[2][5]에 들어갈 값은 2입니다.

다음으로 i = 2, j = 6일 때를 알아보겠습니다.

	j	A	B	C	D	C	B	A	x축 seq1 y축 seq2
i		0	0	0	0	0	0	0	i = 2 j = 6
D	0	0	0	0	1	1	1	1	
C	0	0	0	1	1	2	2	2	DCA vs ABCDCBA
A	0	1	1	1	1	2	2	3	
B	0								
D	0								
C	0								

seq2[2]는 A이고 seq1[6]도 A입니다.

```
seq1 = ['A', 'B', 'C', 'D', 'C', 'B', 'A']   # j가 인덱스
seq2 = ['D', 'C', 'A', 'B', 'D', 'C']        # i가 인덱스
```

두 문자가 각각 A, A로 같기 때문에 개수를 올려 주어야 합니다. 2, 6의 왼쪽과 위쪽은 각각 (2행, 5열), (1행, 6열)입니다. memo[2][5]는 2이고 memo[1][6]도 2입니다. max(2, 2)는 두 숫자가 같기 때문에 2입니다. 여기에 A, A로 같기 때문에 +1을 해주면 3이 됩니다. 그래서 memo[2][6]의 값은 3입니다.

11.1.5. i = 3일 때(DCAB와 ABCDCBA 비교)

이제 i가 3입니다.

	j	A	B	C	D	C	B	A	x축 seq1 y축 seq2
i		0	0	0	0	0	0	0	
D	0	0	0	0	1	1	1	1	i = 3
C	0	0	0	1	1	2	2	2	DCAB vs ABCDCBA
A	0	1	1	1	1	2	2	3	
B	0								
D	0								
C	0								

앞에서와 마찬가지로 seq2, seq1의 인덱스 i, j의 문자열이 같으면 max(왼쪽, 위쪽) + 1이고 아니면 max(왼쪽, 위쪽)을 쓰면 됩니다. j 인덱스를 0부터 6까지 여러분들이 한번 하나씩 채워보시기 바랍니다.

i = 3, j = 0 (DCAB, A)

	j	A	B	C	D	C	B	A	max(0, 1) = 1 B == A → False 결과 = 1
				생략					
A	0	1	1	1	1	2	2	3	
B	0								

i = 3, j = 1 (DCAB, AB)

	j	A	B	C	D	C	B	A	max(1, 1) = 1 B == B -> True 결과 = 2
~	~	~	~	~	~	~	~	~	
A	0	1	1	1	1	2	2	3	
B	0	1							

i = 3, j = 2 (DCAB, ABC)

j	A	B	C	D	C	B	A	max(2, 1) = 2 B == C -> False 결과 = 2
~	~	~	~	~	~	~	~	
A	0	1	1	1	1	2	2	3
B	0	1	2					

i = 3, j = 3 (DCAB, ABCD)

j	A	B	C	D	C	B	A	max(2, 1) = 2 B == D -> False 결과 = 2
~	~	~	~	~	~	~	~	
A	0	1	1	1	1	2	2	3
B	0	1	2	2				

i = 3, j = 4 (DCAB, ABCDC)

j	A	B	C	D	C	B	A	max(2, 2) = 2 B == C -> False 결과 = 2
~	~	~	~	~	~	~	~	
A	0	1	1	1	1	2	2	3
B	0	1	2	2	2			

i = 3, j = 5 (DCAB, ABCDCB)

j	A	B	C	D	C	B	A	max(2, 2) = 2 B == B -> True 결과 = 3
~	~	~	~	~	~	~	~	
A	0	1	1	1	1	2	2	3
B	0	1	2	2	2	2		

i = 3, j = 6 (DCAB, ABCDCBA)

	j	A	B	C	D	C	B	A	max(3, 3) = 3 B == A -> False 결과 = 3
~	~	~	~	~	~	~	~	~	
A	0	1	1	1	1	2	2	3	
B	0	1	2	2	2	2	3		

i = 3이기 때문에 DCAB와 A, AB, ABC, ABCD, ABCDC, ABCDCB, ABCDCBA, 이렇게 총 7번 비교를 합니다. DCAB와 ABCDCBA는 DCB 세 개의 글자가 같습니다. 문자열이 같으면 max(왼쪽, 위쪽) + 1이고 문자열이 같지 않다면 max(왼쪽, 위쪽)으로 칸을 쉽게 채울 수 있습니다.

	j	A	B	C	D	C	B	A	x축 seq1 y축 seq2
i		0	0	0	0	0	0	0	i = 3
D	0	0	0	0	1	1	1	1	DCAB vs ABCDCBA
C	0	0	0	1	1	2	2	2	
A	0	1	1	1	1	2	2	3	
B	0	1	2	2	2	2	3	3	
D	0								
C	0								

i = 3일 때를 모두 완성하면 위와 같습니다.

11.1.6. i = 4일 때(DCABD와 ABCDCBA 비교)

i = 4일 때 칸을 채워보겠습니다. 앞에서 나올 수 있는 경우의 수는 다 나왔기 때문에 앞에서 칸을 채웠던 방식으로 쭉 칸을 채울 수 있습니다.

	j	A	B	C	D	C	B	A
i		0	0	0	0	0	0	0
D	0	0	0	0	1	1	1	1
C	0	0	0	1	1	2	2	2
A	0	1	1	1	1	2	2	3
B	0	1	2	2	2	2	3	3
D	0	1	2	2	3	3	3	3
C	0							

x축 seq1
y축 seq2

i = 4

DCABD
vs
ABCDCBA

마찬가지로 문자열이 같으면 max(왼쪽, 위쪽) + 1이고 아니면 max(왼쪽, 위쪽) 알고리즘을 이용하면 값을 계속 채울 수 있습니다.

	j	A	B	C	D
i		0	0	0	0
D	0	0	0	0	1
C	0	0	0	1	1
A	0	1	1	1	1
B	0	1	2	2	2
D	0	1	2	2	3

i = 4
j = 3

DCABD
vs
ABCD

약간 헷갈리는 부분이 있습니다. i = 4, j = 3일 때 D와 D라서 둘이 같습니다. 이때 숫자가 올라갑니다. DCABD와 ABCD를 비교하는 것입니다. DCABD에서는 ABD이고 ABCD에서도 ABD가 같기 때문에 i = 4, j = 3일 때 일치하는 알파벳은 3개입니다. j = 4, j = 5, j = 6일 때 각각 C, B, A이므로 D와 비교해서 같은 게 없고 max값은 3이기 때문에 계속 3입니다.

11.1.7. i = 5일 때(DCABDC와 ABCDCBA 비교)

마지막 번째 i입니다. i = 5일 때 값을 채워보도록 하겠습니다.

	j	A	B	C	D	C	B	A	x축 seq1
i		0	0	0	0	0	0	0	y축 seq2
D	0	0	0	0	1	1	1	1	i = 5
C	0	0	0	1	1	2	2	2	DCABDC
A	0	1	1	1	1	2	2	3	vs
B	0	1	2	2	2	2	3	3	ABCDC
D	0	1	2	2	3	3	3	3	
C	0	1	2	3	3				

역시나 문자열이 같으면 max(왼쪽, 위쪽) + 1이고 아니면 max(왼쪽, 위쪽) 알고리즘을 이용해 값을 채우면 됩니다.

i = 5, j = 4일 때 각각 C와 C라서 같습니다. DCABDC와 ABCDC를 비교합니다. j = 3까지는 DCABDC vs ABCD이기 때문에 ABD가 같아서 총 3개의 글자가 같았습니다.

	j	A	B	C	D	C	i = 5
i		0	0	0	0	0	j = 4
D	0	0	0	0	1	1	DCABDC
C	0	0	0	1	1	2	vs
A	0	1	1	1	1	2	ABCDC
B	0	1	2	2	2	2	
D	0	1	2	2	3	3	
C	0	1	2	3	3		

DCABDC vs ABCDC가 되어서 ABDC 총 4글자가 같기 때문에 4가 됩니다. 그래서 위 빈칸에 들어갈 값은 4입니다.

	j	A	B	C	D	C	B	A	x축 seq1 y축 seq2
i		0	0	0	0	0	0	0	i = 5
D	0	0	0	0	1	1	1	1	DCABDC vs ABCDCBA
C	0	0	0	1	1	2	2	2	
A	0	1	1	1	1	2	2	3	
B	0	1	2	2	2	2	3	3	
D	0	1	2	2	3	3	3	3	
C	0	1	2	3	3	4	4	4	

나머지 칸들은 max(왼쪽, 위쪽) + 1이고 아니면 max(왼쪽, 위쪽) 알고리즘에 의해 모두 4가 됩니다.

	j	A	B	C	D	C	B	A	x축 seq1 y축 seq2
i		0	0	0	0	0	0	0	i = 5
D	0	0	0	0	1	1	1	1	DCABDC vs ABCDCBA
C	0	0	0	1	1	2	2	2	
A	0	1	1	1	1	2	2	3	
B	0	1	2	2	2	2	3	3	
D	0	1	2	2	3	3	3	3	
C	0	1	2	3	3	4	4	4	

위 표를 자세히 보면, 색칠한 칸에서 처음 숫자가 올라간 것을 확인할 수 있습니다. 색칠한 칸의 인덱스를 i, j 순서로 모두 뽑아 보면 (2, 0), (3, 1), (4, 3), (5, 4) 순서입니다.

11.1.8. 코드로 구현하기

LCS(Longest Common Subsequence)에서 핵심 로직은 현재 인덱스 i, j에서 왼쪽에 있는 숫자, 위쪽에 있는 숫자 중 큰 숫자를 넣거나 +1을 해서 넣는 로직입니다.

소스코드는 max(memo[i][j - 1], memo[i - 1][j])입니다. 문자열이 같으면 max(왼쪽, 위쪽) + 1이고 아니면 max(왼쪽, 위쪽)이 핵심 로직입니다. 이 로직을 쓰려면 memo를 할 수 있는 [[0, 0, 0, …], [0, 0, 0, …], [0, 0, 0, …], …] 형태의 배열이 있어야 합니다. 배열에 배열이 들어가 있는 표 형태의 배열이라고 생각하시면 됩니다. 표 형태의 배열을 매트릭스(matrix)라고 합니다. i × j 길이의 매트릭스가 필요합니다. 위에서 우리가 풀어본 문제는 DCABDC vs ABCDCBA = ABDC(4개)입니다.

11.1.9. 메모(memo) 배열 만들기

앞에서는 표를 이용해 개수를 기록했지만 파이썬 코드로 구현할 때는 배열을 표 형태로 구현해서 사용할 것입니다.
DCABDC는 6글자이고 ABCDCBA는 7글자입니다. 그래서 6행 7열의 메모장이 필요합니다.

```
memo = [
[0, 0, 0, 0, 0, 0, 0],
[0, 0, 0, 0, 0, 0, 0],
[0, 0, 0, 0, 0, 0, 0],
[0, 0, 0, 0, 0, 0, 0],
[0, 0, 0, 0, 0, 0, 0],
[0, 0, 0, 0, 0, 0, 0]
]
```

먼저 위와 같이 메모를 할 수 있는 6행 7열의 매트릭스(배열)를 만들어야 합니다. 코드로 구현해 보겠습니다.

```
seq1 = "ABCDCBA"
seq2 = "DCABDC"

# seq1 * seq2만큼의 list 만들기
memo = [[0]*len(seq1) for i in range(len(seq2))]
print(memo)
```

⊘ 결과
```
[[0, 0, 0, 0, 0, 0, 0], [0, 0, 0, 0, 0, 0, 0], [0, 0, 0, 0, 0, 0, 0],
[0, 0, 0, 0, 0, 0, 0], [0, 0, 0, 0, 0, 0, 0], [0, 0, 0, 0, 0, 0, 0]]
```

[0] * 7로 하면 0이 7개가 들어있는 리스트([])가 만들어집니다. 이전에도 말씀드렸지만 파이썬에는 배열은 없고 리스트만 있습니다. 하지만 리스트가 배열의 역할을 하기 때문에 리스트를 이용해서 알고리즘을 풀 수 있습니다.

먼저, 메모 배열을 만든 코드를 다시 살펴보겠습니다. 0이 7개 들어있는 리스트(배열)를 만드는 방법은 아래와 같습니다.

```
print([0] * 7)
```

⊘ 결과
```
[0, 0, 0, 0, 0, 0, 0]
```

그리고 리스트를 매트릭스로 만들려면 [0, 0, 0, 0, 0, 0, 0]이 n개 들어있는 리스트를 또 만들어야 합니다.

```
print([ [0, 0, 0, 0, 0, 0, 0] for i in range(6) ] )
```

⊘ 결과
```
[[0, 0, 0, 0, 0, 0, 0], [0, 0, 0, 0, 0, 0, 0], [0, 0, 0, 0, 0, 0, 0],
[0, 0, 0, 0, 0, 0, 0], [0, 0, 0, 0, 0, 0, 0], [0, 0, 0, 0, 0, 0, 0]]
```

이렇게 반복문을 이용해서 매트릭스를 만들 수 있습니다.

range(6), [0] * 7 코드에서 사용했던 6, 7과 같은 숫자 대신 len(seq1), len(seq2)를 이용해 문자열이 들어있는 변수의 개수를 세서 넣을 수 있습니다. 그런데 여기서 한 가지 주의할 점은, **memo = [[0] * len(seq1)] * len(seq2)**와 같이 사용하면 안됩니다. 이렇게 사용할 경우, memo[i][j]에 바꾼 내용이 모든 행에 적용되기 때문입니다.

```
memo = [ [0] * len(seq1) ] * len(seq2)
```

```
memo = [[0] * len(seq1) for i in range(len(seq2))]
```

위의 두 로직의 차이점은 첫 번째 로직은 *를 사용하고 두 번째 로직은 for문을 사용한다는 점입니다.

for문을 사용하는 로직이 조금 더 복잡하기 때문에 *를 사용하는 로직을 쓰고 싶은 경우가 많습니다. 하지만 *를 쓰는 로직 같은 경우는 배열이 복제가 되는 것이 아니라 배열의 주소만 복사하기 때문에 값이 수정되면 그 부분만 수정되는 것이 아니라 해당 주소를 복제한 모든 배열의 내용이 바뀌게 됩니다. 여기서 주소만 복사하는 이유는 메모리를 효율적으로 이용해서 연산 속도를 높이기 위함입니다. 하지만 이 문제에서 주소만 복사하는 방법을 이용하면 오답이 나오기 때문에 주소만 복사하는 방법 대신 for문을 이용해 값까지 복사하는 방법을 사용해야 합니다.

11.1.10. 비교할 문자열 하나씩 보기

두 개의 문자열 seq1, seq2를 비교하려면 먼저 어떤 문자열끼리 비교할지 뽑아볼 필요가 있습니다. 정확하게 문자열을 뽑았는지 혹시나 순서가 밀리지 않았는지 확인해 봅니다.

```
seq1 = "ABCDCBA"
seq2 = "DCABDC"
memo = [[0]*len(seq1) for i in range(len(seq2))]

# seq1, seq2에서 문자열 한 개씩 뽑기
```

```
for i in range(len(seq2)):
    for j in range(len(seq1)):
        print("({}, {}) = ({}, {})".format(i, j, seq2[i], seq1[j]) )
```

✅ 결과

```
(0, 0) = (D, A)
(0, 1) = (D, B)
(0, 2) = (D, C)
(0, 3) = (D, D)
(0, 4) = (D, C)
(0, 5) = (D, B)
(0, 6) = (D, A)
(1, 0) = (C, A)
(1, 1) = (C, B)
...
(5, 3) = (C, D)
(5, 4) = (C, C)
(5, 5) = (C, B)
(5, 6) = (C, A)
```

seq1은 "ABCDCBA"로 7글자이고 seq2는 "DCABDC"로 6글자입니다. seq2의 문자열을 밖에 있는 for문에, seq1에 있는 문자열은 안쪽의 for문에 넣어 하나씩 뽑습니다. 반복되는 횟수는 len(seq1) * len(seq2)로 7 * 6 = 42번입니다.

11.1.11. 비교하면서 메모장에 기록하기

이제 본격적으로 비교해 보겠습니다. seq1[i]와 seq[j]가 같으면 +1을 해야 하기 때문에 if문을 통해 비교 로직을 추가하겠습니다. 또한 한 가지 주의해야 할 부분은 i 또는 j가 0일 때를 처리해 주는 것입니다. max(memo[i - 1][j], memo[i][j - 1])을 구할 때 i 또는 j가 0이면, 인덱스가 -1이 되면서 에러가 나기 때문입니다.

```
seq1 = "ABCDCBA"
seq2 = "DCABDC"
memo = [[0]*len(seq1) for i in range(len(seq2))]

for i in range(len(seq2)):
    for j in range(len(seq1)):
        seq2i = seq2[i]
        seq1j = seq1[j]
        if(i == 0 and j == 0 and seq2i == seq1j):
            memo[i][j] = 1
        elif(i == 0 and j == 0 and seq2i != seq1j):
            memo[i][j] = 0
print(memo)
```

- 결과

[[0, 0, 0, 0, 0, 0, 0], [0, 0, 0, 0, 0, 0, 0], [0, 0, 0, 0, 0, 0, 0], [0, 0, 0, 0, 0, 0, 0], [0, 0, 0, 0, 0, 0, 0], [0, 0, 0, 0, 0, 0, 0]]

i와 j가 둘 다 0일 때 seq2[i]와 seq1[j]가 같을 수도 있고 다를 수도 있기 때문에, 두 가지 경우를 모두 코드로 작성해야 합니다.

이번에는 i == 0이고 j는 0보다 클 때를 처리해 보겠습니다.

```
seq1 = "ABCDCBA"
seq2 = "DCABDC"
memo = [[0]*len(seq1) for i in range(len(seq2))]

for i in range(len(seq2)):
    for j in range(len(seq1)):
        seq2i = seq2[i]
        seq1j = seq1[j]
```

```python
        if(i == 0 and j == 0 and seq2i == seq1j):
            memo[i][j] = 1
        elif(i == 0 and j == 0 and seq2i != seq1j):
            memo[i][j] = 0
        elif(i == 0 and j > 0 and seq2i == seq1j):
            memo[i][j] = memo[i][j - 1] + 1
        elif(i == 0 and j > 0 and seq2i != seq1j):
            memo[i][j] = memo[i][j - 1]
        else:
            print(seq2[i], seq1[j])

print(memo)
```

⊘ 결과

```
C A
C B
C C
C D
---- 중략 ----
A C
A D
C C
C B
C A
[[0, 0, 0, 1, 1, 1, 1], [0, 0, 0, 0, 0, 0, 0], [0, 0, 0, 0, 0, 0, 0],
 [0, 0, 0, 0, 0, 0, 0], [0, 0, 0, 0, 0, 0, 0], [0, 0, 0, 0, 0, 0, 0]]
```

 i = 0이고 j = 3일 때 D vs ABCD를 비교합니다. 그러면 D가 같으므로 처음으로 1이 찍히고 그 이후로는 계속 [0, 0, 0, 0, 0, 0, 0]이 나옵니다. if 조건이 i = 0일 때만 +1이 되어 i가 0보다 클 경우, +1 되는 로직을 타지 않기 때문입니다. 그래서 원하는 결과를 얻기 위해 조건을 조금 더 추가하겠습니다.

```
    elif(i == 0 and j > 0 and seq2i == seq1j):
        memo[i][j] = memo[i][j - 1] + 1
    elif(i == 0 and j > 0 and seq2i != seq1j):
        memo[i][j] = memo[i][j - 1]
```

핵심 로직은 이 부분입니다. i가 0일 때는 윗 줄의 결과가 없기 때문에 memo의 j - 1의 결과를 이용합니다. seq2[i]와 seq1[j]의 값이 같으면 왼쪽 값에 +1을 하고 같지 않으면 왼쪽 값을 그대로 사용합니다. i가 0보다 클 때는 윗 줄에 있는 값도 참조할 수 있기 때문에 memo[i - 1][j] 로직을 추가하겠습니다.

```
seq1 = "ABCDCBA"
seq2 = "DCABDC"
memo = [[0]*len(seq1) for i in range(len(seq2))]
for i in range(len(seq2)):
    for j in range(len(seq1)):
        seq2i = seq2[i]
        seq1j = seq1[j]
        if(i == 0 and j == 0 and seq2i == seq1j):
            memo[i][j] = 1
        elif(i == 0 and j == 0 and seq2i != seq1j):
            memo[i][j] = 0
        elif(i == 0 and j > 0 and seq2i == seq1j):
            memo[i][j] = memo[i][j - 1] + 1
        elif(i == 0 and j > 0 and seq2i != seq1j):
            memo[i][j] = memo[i][j - 1]
        elif(i > 0 and j == 0 and seq2i == seq1j):
            memo[i][j] = memo[i - 1][j] + 1
        elif(i > 0 and j == 0 and seq2i != seq1j):
            memo[i][j] = memo[i - 1][j]
        else:
```

```
            print(seq2[i], seq1[j])
print(memo)
```

✓ 결과

```
C B
C C
C D
C C
---- 중략 ----
C D
C C
C B
C A
[[0, 0, 0, 1, 1, 1, 1], [0, 0, 0, 0, 0, 0, 0], [1, 0, 0, 0, 0, 0, 0],
[1, 0, 0, 0, 0, 0, 0], [1, 0, 0, 0, 0, 0, 0], [1, 0, 0, 0, 0, 0, 0]]
```

결과를 보시면 memo[0]은 [0, 0, 0, 1, 1, 1, 1]입니다. 그리고 memo[2]는 [1, 0, 0, 0, 0, 0, 0]입니다. i > 0이고 j == 0일 때만 처리했으므로 [1, 0, 0, 0, 0, 0, 0]으로 나옵니다.

마지막으로 i > 0이고 j > 0일 때를 처리해 보겠습니다. 이 경우에는 memo[i - 1][j], memo[i][j - 1]을 모두 사용할 수 있습니다.

```
seq1 = "ABCDCBA"
seq2 = "DCABDC"
memo = [[0] * len(seq1) for i in range(len(seq2))]

for i in range(len(seq2)):
    for j in range(len(seq1)):
        seq2i = seq2[i]
        seq1j = seq1[j]
        if(i == 0 and j == 0 and seq2i == seq1j):
```

```
            memo[i][j] = 1
        elif(i == 0 and j == 0 and seq2i != seq1j):
            memo[i][j] = 0
        elif(i == 0 and j > 0 and seq2i == seq1j):
            memo[i][j] = memo[i][j - 1] + 1
        elif(i == 0 and j > 0 and seq2i != seq1j):
            memo[i][j] = memo[i][j - 1]
        elif(i > 0 and j == 0 and seq2i == seq1j):
            memo[i][j] = memo[i - 1][j] + 1
        elif(i > 0 and j == 0 and seq2i != seq1j):
            memo[i][j] = memo[i - 1][j]
        elif(i > 0 and j > 0 and seq2i == seq1j):
            memo[i][j] = max(memo[i - 1][j], memo[i][j - 1]) + 1
        elif(i > 0 and j > 0 and seq2i != seq1j):
            memo[i][j] = max(memo[i - 1][j], memo[i][j - 1])
        else:
            print(seq2[i], seq1[j])
print(memo)
```

⊘ 결과

```
[[0, 0, 0, 1, 1, 1, 1], [0, 0, 1, 1, 2, 2, 2], [1, 1, 1, 1, 2, 2, 3],
[1, 2, 2, 2, 2, 3, 3], [1, 2, 2, 3, 3, 3, 3], [1, 2, 3, 3, 4, 4, 4]]
```

else에 걸리는 것이 하나도 없이 memo[5]에 [1, 2, 3, 3, 4, 4, 4]로 4가 등장했습니다.

	j	A	B	C	D	C	B	A
i		0	0	0	0	0	0	0
D	0	0	0	0	1	1	1	1
C	0	0	0	1	1	2	2	2
A	0	1	1	1	1	2	2	3
B	0	1	2	2	2	2	3	3
D	0	1	2	2	3	3	3	3
C	0	1	2	3	3	4	4	4

앞에서 만들었던 표와 결과가 똑같이 나왔습니다.

지금까지 사용한 i, j의 조건은 아래와 같이 4개입니다.

i == 0 and j == 0
i == 0 and j > 1
i > 0 and j == 0
i > 0 and j > 0

여기에 각각 seq2[i]와 seq1[j]가 같을 때와 같지 않을 때를 처리해서 같을 때는 +1을 하고 다를 때는 -1을 했습니다. 대부분의 경우 max(memo[i - 1][j], memo[i][j - 1]) 로직이 가장 많이 실행될 것입니다. 하지만 이 로직이 제대로 실행되기 위해서는 먼저 i, j가 0일 경우를 처리해 줘야 하는데 이 전처리 조건이 6줄이나 되기 때문에 알고리즘 입문자가 바로 생각해서 문제를 풀기가 쉽지 않습니다. 하지만 핵심 로직이 무엇인지를 찾고 그것에 맞춰 한 단계씩 만들면 충분히 로직을 완성할 수 있습니다.

11.2. 최적의 전략(Optimal Strategy) 찾기

다이내믹 프로그래밍 방법을 이용해 풀 수 있는 대표적인 문제를 한 가지 더 풀어 보겠습니다. 간단한 게임에서 항상 이기는 알고리즘입니다. 아래 문제를 먼저 보겠습니다.

> **문제**
>
> list = [2, 7, 40, 19, 4, 9]
>
> 위 배열과 같이 짝수 개의 숫자 카드가 일렬로 놓여 있습니다. 나와 상대방이 번갈아 가면서 카드를 가지고 올 수 있는데 현재 놓여 있는 카드 중에서 맨 앞에 있는 카드 또는 맨 뒤에 있는 카드를 가지고 올 수 있습니다.
>
> 예를 들어 [2, 7, 40, 19, 4, 9] 카드가 있다면 카드를 가지고 올 때 맨 앞에 있는 2 또는 맨 뒤에 있는 9를 가지고 올 수 있습니다. 처음부터 40이나 19를 가지고 올 수는 없습니다.
>
> [2, 7, 40, 19, 4, 9]에서 9를 가지고 왔다면 상대방은 [2, 7, 40, 19, 4] 중 2와 4를 가지고 갈 수 있습니다.
>
> 이 게임은 가지고 온 카드의 숫자 총합이 큰 사람이 이기는 게임입니다.
>
> 내가 먼저 카드를 가지고 올 수 있을 때. 이 게임에서 항상 승리할 수 있는 알고리즘을 만들어 보세요. 여기에서 상대방은 단순히 남아 있는 숫자 중 큰 숫자를 가지고 가는 것이 아니라 그 순간에 최적의 선택을 합니다.

11.2.1. 가장 큰 숫자 가지고 오기

가장 단순하게 현재 고를 수 있는 가장 큰 숫자를 가지고 오는 전략을 사용해 진행해 보겠습니다.

전체 [2, 7, 40, 19, 4, 9]	
나	상대방
9	4

내가 먼저 카드를 가지고 오기 때문에 [2, 7, 40, 19, 4, 9] 중에서 선택할 수 있는 것은 맨 앞의 2 또는 맨 뒤의 9입니다. 2보다는 9가 크기 때문에 9를 가지고 옵니다.

내가 9를 가지고 왔기 때문에 상대방은 [2, 7, 40, 19, 4] 중에서 한 개의 카드를 가지고 올 수 있습니다. 단순하게 생각해서 2보다는 4가 크기 때문에 맨 뒤에 있는 4를 가지고 옵니다.

그러면 [2, 7, 40, 19]가 남습니다. 나 한 번, 상대방 한 번 이렇게 숫자를 한 번씩 가지고 오는 것을 한 라운드라고 합시다. 그러면 첫 번째 라운드가 끝났습니다. 첫 번째 라운드의 결과는 나는 9이고 상대방은 4이기 때문에 내가 점수가 더 높습니다.

이제 두 번째 라운드로 가보겠습니다.

전체 [2, 7, 40, 19]	
나	상대방
9 + 19 = 28	4 + 40 = 44

[2, 7, 40, 19]에서 내 차례입니다. 맨 앞에 있는 2와 맨 뒤에 있는 19 중에서 19가 더 크기 때문에 이 상황에서 나는 19를 가지고 오는 판단을 하였습니다. 그러면 상대방은 [2, 7, 40] 중에 어떤 숫자를 가지고 올 것인지 고를 수 있습니다. 맨 앞은 2이고 맨 뒤는 40입니다. 여기에서 상대방은 2와 40 중에 40이 크기 때문에 40을 가지고 갑니다.

2라운드가 끝났을때 나는 9, 19를 가지고 왔으므로 총합은 28이고 상대방은 4, 40을 가지고 갔으므로 44입니다. 2라운드까지의 결과는 상대방이 점수가 더 높습니다. 이제 마지막 3라운드를 진행해 보겠습니다.

전체 [2, 7]	
나	상대방
9 + 19 + 7 = 35	4 + 40 + 2 = 46

2와 7 중에서 고를 수 있습니다. 2보다는 7이 크기 때문에 7을 고릅니다. 나는 9, 19, 7을 골랐기 때문에 합은 35입니다. 내가 7을 가지고 왔기 때문에 상대방이 가지고 갈 수 있는 숫자는 마

지막에 남은 2뿐입니다. 그러면 상대방은 4, 40, 2를 가지고 갔기 때문에 모두 더하면 46입니다. 나는 35점이고 상대방은 46점이기 때문에 내가 졌습니다. 현재 고를 수 있는 숫자 중 가장 큰 숫자를 고르는 전략을 쓴다면 숫자 배열에 따라서 내가 이길 수도 있지만 [2, 7, 40, 19, 4, 9]와 같은 숫자가 주어진다면 내가 항상 이길 수는 없습니다.

11.2.2. 더 좋은 방법 찾아보기

앞에서는 현재 선택할 수 있는 숫자 중에 큰 숫자를 가지고 오는 전략을 사용했습니다. 하지만 현재 가지고 올 수 있는 숫자 중에서 가장 큰 수를 가지고 오는 방법으로는 항상 이길 수 없습니다. 그러면 어떻게 해야 항상 이길 수 있을까요?

1라운드까지의 결과는 총 4가지가 나올 수 있습니다. 내가 2를 뽑거나 9를 뽑으면 상대방은 내가 2를 뽑았을때 7 또는 9를 뽑을 수 있고 내가 9를 뽑으면 상대방은 2 또는 4를 뽑을 수 있습니다.

나	상대방	1라운드 결과
2	7	패
2	9	패
9	2	승
9	4	승

1라운드를 내가 이겼다고 해서 모든 라운드(여기에서는 3라운드)가 종료된 후에 내가 최종 승리할 수 있느냐고 질문했을 때 항상 그렇지 않다는 것을 앞에서 알아보았습니다.

그러면 다음 라운드는 내가 이길 수 있는 숫자를 선택하는 전략으로 진행해 보겠습니다. 예를 들어 1라운드에서 내가 지더라도 2라운드에서는 내가 이길 수 있는 숫자를 1라운드에 선택을 하는 것입니다. 그러면 2라운드의 결과까지 예측을 한 후에 1라운드에 어떤 숫자를 가지고 올지 선택해 보도록 하겠습니다.

그렇다면 2라운드까지 진행한 결과를 먼저 생각해 보겠습니다. 1라운드는 나, 상대방 각각 고를 수 있는 숫자가 2개씩이므로 총 4가지 경우가 나올 수 있습니다. 2라운드가 시작했을 때 내가 고를 수 있는 숫자는 2가지이고 내가 2라운드에서 숫자를 고른 상황에서 상대방도 2가지 숫자를 고를 수 있기 때문에 2라운드까지의 모든 경우의 수는 $2 \times 2 \times 2 \times 2 = 2^4$이기 때문에 총 16가지 경우의 수가 나올 수 있습니다. 16가지를 하나하나 전부 해보면 가장 정확한 결과를 알 수 있겠지만, 하나씩 하기보다 문제에 전략적으로 접근해 보겠습니다. 일단 다시 처음으로 돌아와서 [2, 7, 40, 19, 4, 9]에서 숫자를 가지고 오는 경우부터 생각해 보겠습니다.

이번에는 현재 가장 큰 숫자뿐만 아니라 다음 라운드까지의 합이 커질 수 있는 경우를 뽑아 보겠습니다. 내가 2를 뽑으면 상대방은 [7, 40, 19, 4, 9] 중에 골라야 하기 때문에 7이나 9를 뽑을 수 있고 내가 9를 뽑으면 상대방은 [2, 7, 40, 19, 4] 중에 골라야 하기 때문에 2 또는 4를 뽑을 수 있습니다.

그러면 2를 뽑아 보겠습니다. 그러면 상대방은 [7, 40, 19, 4, 9] 중에 고를 수 있습니다. 여기에서 상대방이 9를 뽑는다고 가정한다면, 나는 [7, 40, 19, 4] 중에서 고를 수 있게 됩니다. 여기에서는 7을 골라 보겠습니다. 그러면 상대방은 [40, 19, 4] 중에 고를 수 있기 때문에 큰 수인 40을 고를 것입니다.

나	상대방
2 + 7 = 9	9 + 40 = 49

그러면 내가 고른 수의 총합은 9이고 상대방이 고른 수의 합은 49입니다. 숫자가 [19, 4] 이렇게 두 가지 남았습니다. 19가 더 크기 때문에 나는 19를 가지고 가고 상대방은 4를 가지고 갑니다.

나	상대방
2 + 7 + 19 = 28	9 + 40 + 4 = 53

두 번째 경우의 수를 생각해 보겠습니다. 내가 2를 뽑으면 상대방은 [7, 40, 19, 4, 9] 중에 골라야 합니다. 7, 9 중에 9가 더 크기 때문에 상대방은 9를 뽑을 수 있습니다. 여기에서 나는 [7, 40, 19, 4] 중에 골라야 합니다. 내가 7을 뽑으면 상대방은 40을 가지고 갈 수 있기 때문에 나에게 불리하다는 생각에 4를 가지고 갑니다. 상대방은 [7, 40, 19] 중에 골라야 합니다. 어떤 숫자를 가지고 가도 내가 40을 가지고 갈 수 있습니다. 그래서 상대방은 19를 가지고 갑니다.

나	상대방
2 + 4 = 6	9 + 19 = 28

다음 라운드까지 진행을 해 보겠습니다. 나는 [7, 40] 중에서 고를 수 있습니다. 40을 고릅니다. 상대방은 7만 남았기 때문에 7을 가지고 갑니다.

나	상대방
2 + 4 + 40 = 46	9 + 19 + 7 = 35

46 vs 35로 내가 이겼습니다.

자, 그럼 이번에는 [2, 7, 40, 19, 4, 9]에서 2 대신에 9를 고르는 경우를 생각해 보겠습니다. 내가 9를 고르면 상대방은 [2, 7, 40, 19, 4]에서 골라야 합니다. 2보다는 4가 더 크기 때문에 상대방은 4를 고른다고 가정을 해 보겠습니다. 나는 [2, 7, 40, 19] 중에 골라야 하는데 2보다는 19가 더 크기 때문에 19를 골라 보겠습니다. 상대방은 [2, 7, 40] 중에 골라야 합니다. 40이 더 크기 때문에 40을 고릅니다.

나	상대방
9 + 19 = 28	4 + 40 = 44

2라운드까지 결과는 28 vs 44로 내가 집니다. 다음 라운드까지 진행을 해 보겠습니다. 나는 [2, 7] 중에 고를 수 있고 7을 골라 보겠습니다. 그러면 상대방은 2만 남아 있기 때문에 2를 가져갈 수밖에 없습니다. 결과는 아래와 같이 됩니다.

나	상대방
9 + 19 + 7 = 35	4 + 40 + 2 = 46

35 vs 46이기 때문에 내가 집니다.

네 번째 경우의 수를 진행해 보겠습니다. [2, 7, 40, 19, 4, 9]에서 9를 먼저 뽑고 상대방은 [2, 7, 40, 19, 4]에서 2를 뽑습니다. 나는 [7, 40, 19, 4] 중에서 4를 뽑습니다. 그러면 상대방은 [7,

40, 19] 중에서 하나를 뽑을 수 있습니다. 하지만 어떤 것을 뽑더라도 상대방은 내가 40을 뽑는 것을 막을 수 없습니다. 그래서 그나마 득점을 많이 할 수 있는 19를 가져갑니다.

나	상대방
9 + 4	2 + 19

2라운드까지 진행했을 때 나는 13이고 상대방은 21입니다. 2라운드까지의 결과도 상대방이 우세합니다.

마지막 라운드를 진행해 보겠습니다. 나는 [7, 40] 중에서 한 가지 숫자를 고를 수 있습니다. 여기에서 40이 크기 때문에 40을 고르면 상대방은 7을 고를 수밖에 없습니다.

나	상대방
9 + 4 + 40	2 + 19 + 7

3라운드까지 진행했을 때 내 점수는 53이고 상대방은 28입니다. 2라운드까지는 내가 계속 불리했지만 최종 결과는 선을 잡은 내가 이길 수 있었습니다. 이것을 통해 첫 번째 라운드와 두 번째 라운드에서 상대방보다 점수가 높아도 최종 라운드에 승리하지 못할 수도 있다는 사실이 증명되었습니다.

1라운드에 나올 수 있는 경우의 수는 총 4가지입니다. 왜냐하면 첫 번째 플레이어가 선택할 수 있는 것이 두 가지이고 두 번째 플레이어도 또한 두 가지를 선택할 수 있기 때문에 총 4가지입니다. [2, 7, 40, 19, 4, 9]가 있을 때 첫 번째 플레이어는 2 또는 9를 고를 수 있고 첫 번째 플레이어가 가지고 간 숫자에 따라서 두 번째 플레이어가 선택할 수 있는 숫자는 7, 9, 2, 4로 4가지가 될 수 있습니다.

- 1라운드의 모든 경우의 수

나	상대방	남은 숫자
2	7	[40, 19, 4, 9]
2	9	[7, 40, 19, 4]
9	2	[7, 40, 19, 4]
9	4	[2, 7, 40, 19]

게임을 하는 첫 번째 플레이어는 값이 Vi인 i번째 숫자를 선택할 수 있습니다. 상대방은 (i+1)번째 숫자 또는 j번째 숫자를 선택할 수 있습니다. 상대방은 첫 번째 플레이어가 가장 작은 숫자를 선택하도록 플레이합니다.

예를 들면 배열 [2, 7, 40, 19, 4, 9]가 있을 때 첫 번째 플레이어가 i번째 숫자를 고른다면 i = 0이므로 2를 선택하게 되고 상대방은 i + 1은 1이므로 1번에 있는 값인 7 또는 j번째 숫자인 9를 선택할 수 있다는 뜻입니다.

11.2.3. 알고리즘 구현하기

숫자가 많으면 복잡하기 때문에 [2, 7, 40, 19]의 4가지 숫자로 먼저 진행해 보겠습니다. 표를 그리면서 이해가 훨씬 쉽기 때문에 여러분도 펜과 종이가 있다면 함께 그려보시기 바랍니다.

	1	2	3	4
1				
2				
3				
4				

[2, 7, 40, 19] 숫자가 이렇게 4개가 있지만 숫자 2 한 개만 있다고 가정해 보겠습니다. 그러면 플레이어가 나와 상대방 두 명이 있지만 내가 항상 선이기 때문에 내가 먼저 하나만 있는 2를 가지고 올 수 있습니다.

	1	2	3	4
1	(2,			
2				
3				
4				

상대방은 가져올 게 없기 때문에 0입니다.

	1	2	3	4
1	(2, 0)			
2				
3				
4				

이렇게 해서 2만 한 개 있을 때의 최적의 선택은 내가 2를 가지고 오는 것이고 상대방은 가지고 온 숫자가 없기 때문에 0이 되고 내가 승리를 합니다.

이제는 [2, 7, 40, 19] 중에 2번째 숫자인 7만 있다고 가정해 보겠습니다.

	1	2	3	4
1	(2, 0)			
2		(7		
3				
4				

두 번째 숫자이기 때문에 2번째 줄, 2번째 칸에 적겠습니다.

	1	2	3	4
1	(2, 0)			
2		(7, 0)		
3				
4				

역시나 숫자는 두 번째 숫자인 7 한 개밖에 없기 때문에 상대방은 가지고 올 숫자가 없습니다. 그래서 0입니다. 그러면 위와 같이 2행 2열에 (7, 0)이 기록되겠습니다.

	1	2	3	4
1	(2, 0)			
2		(7, 0)		
3			(40, 0)	
4				(19, 0)

계속해서 3번째 숫자, 4번째 숫자만 있다고 가정했을 때 3, 3에는 (40, 0), 4, 4에는 (19, 0)이 각각 들어가게 됩니다. 이번에는 [2, 7, 40, 19] 중에서 2와 7만 있다고 가정해 봅시다. 맨 처음에 2만 있을 때는 가지고 올 숫자가 2뿐이었지만 지금은 내가 2를 가지고 오면 상대방은 7을 가지고 가기 때문에 내가 이길 수 없습니다.

	1	2	3	4	전체 숫자 2, 7
1	(2, 0)	(7, 2)			
2		(7, 0)			인덱스 [2, 7, □ , □]
3			(40, 0)		
4				(19, 0)	

그래서 나는 2와 7 중에 큰 숫자인 7을 가지고 오고 상대방은 2를 줍니다. 2와 7 두 개의 숫자

만 있다면 7을 가지고 오는 것이 최적의 선택입니다.

마찬가지로 [2, 7, 40, 19] 중에서 두 번째와 세 번째 숫자인 7과 40만 있다고 가정해 봅시다.

	1	2	3	4	전체 숫자 7, 40
1	(2, 0)	(7, 2)			인덱스 [□, 7, 40, □]
2		(7, 0)	(40, 7)		
3			(40, 0)		
4				(19, 0)	

그러면 당연히 7보다 40이 크기 때문에 나는 40을 가지고 오면 되고 상대방은 7을 가져가게 두면 됩니다.

	1	2	3	4	전체 숫자 40, 19
1	(2, 0)	(7, 2)			인덱스 [□, □, 40, 19]
2		(7, 0)	(40, 7)		
3			(40, 0)	(40, 19)	
4				(19, 0)	

40, 19만 있다고 가정했을 때도 마찬가지입니다. 큰 숫자인 40을 내가 가지고 오면 됩니다.

11.2.4. 숫자가 3개 있는 경우

이번에는 숫자가 총 3개가 있다고 가정해 보겠습니다. [2, 7, 40, 19] 중에서 2, 7, 40 이렇게 세 가지 숫자가 있습니다. 여기에서는 내가 숫자를 선택할 때 기존에 구해 놓았던 숫자들을 기준으로 판단해 볼 수 있습니다.

2, 7, 40의 세 개 숫자가 있으면 물론 내가 먼저 선택을 하지만 상대방도 남겨진 숫자 중에서 선택을 할 수 있습니다. 어떤 경우가 나올 수 있는지 하나씩 살펴 보겠습니다. 룰은 역시나 똑같이 적용되기 때문에 맨 앞에 있는 숫자 또는 맨 뒤에 있는 숫자만 가지고 올 수 있습니다.

물론 40을 내가 가지고 오면 상대방이 뒤에 어떤 수를 가져오든 상관없이 내가 승리를 하겠지만 숫자가 2, 7, 40 말고도 여러 가지가 나올 수 있기 때문에 하나씩 생각해 보겠습니다.

먼저 맨 앞에 있는 2를 가지고 오겠습니다.

나	상대방
2	

내가 2를 가지고 오면 상대방은 7, 40 중에서 선택할 수 있습니다.

나	상대방
2	7

남은 7, 40 중에 앞에 있는 7을 가지고 간다면 40이 남게 되고, 내가 40을 가지고 오면 됩니다.

나	상대방
2 + 40 = 42	7

결과는 42대 7로 내가 승리를 합니다.

이런 방식으로 총 4가지 경우의 수가 있는데, 아래 그림과 같이 색으로 칠해진 칸의 숫자를 가져올 수 있습니다.

2	7	40	2 + 40 = 42 vs 7 승
2	7	40	2 + 7 = 9 vs 40 패
2	7	40	40 + 7 = 47 vs 2 승
2	7	40	40 + 2 = 42 vs 7 승

여기에서 실제로 나올 만한 경우의 수는 가장 마지막에 나오는 아래 경우가 될 것입니다.

| 2 | 7 | 40 | 40 + 2 = 42 vs 7 승 |

2, 7, 40 중에 내가 40을 가지고 상대방은 남은 2와 7 중에서 큰 숫자인 7을 가지고 가면 나는 다시 2를 가지고 오는, 최종적으로 내가 승리하는 경우입니다.

	1	2	3	4	전체 숫자 2, 7, 40
1	(2, 0)	(7, 2)	(42, 7)		인덱스 [2, 7, 40, □]
2		(7, 0)	(40, 7)		
3			(40, 0)	(40, 19)	
4				(19, 0)	

그러면 나는 40 + 2 = 42점이 되고 상대방은 7점이 됩니다. 그래서 (42, 7)이 최적의 선택 결과가 되겠습니다.

마찬가지로 7, 40, 19만 있다고 했을 때도 아래와 같이 4가지 경우가 나올 것입니다.

| 7 | 40 | 19 | 7 + 19 = 26 vs 40 |

| 7 | 40 | 19 | 7 + 40 = 47 vs 19 |

| 7 | 40 | 19 | 19 + 40 = 59 vs 7 |

| 7 | 40 | 19 | 19 + 7 = 26 vs 40 |

위와 같이 4가지 경우의 수 중에서 실제로 나오는 결과는 내가 7, 40, 19 중에 가지고 올 수 있는 큰 수인 19를 가지고 오면 상대방은 7과 40 중에서 큰 수인 40을 가져가고 나는 남은 7을 가지고 오는 경우의 수입니다.

그러면 19 + 7 = 26이 내 점수이고 상대방은 40을 가지고 가서 (26, 40)이 됩니다.

	1	2	3	4	전체 숫자 2, 7, 40
1	(2, 0)	(7, 2)	(42, 7)		
2		(7, 0)	(40, 7)	(26, 40)	인덱스 [2, 7, 40, □]
3			(40, 0)	(40, 19)	
4				(19, 0)	

여기까지는 눈에 보이고 계산이 되는 수준에서 최적의 결과를 찾아 보았습니다. 하지만 실제로 선택할 수 있는 숫자가 1개, 2개, 3개 이렇게 늘어남에 따라 나올 수 있는 경우의 수는 1개일 때는 1개, 2개일 때도 1개, 3개일 때는 4개, 이런 식으로 늘어납니다.

지금은 선택할 수 있는 숫자가 4개뿐이라서 이런 식으로 경우의 수를 하나씩 따져 가면서 구해 보았지만 게임의 룰상 짝수 개로 숫자가 주어질 것이기 때문에 4개, 6개, 8개 … 늘어남에 따라 구해야 하는 경우의 수가 계속 늘어납니다.

하지만 방법이 있습니다. 여기까지 했을 때 잘은 모르겠지만 규칙을 찾아볼 수 있을 것 같습니다. 위에서 (42, 7)의 결과를 냈을 때와 (26, 40)의 결과를 냈을 때 어떤 식으로 숫자가 선택이 되었는지를 거꾸로 생각해 보면 규칙을 찾아낼 수 있습니다.

11.2.5. 40을 가지고 오게 된 이유

42라는 결과는 2, 7, 40의 세 가지 숫자가 있을 때 40과 2를 선택해서 두 수를 더한 결과입니다. 그러면 40은 어떻게 나왔을까요? 2, 7, 40의 세 가지 숫자가 있을 때 게임의 룰은 맨 앞 또는 맨 뒤의 숫자를 가지고 오는 것이었습니다.

2 vs 40

이렇게 두 가지 숫자 중에서 큰 숫자를 가지고 온 결과입니다. 식으로 표현을 해 보면 max(2, 40) = 40입니다.

① 앞에서 가지고 올 것인지 뒤에서 가지고 올 것인지?

여기가 중요합니다. 가장 헷갈릴 만한 부분이 2, 7, 40에서 2를 어떻게 가지고 오게 되었느냐입니다. 이 위치는 아래 표에 표시한 1행 3열입니다. 다시 2, 7, 40에서 아직 아무 숫자도 선택하지 않은 상황으로 갑니다.

	1	2	3	4	전체 숫자 2, 7, 40
1	(2, 0)	(7, 2)			
2		(7, 0)	(40, 7)		인덱스 [2, 7, 40, □]
3			(40, 0)	(40, 19)	
4				(19, 0)	

2, 7, 40 중에서 40을 가지고 오는 것이 최선이라는 것을 위에서 알아보았습니다. 그리고 상대방은 7을 가지고 가고 나는 다시 남은 2를 가지고 옵니다.

나	상대방
40, 2	7

1행 3열의 결과를 놓고 보았을 때 내가 첫 번째로 뽑은 40은 [2, 7, 40]에서 왔습니다. 내가 두 번째로 뽑은 값은 2인데요. 2는 1행 2열 (7, 2) 중 두 번째 값입니다. 그리고 상대방이 뽑은 값은 1행 3열의 아래 칸인 2행 3열 (40, 7)의 두 번째 값입니다.

	1	2	3	4	전체 숫자 2, 7, 40
1	(2, 0)	(7, 2)	(42, 7)		
2		(7, 0)	(40, 7)		인덱스 [2, 7, 40, □]
3			(40, 0)	(40, 19)	
4				(19, 0)	

coins라는 변수에 2, 7, 40을 넣으면 아래와 같습니다.

```
coins = [2, 7, 40]
```

그리고 위 표를 dp라는 변수에 넣는다고 하면 dp[1][1] = (2, 0)이고 dp[1][2]는 (7, 2)입니다. 숫자가 3개가 있을 때 최적의 선택을 하려면 두 가지 경우의 수만 생각하면 됩니다. 왜냐하면 이미 앞에서 이전의 상황에 대해서는 계산을 끝내 놓았기 때문입니다.

coins = [2, 7, 40]에 대해서 앞에서 계산해 놓은 결과를 참고해 최적의 선택을 하겠습니다.

11.2.6. 2를 가지고 오는 경우

여기에서 우리가 선택할 수 있는 숫자는 2 또는 40, 두 가지입니다. 내가 2를 선택하면 상대방은 7, 40 중에 선택할 수 있습니다. 7, 40이 남았을 때 최적의 선택은 이미 앞에서 계산을 했습니다. 위 표를 기준으로 2행 3열에 (40, 7) 이렇게 계산하여 기록해 놓았습니다.

+, -, ×, /만 계산이 아니고 max()함수의 결과도 계산입니다. 7, 40만 있는 상태에서 내가 선이라면 40을 가지고 오고 상대방에게는 7을 준다는 계산 결과입니다. 이것을 상대방에게 적용을 했을 때 내가 2를 가지고 오면 상대방은 7, 40 중에 40을 가져간다는 말이 됩니다.

이것을 소스코드로 표현을 해 보겠습니다.

```
coins = [2, 7, 40]
coins[1] + dp[2][3].second = 2 + 7 = 9
```

위 표를 기준으로 표현을 했을 때 coins의 첫 번째이므로 coins[1]이고 값은 2입니다. 그리고 내가 2를 선택했기 때문에 7, 40이 남습니다. 7, 40에 대한 결과는 dp의 2행 3열에 있으므로 dp[2][3]입니다. dp[2][3]은 (40, 7)입니다. 여기에서 큰 숫자는 첫 번째에 있고 이것은 상대방이 가지고 갑니다. 그래서 나는 (40, 7) 중에 두 번째를 가지고 와서 7을 가지고 오게 됩니다.

그 결과 2와 7, 이렇게 두 개의 숫자를 내가 가지고 오게 되고 두 수의 합은 9입니다.

11.2.7. 40을 가지고 오는 경우

이제 두 번째 경우인 40을 가지고 오는 경우를 생각해 보겠습니다.

coins = [2, 7, 40]에서 세 번째에 있는 40을 가지고 오면 상대방은 2, 7 중에서 선택하게 됩니다. 2, 7만 있을 때 최적의 선택의 결과는 dp의 1행 2열에 있으므로 dp[1][2]입니다. dp[1][2]는 (7, 2)입니다. 여기에서 큰 숫자는 역시 첫 번째에 있는 7입니다. 이 숫자는 상대방이 가지고 갑니다. 나는 (7, 2) 중에 두 번째에 있는 2를 가지고 옵니다.

그 결과는 아래와 같습니다.

```
coins[3] + dp[1][2].second = 40 + 2 = 42
```

앞에서 했던 2를 먼저 가져오는 경우를 x에, 40을 먼저 가져오는 경우를 변수 y에 할당해 보겠습니다.

```
x = coins[1] + dp[2][3].second
y = coins[3] + dp[1][2].second
```

40을 먼저 가져오는 경우의 결과는 각각 7, 42 이렇게 나왔습니다. [2, 7, 40]만 있을 때 내가 40과 2를 가지고 오고 상대방은 내가 40을 가져갔을 때 [2, 7] 중에 최적의 선택을 할 것이기 때문에 7을 가지고 갑니다. 그리고 남은 2를 내가 가지고 옵니다. 그래서 x는 9이고 y는 42입니다.

그러면 1행 3열의 첫 번째 숫자는 max(42, 9)의 결과인 42가 됩니다.

	1	2	3	4	전체 숫자 2, 7, 40
					인덱스 [2, 7, 40, □]
1	(2, 0)	(7, 2)	(42,		
2		(7, 0)	(40, 7)		
3			(40, 0)	(40, 19)	
4				(19, 0)	

1행 3열 두 번째에 들어갈 숫자는 dp[1][2].first와 dp[2][3].first 중 작은 수가 되겠습니다. 각각 7과 40이기 때문에 min(7, 40)이면 7이 들어갑니다.

	1	2	3	4	전체 숫자 2, 7, 40
1	(2, 0)	(7, 2)	(42, 7)		인덱스 [2, 7, 40, □]
2		(7, 0)	(40, 7)		
3			(40, 0)	(40, 19)	
4				(19, 0)	

결과는 (42, 7)이 됩니다.

11.2.8. 7, 40, 19에서 최적의 선택은?

1행 3열을 42, 7로 채워 보았습니다. 이번에는 2행 4열을 채워볼 차례입니다. coins = [7, 40, 19] 이렇게 세 가지 숫자가 있을 때 최적의 선택은 어떻게 될까요?

	1	2	3	4	전체 숫자 7, 40, 19
1	(2, 0)	(7, 2)	(42, 7)		인덱스 [□, 7, 40, 19]
2		(7, 0)	(40, 7)		
3			(40, 0)	(40, 19)	
4				(19, 0)	

우리는 답이 (26, 40)이라는 것을 알고 있습니다. 이 결과를 가지고 바로 앞에서 찾아낸 식을 이용해 문제를 풀어 보겠습니다.

```
x = coins[1] + dp[2][3].second
y = coins[3] + dp[1][2].second
```

위 식은 1행 3열의 결과를 구하기 위한 식이기 때문에 2행 4열의 결과를 구할 때 그대로 적용할 수는 없습니다. 1행 3열의 결과를 구할 때는 2행 3열과 1행 2열을 참조해서 결과를 계산했습니다.

	1	2	3	4	전체 숫자 7, 40, 19
1	(2, 0)	(7, 2)	(42, 7)		
2		(7, 0)	(40, 7)		인덱스 [□, 7, 40, 19]
3			(40, 0)	(40, 19)	
4				(19, 0)	

하지만 2행 4열의 값을 구할 때는 2행 4열의 주변의 결과를 참고해서 구해야 합니다.

	1	2	3	4	전체 숫자 7, 40, 19
1	(2, 0)	(7, 2)	(42, 7)		
2		(7, 0)	(40, 7)		인덱스 [□, 7, 40, 19]
3			(40, 0)	(40, 19)	
4				(19, 0)	

참조할 곳은 2행 3열과 3행 4열입니다. coins = [7, 40, 19] 이렇게 3개만 가지고 구하기 때문에 coins에서 참조하는 인덱스는 1, 2, 3입니다. 숫자가 총 3개가 있을 때는 첫 번째 또는 세 번째이고 각각 값은 7, 19 중에서 선택할 수 있습니다.

이번에도 coins[1] 또는 coins[3]을 선택하는 두 가지 경우의 수가 있습니다. 각각을 x와 y에 저장해 보겠습니다.

x = coins[1]인 경우부터 해 보겠습니다. coins[1]은 7입니다. 내가 7을 골랐기 때문에 상대방은 40, 19 중에서 고를 수 있습니다. 40, 19일 때 최선의 선택에 대한 결과는 3행 4열에 있습니다. (40, 19)입니다. 첫 번째 값이 최적의 선택 결과입니다. 상대방은 첫 번째 값인 40을

가져갈 것이고 내가 가져올 수 있는 것은 두 번째에 있는 19입니다. 식으로 표현해 보면 x = coins[1] + dp[3][4].second입니다. x = 7 + 19이므로 26입니다.

y = coins[3]인 경우는 어떨까요? coins에서 세 번째에 있는 19를 내가 가지고 오는 경우입니다. 그러면 상대방은 7, 40 중에 선택해야 합니다. 7, 40에 대한 최적 선택 결과는 2행 3열에 있습니다. 2행 3열의 첫 번째에 있는 40이 최적의 선택 결과입니다. 상대방은 역시나 40을 가지고 갈 것이고 나는 남은 7을 가지고 올 수 있습니다. y = coins[3] + dp[2][3].second가 됩니다. y = 19 + 7이므로 26입니다.

dp[2][4] = max(26, 26)이므로 dp[2][4]의 첫 번째에 들어갈 값은 26입니다.

	1	2	3	4	전체 숫자 7, 40, 19
1	(2, 0)	(7, 2)	(42, 7)		인덱스 [□, 7, 40, 19]
2		(7, 0)	(40, 7)	(26,	
3			(40, 0)	(40, 19)	
4				(19, 0)	

2행 4열 두 번째에 들어갈 숫자는 dp[2][3].first와 dp[3][4].first 중 작은 수가 되겠습니다. 각각 40과 40이기 때문에 min(40, 40)이면 40이 들어갑니다.

	1	2	3	4	전체 숫자 7, 40, 19
1	(2, 0)	(7, 2)	(42, 7)		인덱스 [□, 7, 40, 19]
2		(7, 0)	(40, 7)	(26, 40)	
3			(40, 0)	(40, 19)	
4				(19, 0)	

2행 4열에 들어갈 결과는 (26, 40)입니다.

11.2.9. 2, 7, 40, 19에서 최적의 선택은?

이제 다 왔습니다. 1행 4열의 결과가 최종 결과가 될 것입니다. coins의 1번부터 4번까지 중에서 고릅니다.

coins = [2, 7, 40, 19]에서 coins의 첫 번째는 2이고 네 번째는 19입니다. 앞에서 구한 결과들을 정리해 보면 아래와 같습니다.

숫자가 1개일 때,
(1, 1)에는 coins의 1번부터 1번까지 중에서 골랐기 때문에 (2, 0)이 되었고
(2, 2)에는 coins의 2번부터 2번까지 중에서 골랐기 때문에 (7, 0)이 되었습니다.
마찬가지로 (3, 3)은 (40, 0)이고 (4, 4)는 (19, 0)입니다.

숫자가 2개일 때,
(1, 2)에는 coins의 1번부터 2번까지 중에서 골랐기 때문에 (7, 2)
(2, 3)에는 coins의 2번부터 3번까지 중에서 골랐기 때문에 (40, 7)
(3, 4)에는 coins의 3번부터 4번까지 중에서 골랐기 때문에 (40, 19)가 되었습니다.

숫자가 3개일 때,
(1, 3)에는 coins의 1번부터 3번까지 총 3개의 숫자 중에서 골랐기 때문에 (42, 7)
(2, 4)에는 coins의 2번부터 4번까지 총 3개의 숫자 중에서 골랐기 때문에 (26, 40)이 되었습니다.

다시 보니 규칙이 좀 보이시나요? 이 규칙들을 가지고 최종 결과인 coins = [2, 7, 40, 19]에서 최적의 선택을 해 보겠습니다.

	1	2	3	4	전체 숫자 2, 7, 40, 19
					인덱스 [2, 7, 40, 19]
1	(2, 0)	(7, 2)	(42, 7)		
2		(7, 0)	(40, 7)	(26, 40)	
3			(40, 0)	(40, 19)	
4				(19, 0)	

    내가 선이기 때문에 coins에 있는 4개의 숫자 중 고를 수 있는 것은 coins[1]인 2와 coins[4]인 19 두 가지입니다. 각각 x와 y 변수에 넣고 계산해 보겠습니다.

    x = coins[1]부터 해 보겠습니다. [2, 7, 40, 19]에서 첫 번째 2를 가지고 왔으니 상대방은 7, 40, 19에서 최적의 선택을 할 것입니다. 7, 40, 19에서 최적의 선택 결과는 2행 4열에 있습니다. 상대방은 첫 번째에 있는 19와 7의 합친 결과인 26을 가지고 갈 것이기 때문에 내가 가지고 올 수 있는 것은 dp[2][4].second인 40입니다. x를 식으로 만들어 보겠습니다.

```
x = coins[1] + dp[2][4].second
```

    y는 식으로 한 번에 적어 보겠습니다.

    y = coins[4] + dp[1][3].second가 되겠습니다. x는 2 + 40이므로 42이고 y는 19 + 7이므로 26입니다. 따라서 1행 4열의 첫 번째 들어갈 값은 max(42, 26)의 결과이므로 42가 됩니다.

	1	2	3	4	전체 숫자 2, 7, 40, 19
					인덱스 [2, 7, 40, 19]
1	(2, 0)	(7, 2)	(42, 7)	(42,	
2		(7, 0)	(40, 7)	(26, 40)	
3			(40, 0)	(40, 19)	
4				(19, 0)	

1행 4열의 두 번째에 들어갈 값은 dp[1][3].first와 dp[2][4].first 중 작은 값이므로 min(42, 26)의 결과인 26입니다.

	1	2	3	4	전체 숫자 2, 7, 40, 19
					인덱스 [2, 7, 40, 19]
1	(2, 0)	(7, 2)	(42, 7)	(42, 26)	
2		(7, 0)	(40, 7)	(26, 40)	
3			(40, 0)	(40, 19)	
4				(19, 0)	

결과는 (42, 26)이 되겠습니다.

11.2.10. 2, 7, 40, 19, 4, 9에서 최적의 선택은?

우리가 실제 풀어 보고 싶었던 것은 coins = [2, 7, 40, 19, 4, 9]입니다. 문제에서 제시한 상황은 숫자는 항상 짝수 개이고, 내가 먼저 선택할 수 있을 때 얻을 수 있는 최선의 결과를 찾는 것입니다.

coins = [2, 7, 40, 19]에서 최선의 선택을 했던 방법을 그대로 적용해서 coins = [2, 7, 40, 19, 4, 9]도 풀 수 있습니다. 물론 숫자의 수가 8, 10, 12 …일 때에도 모두 같은 로직으로 풀어낼 수 있습니다. 한번 풀어 보겠습니다.

여기에서는 숫자 개수를 저장하는 n이라는 변수도 사용해 보겠습니다. 숫자의 개수가 6개이기 때문에 n = len(coins)이므로 n = 6입니다. n × n의 표를 그려야 하기 때문에, 6 × 6의 표를 그리겠습니다. 인덱스는 코드로 구현할 것을 염두에 두고, 0번부터 시작하겠습니다.

	0	1	2	3	4	5
0						
1						
2						
3						
4						
5						

이 표는 dp라고 하겠습니다. dp는 (0, 0)부터 (5, 5)까지 주소를 가집니다.

■ 숫자가 1개일 때

coins = [2, 7, 40, 19, 4, 9]이므로 각각 값을 채워줍니다.

	0	1	2	3	4	5
0	(2, 0)					
1		(7, 0)				
2			(40, 0)			
3				(19, 0)		
4					(4, 0)	
5						(9, 0)

dp[j][j] = coins[j]

■ 숫자가 2개일 때

coins = [2, 7, 40, 19, 4, 9]에서 숫자가 두 개인 경우를 각각 적어 보겠습니다.

	0	1	2	3	4	5
0	(2, 0)	(7, 2)				
1		(7, 0)	(40, 7)			
2			(40, 0)	(40, 19)		
3				(19, 0)	(19, 4)	
4					(4, 0)	(9, 4)
5						(9, 0)

x, y 두 가지 변수를 사용해서 코드로 표현을 해 보면 아래와 같습니다.

```
x = max(coins[0], coins[1])
y = min(coins[0], coins[1])
```

숫자가 두 개뿐이기 때문에 두 숫자 중 큰 숫자를 첫 번째에 쓰고 작은 숫자는 두 번째에 쓰면 됩니다.

```
dp[0][1] = (x, y) -> (7, 2)
dp[1][2] = (40, 7)
dp[2][3] = (40, 19)
dp[3][4] = (19, 4)
dp[4][5] = (9, 4)
```

■ 숫자가 3개일 때

숫자가 3개인 경우는 coins = [2, 7, 40, 19, 4, 9]에서 총 4가지가 나옵니다. [2, 7, 40], [7, 40, 19], [40, 19, 4], [19, 4, 9]입니다.

	0	1	2	3	4	5
0	(2, 0)	(7, 2)				
1		(7, 0)	(40, 7)			
2			(40, 0)	(40, 19)		
3				(19, 0)	(19, 4)	
4					(4, 0)	(9, 4)
5						(9, 0)

숫자가 3개인 경우부터는 앞에서 찾아낸 dp를 참조하는 식을 사용하면 됩니다. 0행 2열의 첫 번째 값부터 채워 보겠습니다. 우리는 앞에서 결과를 구해 보았기 때문에 42라는 것을 알고 있습니다.

coins = [2, 7, 40, 19, 4, 9]에서 0번부터 2번까지 인덱스만 사용합니다. 첫 번째로 뽑을 값은 coins[0], coins[2] 중에서 고를 수 있습니다. 두 가지 경우의 수가 나오는데 x와 y변수를 사용해 보겠습니다.

```
x = coins[0]
y = coins[2]
```

	0	1	2
0	(2, 0)	(7, 2)	
1		(7, 0)	(40, 7)

그리고 앞에서 계산한 결과를 참조할 때는 coins[0]인 경우는 dp[1][2].second를 참조하고 coins[2]인 경우는 dp[0][1].second를 참조합니다.

```
x = coins[0] + dp[1][2].second
y = coins[2] + dp[0][1].second
```

x는 2 + 7이므로 9이고 y는 40 + 2이므로 42입니다. 즉, dp[0][2].first = max(42, 9)이므로 42가 됩니다.

■ 숫자가 3개일 때 상대방

dp[0][2].second도 구해 보겠습니다.

	0	1	2
0	(2, 0)	(7, 2)	(42,
1		(7, 0)	(40, 7)

dp[0][2].second = min(dp[0][1].first, dp[1][2].first)가 되기 때문에, dp[0][2].second = min(7, 40)이므로 7입니다.

	0	1	2	3	4	5
0	(2, 0)	(7, 2)	(42, 7)			
1		(7, 0)	(40, 7)			
2			(40, 0)	(40, 19)		
3				(19, 0)	(19, 4)	
4					(4, 0)	(9, 4)
5						(9, 0)

즉, dp[0][2] = (42, 7) 입니다.

11.2.11. dp[1][3] 구하기

dp[0][2]를 구했으니 dp[1][3]도 구해 보겠습니다.
dp[1][3]은 dp[0][2]와 비교했을 때, 행의 좌표가 0에서 1이 되었고, 열의 좌표는 2에서 3이 되었습니다. 이 부분을 소스코드로 표현할 수 있어야 알고리즘을 짤 수 있습니다. 하지만 이 부분을 정확하게 이해하고 떠올리는 것은 쉬운 일이 아닙니다. 그래도 차근차근 하나씩 풀어 보겠습니다.

coins = [2, 7, 40, 19, 4, 9]일 때,
dp[0][2]를 구할 때는 coins에서 0번부터 2번까지 사용해서 [2, 7, 40]을 사용하였습니다.
dp[1][3]을 구할 때는 coins에서 1번부터 3번까지 사용해서 [7, 40, 19]를 사용합니다.
그리고 참조하는 곳도 바뀝니다. dp[0][2]를 구할 때는 dp[1][2]와 dp[0][1]을 사용했습니다.

dp[1][3]을 구할 때는 행, 열의 인덱스를 한 개씩 늘려서 사용합니다. 차례대로 dp[2][3]과 dp[1][2]를 사용합니다.

	0	1	2	3
0	(2, 0)	(7, 2)	(42, 7)	
1		(7, 0)	(40, 7)	
2			(40, 0)	(40, 19)
3				(19, 0)

coins = [2, 7, 40, 19, 4, 9]일 때 coins[1], coins[2], coins[3]을 사용합니다. [7, 40, 19]입니다. 첫 번째 순서에서 고를 수 있는 것은 coins[1], coins[3]입니다. 각각 x와 y변수를 사용해서 식을 세워 보면 아래와 같습니다.

```
x = coins[1] + dp[2][3].second
y = coins[3] + dp[1][2].second
dp[1][3].first = max(x, y)
```

두 번째 값은 아래 식으로 구할 수 있습니다.

```
dp[1][3].second = min(dp[2][3].first, dp[1][2].first)
```

계산해 보겠습니다.

dp[1][3].first = max(7 + 19, 19 + 7)
dp[1][3].first = 26

dp[1][3]의 첫 번째 값은 26입니다.

dp[1][3].second도 구해 보겠습니다. dp[1][3].second = min(40, 40)이므로 dp[1][3].second = 40입니다. 결과는 dp[1][3] = (26, 40)입니다.

	0	1	2	3	4	5
0	(2, 0)	(7, 2)	(42, 7)			
1		(7, 0)	(40, 7)	(26, 40)		
2			(40, 0)	(40, 19)		
3				(19, 0)	(19, 4)	
4					(4, 0)	(9, 4)
5						(9, 0)

이제 규칙이 보이는 것 같습니다.

dp[0][2]의 행 번호를 j라고 하면 j = 0입니다. 마찬가지로 dp[1][3]의 행 번호를 j라고 하면 j = 1입니다. j는 1씩 늘어납니다. 그리고 열 번호도 2에서 3으로 1만큼 늘어납니다. 그래서 열 번호도 j를 이용해 표현할 수 있습니다. dp[j][j + 2]처럼 행 번호는 j로 열 번호는 j + 2로 표현이 가능합니다.

```
x = coins[0] + dp[1][2].second
y = coins[2] + dp[0][1].second
dp[0][2].first = max(x, y)
```

위의 식에서 사용된 행 번호와 열 번호를 j로 표현해 보면 아래와 같습니다.

```
x = coins[j] + dp[j + 1][j + 2].second
y = coins[j + 2] + dp[j][j + 1].second
dp[j][j + 2].first = max(x, y)
```

마찬가지로 두 번째 값을 구하는 식도 j를 이용해 표현해 보겠습니다.

두 번째 값을 구하는 식입니다.
```
dp[0][2].second = min(dp[0][1].first, dp[1][2].first)
```

j를 이용하여 다시 표현해 보겠습니다.
```
dp[j][j + 2].second = min(dp[j][j + 1].first, dp[j + 1][j + 2].first)
```

11.2.12. 식으로 j = 2, j = 3일 때 결과 구하기

j가 0일 때와 j가 1일 때 각각 결과는 (42, 7), (26, 40)이었습니다. 나머지 j = 2, j = 3일 때 결과도 구해 보겠습니다.

j = 2일 때,
```
x = coins[j] + dp[j + 1][j + 2].second
y = coins[j + 2] + dp[j][j + 1].second
dp[j][j + 2].first = max(x, y)

dp[j][j + 2].second = min(dp[j][j + 1].first, dp[j + 1][j + 2].first)
```

j가 2이므로, j에 모두 2를 넣겠습니다.
```
x = coins[2] + dp[3][4].second
y = coins[4] + dp[2][3].second
dp[2][4].first = max(x, y)
```

dp[2][4].second = min(dp[2][3].first, dp[3][4].first)

	3	4
2	(40, 19)	
3	(19, 0)	(19, 4)

j = 2
coins = [2, 7, 40, 19, 4, 9]
dp[2][4].first = max(40 + 4, 4 + 19)
dp[2][4].second = min(40, 19)

dp[2][4] = (44, 19)

같은 방식으로 j = 3인 경우를 구하겠습니다.

	4	5
3	(19, 4)	
4	(4, 0)	(9, 4)

j = 3
coins = [2, 7, 40, 19, 4, 9]
dp[3][5].first = max(19 + 4, 9 + 4)
dp[3][5].second = min(19, 9)

dp[3][5] = (23, 9)

■ 숫자 3개인 경우의 결과

	0	1	2	3	4	5
0	(2, 0)	(7, 2)	(42, 7)			
1		(7, 0)	(40, 7)	(26, 40)		
2			(40, 0)	(40, 19)	(44, 19)	
3				(19, 0)	(19, 4)	(23, 9)
4					(4, 0)	(9, 4)
5						(9, 0)

11.2.13. 숫자를 4개 사용하는 경우

숫자를 3개 사용하는 경우부터는 똑같습니다. 바로 아래 칸과 바로 왼쪽 칸의 결과만 참조해서 구하면 되기 때문입니다.

	0	1	2	3	4	5
0	(2, 0)	(7, 2)	(42, 7)			
1		(7, 0)	(40, 7)	(26, 40)		
2			(40, 0)	(40, 19)	(44, 19)	
3				(19, 0)	(19, 4)	(23, 9)
4					(4, 0)	(9, 4)
5						(9, 0)

하지만 숫자를 3개 사용할 때와 4개 사용할 때 달라지는 점이 한 가지 있습니다. 이 부분까지 생각해서 변수로 처리해 주어야 합니다. 숫자를 3개 사용할 때는 coins[0], coins[2] 이 중에서 뽑을 수 있었지만, 숫자를 4개 사용한다면 coins = [2, 7, 40, 19]의 맨 앞과 맨 뒤에서 뽑을 수 있으므로 coins[0], coins[3] 중에서 가지고 올 수 있습니다.

그렇다면 0, 3의 첫 번째에 들어갈 값을 구할 때의 식이 0, 2의 첫 번째에 들어갈 값을 구할 때의 식과 달라지는 부분이 있습니다.

숫자를 3개 사용할 때는 아래의 식을 사용해서 구했습니다.

```
x = coins[j] + dp[j + 1][j + 2].second
y = coins[j + 2] + dp[j][j + 1].second
dp[j][j + 2].first = max(x, y)
```

x를 구할 때는 coins[0]을 골랐고 y일 때는 coins[2]를 골랐습니다. 하지만 숫자가 4개일 때는 coins[0]은 똑같지만 coins[2] 대신 coins[3]을 가지고 와야 합니다.

(0, 3)을 구할 때 (1, 3)과 (0, 2)를 참조해야 합니다.

	0	1	2	3
0	(2, 0)	(7, 2)	(42, 7)	
1		(7, 0)	(40, 7)	(26, 40)

숫자를 4개 사용할 때는 아래의 식을 이용합니다.

```
j = 0
x = coins[j] + dp[j + 1][j + 3].second
y = coins[j + 3] + dp[j][j + 2].second
dp[j][j + 3].first = max(x, y)
```

숫자 3개를 사용할 때와 4개를 사용할 때 달라진 부분을 표로 정리해 보겠습니다. 숫자 4개에서는 j + 2였던 식이 j + 3이 되었습니다. j + 1이었던 식은 j + 2가 되었습니다.

숫자 개수(i)	j + i	j + i - 1
3	j + 2	j + 1
4	j + 3	j + 2
5	j + 4	j + 3

j + 2, j + 3, j + 4일 때 2, 3, 4를 i로 표현을 해 보겠습니다.

```
j = 0
x = coins[j] + dp[j + 1][j + i].second
y = coins[j + i] + dp[j][j + i - 1].second
dp[j][j + i].first = max( x, y )
```

그러면 위의 식이 됩니다. 위 식이 이번 문제를 풀어낼 최종 알고리즘입니다.

숫자 3개를 사용할 때는([2, 7, 40]) j와 j + 2를 사용합니다.

숫자 4개를 사용할 때는([2, 7, 40, 19]) j와 j + 3을 사용합니다.

숫자 5개일 때는 j와 j + 4를 사용할 것이고 숫자 6개를 사용할 때는 j와 j + 5를 사용할 것입니다. 숫자가 3개일 때부터 위 로직이 적용됩니다.

11.2.14. 코드로 구현하기

위에서 알아보았듯이 최적 전략(Optimal Strategy) 알고리즘 숫자가 1개일 때, 2개일 때, 3개 이상일 때를 나누어서 구현해야 합니다.

여기에서 우리가 변수로 다루어줄 것은 coins, j, i, n입니다. j는 coins의 인덱스이고 i는 숫자의 개수, n은 coins의 전체 숫자의 개수입니다. 이 변수들이 어떻게 변화가 되면서 답이 나오는지를 로직으로 표현해 보겠습니다.

11.2.15. 함수 선언하고 n 구하기

먼저 함수를 정의합니다. 함수 이름은 optimal_strategy로 하겠습니다. 파라미터로는 coins

를 받습니다. coins는 현재 주어진 숫자들입니다. 2, 7, 40, 19 이렇게 4개만 가지고 진행해 보겠습니다. 4개만 있어도 1개인 경우, 2개인 경우, 3개인 경우가 포함되어 있습니다.

```python
def optimal_strategy(coins):
    n = len(coins)
    print("n:", n)
    return 0

coins = [2, 7, 40, 19]
result = optimal_strategy(coins)

print(result)
```

◇ 결과

```
n: 4
0
```

◇ 결과 해석

n은 coins의 개수이므로 4가 됩니다. 그리고 0은 return을 0으로 했기 때문에 0이 나왔습니다.

11.2.16. 4 × 4의 표 만들기(dp)

앞에서 결과를 저장하는 dp라는 표를 만들어서 계산에 활용했습니다. 파이썬에도 같은 방식으로 표를 구현하려면 리스트 안에 리스트가 들어가는 형태로 만들 수 있습니다. len(coins)가 4이기 때문에 n = 4로 4 × 4 배열을 만들어 주겠습니다. 그리고 숫자 0으로 초기화하겠습니다. 물론 0 대신에 None을 넣어도 상관없습니다.

```python
dp = [[0] * n for i in range(n)]
```

위 코드를 이용해서 만들 수 있습니다.

```
def optimal_strategy(coins):
    n = len(coins)
    dp = [[0] * n for i in range(n)]
    print(dp)
    return 0


coins = [2, 7, 40, 19]
result = optimal_strategy(coins)

print(result)
```

⊘ 결과

[[0, 0, 0, 0], [0, 0, 0, 0], [0, 0, 0, 0], [0, 0, 0, 0]]
0

지금은 아래와 같은 표가 만들어졌습니다.

	0	1	2	3
0				
1				
2				
3				

다이내믹 프로그래밍 알고리즘은 앞에서 연산했던 결과를 표에 넣고, 다음 연산 때 앞의 값을 참고하면서 연산 횟수를 줄이는 것입니다. 그래서 지금처럼 앞에 했던 연산 결과를 기록할 수 있는 배열을 만들어, 계산에 활용해야 합니다.

11.2.17. 숫자가 1개만 있는 경우

앞에서는 최적 전략(Optimal Strategy) 알고리즘을 풀어갈 준비를 했습니다. n에 coins의 개수를 세서 넣고 n × n개의 칸이 있는 dp 테이블도 만들었습니다.

이번에는 앞에서 이야기했던 숫자가 1개 있을 때, 2개 있을 때, 3개 이상일 때의 로직 중에 숫자가 1개만 있는 경우를 구하는 로직을 만들어 보겠습니다. 연산을 통해 얻은 결과는 dp에 넣을 것입니다. coins = [2, 7, 40, 19]이기 때문에 dp 배열에는 아래와 같이 데이터가 들어갈 것입니다.

	0	1	2	3
0	(2, 0)			
1		(7, 0)		
2			(40, 0)	
3				(19, 0)

그리고 이 알고리즘에서 사용되는 변수는 coins, n, j, i입니다. 앞에서 이야기했듯이 coins 배열의 인덱스가 j이기 때문에 coins[j]를 사용하여 코드를 작성해 보겠습니다.

```python
def optimal_strategy(coins):
    n = len(coins)
    dp = [[0] * n for i in range(n)]

    # 숫자가 1개만 있는 경우
    for j in range(0, n):
        dp[j][j] = (coins[j], 0)

    print(dp)
    return 0
```

```
coins = [2, 7, 40, 19]
result = optimal_strategy(coins)

print(result)
```

◯ 결과

```
[
[(2, 0), 0, 0, 0],
[0, (7, 0), 0, 0],
[0, 0, (40, 0), 0],
[0, 0, 0, (19, 0)]
]
0
```

◯ 결과 해석

도서의 가독성을 높이기 위해, print(dp)가 원래는 [[(2, 0), 0, 0, 0], [0, (7, 0), 0, 0], [0, 0, (40, 0), 0], [0, 0, 0, (19, 0)]]과 같이 한 줄로 나오지만 엔터를 쳐서 결과에 넣었습니다.

코드를 실행한 결과와 위에 그려 놓은 표의 결과가 일치하는지 한번 확인해 보시면, dp의 0행 0열에는 (2, 0)이 들어있고 dp의 3행 3열에는 (19, 0)이 들어있습니다.

■ 숫자가 2개만 있는 경우

2, 7, 40, 19의 4가지 숫자가 있지만 이번에는 (2, 7), (7, 40), (40, 19) 이렇게 두 개씩만 있다고 가정한 경우 그 결과를 dp에 기록하는 코드를 만들어 보겠습니다. 예를 들어 2와 7, 두 개의 숫자만 있다고 가정한다면 큰 값이 무엇인지 바로 알 수 있습니다. 2와 7 중에는 7이 큰 숫자이기 때문에 결과는 (7, 2)가 될 것입니다.

이와 같은 방식으로 표를 채워본다면, 그 결과는 다음과 같을 것입니다.

	0	1	2	3
0	(2, 0)	(7, 2)		
1		(7, 0)	(40, 7)	
2			(40, 0)	(40, 19)
3				(19, 0)

숫자를 뽑을 때 coins[j]를 이용해서 뽑습니다. 숫자가 한 개만 있을 때는 coins[j]만 이용했지만 지금은 숫자가 두 개이기 때문에 coins[j], coins[j + 1] 두 가지를 사용합니다.

그리고 max()와 min()을 이용합니다. 숫자가 두 개이기 때문에 max(), min()을 쓰면 큰 값과 작은 값을 뽑는 데에 문제가 없습니다.

```python
def optimal_strategy(coins):
    n = len(coins)
    dp = [[0] * n for i in range(n)]

    # 숫자가 1개만 있는 경우
    for j in range(0, n):
        dp[j][j] = (coins[j], 0)

    # 숫자가 2개만 있는 경우
    for j in range(0, n - 1):
        first = max(coins[j], coins[j + 1])
        second = min(coins[j], coins[j + 1])
        dp[j][j + 1] = (first, second)

    print(dp)
    return 0

coins = [2, 7, 40, 19]
```

```
result = optimal_strategy(coins)

print(result)
```

◎ 결과

```
[
[(2, 0), (7, 2), 0, 0],
[0, (7, 0), (40, 7), 0],
[0, 0, (40, 0), (40, 19)],
[0, 0, 0, (19, 0)]
]
0
```

11.2.18. 숫자가 3개 이상인 경우

이 구간이 이 알고리즘의 핵심입니다. 로직으로 보면 두 줄이지만, 이 두 줄의 한 바이트 (byte) 한 바이트에 깊은 의미가 들어있습니다.

여기서 가장 어려운 부분을 꼽자면, 첫 번째 숫자와 마지막 숫자를 어떻게 표현할 것인가입니다. 결론부터 말씀드리면 coins[j]와 coins[j + 1]입니다. 알고리즘을 구현할 때 변수를 적게 사용하면 사용할수록 공간 복잡도가 줄어들기 때문에 좋지만, 여기서는 여러분의 이해를 돕기 위해 coin_left와 coin_right를 이용했습니다. 최종 결과는 40 + 2 = 42 vs 19 + 7 = 26으로 결과는 다음과 같습니다.

	0	1	2	3
0	(2, 0)	(7, 2)	(42, 7)	(42, 26)
1		(7, 0)	(40, 7)	(26, 40)
2			(40, 0)	(40, 19)
3				(19, 0)

```
x = coins[j] + dp[j + 1][j + i].second
y = coins[j + i] + dp[j][j + i - 1].second
```

이 로직을 이용하여 숫자가 3개 이상인 경우를 구할 수 있습니다.

```python
def optimal_strategy(coins):
    n = len(coins)
    dp = [[0] * n for i in range(n)]

    # 숫자가 1개만 있는 경우
    for j in range(0, n):
        dp[j][j] = (coins[j], 0)

    # 숫자가 2개만 있는 경우
    for j in range(0, n - 1):
        first = max(coins[j], coins[j + 1])
        second = min(coins[j], coins[j + 1])
        dp[j][j + 1] = (first, second)

    # 숫자가 3개 이상인 경우
    for i in range(2, n):
        for j in range(0, n - i):
            coin_left = coins[j]
            coin_right = coins[j + i]
            x = coin_left + dp[j + 1][j + i][1]
            y = coin_right + dp[j][j + i - 1][1]
            second = min(dp[j + 1][j + i][0], dp[j][j + i - 1][0])
            dp[j][j + i] = (max(x, y), second)
    print(dp)
    return dp[0][n - 1]
```

```
coins = [2, 7, 40, 19]
result = optimal_strategy(coins)

print(result)
```

◎ 결과
```
[
[(2, 0),  (7, 2),   (42, 7),  (42, 26)],
[0,       (7, 0),   (40, 7),  (26, 40)],
[0,       0,        (40, 0),  (40, 19)],
[0,       0,        0,        (19, 0)]
]
(42, 26)
```

◎ 결과 해석

dp[0][3]에 결과가 들어있습니다. 이것을 리턴해 줍니다. 이렇게 해서 최적 전략 알고리즘 코드 작성까지 완료했습니다.

11.3. 최소 비용 경로(Min Cost Path)

다이내믹 프로그래밍의 대표적인 문제들 중 유명한 문제는 바로 '최소 비용 경로'입니다.

요즘 지도 어플리케이션의 길찾기 기능이 잘되어 있습니다. 예를 들어 우리가 강남역에서 종로역까지 갈 때 버스를 타고 가면 몇 번을 갈아타야 하고 비용은 얼마이며, 시간은 얼마나 걸리는지를 알려줍니다. 또는 지하철을 타고 가면 환승은 몇 번 해야 하고 비용과 시간은 얼마나 걸리는지 환승 횟수, 비용, 시간 등을 점수로 매겨 최적의 경로를 추천해 주는 거죠. 각 요소를 기준으로 최소 거리, 최소 환승, 최소 비용으로 탐색하는 옵션도 있습니다. 기준에 따라 최적의 길을 찾아주는 이 길찾기 기능이 바로 '최소 비용 경로' 알고리즘을 기초로 만들어졌습니다.

이렇게 생각하니, 대단한 알고리즘이라 여겨질 수 있지만 이 기능을 단순화시킨 문제를 풀어보며 쉽게 접근해 보겠습니다.

> **문제**
>
> 다음과 같이 cost[m][n]의 행렬(matrix)이 있을 때 (0, 0)에서 (2, 2)로 가는 최소 비용을 구해 보세요.
>
> | 1 | 3 | 2 |
> |---|---|---|
> | 4 | 6 | 2 |
> | 1 | 2 | 4 |
>
> 표의 각 칸에 쓰여 있는 것은 비용입니다.
>
> 출발을 (0, 0)인 1에서 출발해서 (2, 2)인 4까지 가는 방법 중 비용이 최소로 나오는 경우의 비용을 구하는 알고리즘을 만들어 보세요.
>
> ex) 1 → 3 → 2 → 4일 때 최소 비용 10
>
> 이동 방법: 한 칸씩 움직여야 하며 오른쪽, 아래쪽 또는 대각선 오른쪽 아래 이렇게 3가지 방법뿐입니다. 왼쪽으로 가거나 위로 갈 수는 없습니다.

이 문제는 1 → 6 → 4 이렇게 이동하면 세 칸만 밟고 이동해서 가장 칸을 적게 경유해서 가겠지만, 각 칸에 적힌 숫자를 만약 걸리는 시간이라고 한다면 1 → 6 → 4는 1 + 6 + 4 = 11로 11시간이 걸리기 때문에 1 → 3 → 2 → 4의 1 + 3 + 2 + 4 = 10시간보다 1시간이 더 걸리게 됩니다.

이런 식으로 많은 경우의 수가 존재하는 문제일수록 우리가 하나씩 계산을 하기가 어렵고, 계산을 하더라도 누락시키는 경로가 생기기 때문에 알고리즘을 제대로 활용해서 문제를 풀어야 합니다.

11.3.1. 최소 비용은 어떻게 구할까요?

출발을 (0, 0)인 1에서 출발해서 (1, 1)인 6까지 가는 방법은 총 3가지입니다.

1	3
4	6

각 칸에 써있는 숫자는 해당 칸을 밟았을 때의 비용입니다.

첫번째 1에서 3을 거쳐서 6을 가는 방법 입니다.
(색칠한 칸이 거쳐 지나가는 칸들 입니다.)

비용 : 1 + 3 + 6 = 10

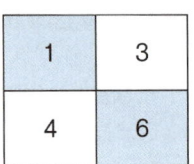

두번째 1에서 6으로 바로 가는 방법입니다.

비용 : 1 + 6 = 7

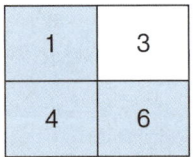

세번째 1에서 4를 거쳐서 6으로 가는 방법입니다.

비용 : 1 + 4 + 6 = 11

각각의 비용은 첫 번째 10, 두 번째 11, 세 번째 7입니다.

이렇게 4칸만 주어졌을 경우, 1에서 대각선 방향에 있는 6으로 가는 비용이 최소 비용의 길입니다. 하지만 칸 수가 많아지고 조금 더 멀리 가야 하는 경우에는 다른 길이 비용이 더 적게 들 수 있습니다.

문제에서는 (0, 0)에서 (2, 2)까지의 최소 비용을 구하라는 것이 문제 입니다,

1	3	2
4	6	2
1	2	4

비용: 1 + 3 + 2 + 4 = 10

답은 1 → 3 → 2 → 4 이렇게 거쳐서 가는 것이 비용이 10으로 가장 최소 비용입니다.

1	3	2
4	6	2
1	2	4

비용: 1 + 6 + 4 = 11

1 → 6 → 4 이렇게 가면 거리는 3칸만 밟기 때문에 가장 적게 밟고 가지만 비용은 1 + 6 + 4 = 11이므로 1 → 3 → 2 → 4 순으로 갔을 때의 비용인 10보다 크기 때문에 비용이 적게 나오는 길은 아닙니다.

때로는 돌아가는 것이 더 적은 비용이 든다는 것을 알고리즘에서도 배울 수 있는 문제인 것 같습니다.

그러면 이 문제는 어떻게 풀어야 할까요? 가장 단순한 방법은 전수 조사를 하는 방법이 있습니다. (0, 0)에서 (2, 2)까지 갈 때 최소로 밟아야 하는 칸은 1 → 6 → 4로 최소 3칸 입니다. 그래서 3칸을 밟고 가는 경우, 4칸을 밟고 가는 경우, 5칸을 밟고 가는 경우 이렇게 3가지를 나눠서 찾아볼 수 있습니다.

1	3	2
4	6	2
1	2	4

세 칸을 밟고 가는 경우는 이렇게 한 가지밖에 없지만, 네 칸을 밟고 가는 경우는 더 많습니다.

1 → 3 → 6 → 4
1 → 3 → 2 → 4
1 → 4 → 6 → 4
1 → 4 → 2 → 4

다섯 칸을 밟고 가는 경우는 네 칸을 밟고 가는 경우보다 더 많습니다.

1 → 3 → 2 → 2 → 4
1 → 3 → 6 → 2 → 4
1 → 3 → 6 → 2 → 4(2, 1)을 거쳐 가는 경우
1 → 4 → 1 → 2 → 4
1 → 4 → 6 → 2 → 4
1 → 4 → 6 → 2 → 4(1, 2)를 거쳐 가는 경우

길이 좀 더 멀어지고 많아진다면 나올 수 있는 경우의 수도 훨씬 많이 늘어날 것입니다.

전수 조사는 모든 경우의 수를 다 구하는 방법입니다. 이렇게 칸이 9개만 있을 때는 모든 경우의 수를 구하는 데에 시간이 얼마 안 걸리겠지만 100 × 100칸이 있는 문제를 풀어야 할 경우에 모든 경우의 수를 구하려면 CPU가 아무리 빨라도 시간이 많이 걸립니다. 하지만 다행히도 이 문제에서 연산 횟수를 줄일 수 있는 방법이 있습니다. 특정 길을 지나서 가는 문제이기 때문에 앞에서 나올 수 있는 몇 가지 경우의 수 중 최소 비용이 들었던 길을 선택해야 합니다. 무슨 말인지 이해가 어려울 수 있으니, 바로 문제를 풀어 보겠습니다.

그러면 3 × 3의 칸이 아니라 2 × 2일 때와 2 × 3 일때 두 가지를 생각해 보겠습니다. 먼저 2 × 2일 때의 최소 비용을 구해 보겠습니다.

1	3
4	6

앞에서 한번 언급했듯이 1에서 6까지 가는 방법은 총 3가지가 있습니다. 이 중에 가장 적은 비용이 드는 방법은 1 → 6으로 한 번에 가는 방법입니다.

이번에는 2 × 3일 때 최소 비용을 구해 보겠습니다.

1	3	2
4	6	2

1 → 3 → 2
최소비용 : 6

2행 3열의 경우 맨 왼쪽 위인 1에서 맨 오른쪽 아래 2로 가는 1 → 3 → 2의 경로가 최소 경로로, 최소 비용은 6입니다.

1	3	2
4	6	2

1 → 6 → 2
최소비용 : 9

1 → 6 → 2의 길로 가는 방법도 있지만 이 길은 비용이 9가 들기 때문에 비용이 6인 1 → 3 → 2를 통해 가는 방법이 더 비용을 줄일 수 있습니다.

이번에는 앞에서 2 × 3칸일 때 최소 비용이 드는 경로를 구해 본 것을 가지고 3 × 3일 때 맨 오른쪽 아래 칸까지 가는 경우의 수를 살펴보겠습니다.

	2,2	2,3
	3,2	3,3

1 → 6 → 2
최소비용 : 9

(3, 3)에 도착하고자 할 때 우리는 반드시 (2, 2), (2, 3), (3, 2)의 세 칸 중에 한 군데를 거쳐서 와야 합니다. 그러면 이 세 칸 중에서 가장 비용이 적게 들었던 칸을 통해 (3, 3)으로 온다면 비용이 최소가 될 수 있습니다.

우리가 앞에서 구해 보았듯이 (2, 2)까지 오는 최소 비용은 1 → 6 을 거쳐서 오기 때문에 7이었고, (2, 3)까지 오는 최소 비용은 1 → 3 → 2를 거쳐서 오므로 6입니다. 앞에서 구해 보지는 않았지만 (3, 2)까지 오는 비용은 1 → 4 → 2를 거쳐서 오므로 7입니다.

칸	거쳐온 길	비용
(2, 2)	1 → 6	7
(2, 3)	1 → 3 → 2	6
(3, 2)	1 → 4 → 2	7

(2, 2), (2, 3), (3, 2)까지 오는데 최소 비용이 드는 경로는 1 → 3 → 2를 거쳐서 온 (2, 3)입니다.

1	3	2
4	6	2
1	2	4

이동 경로
1 → 3 → 2 → 4
비용 : 10

(2, 3)에서 (3, 3)을 가는 것이 최소 비용이며 값은 10입니다.

코드로 구현하기 전에, 최소 비용은 구하고 결정할 때, 어디를 참조해야 하는지 알아보려면 단계별로 최소 비용을 기록해 놓는 곳이 필요합니다. 그래서 최소 비용 경로 문제를 코딩할 때는 보통 dp라는 변수를 만들어서 사용합니다. 책에서는 문제의 경로 칸과 똑같이 3 × 3칸의 매트릭스를 만들어서 기록해 보겠습니다.

여기서 '전 단계의 결과를 기록해두면 전 단계의 계산을 반복할 필요가 없어, 연산 횟수를 줄일 수 있다'는 생각을 하실 수 있을 겁니다. 하지만 다이내믹 프로그래밍 문제 자체가 낯선 분에게는 무엇을 기록해야 할지 떠올리는 것도 어려운 일이죠. 그렇기 때문에 다이내믹 프로그래밍 문제를 5개 정도 풀어보면서 감을 익히시기를 권장합니다.

11.3.2. 단계별로 기록하기

앞에서 (3, 3)까지 가는 선택을 할 때 2 × 2일 때와 2 × 3일 때의 최단 거리를 구해 보았습니다. 이번에는 단계별로 1 × 1, 1 × 2, 1 × 3, 2 × 1, 2 × 2, 2 × 3, 3 × 1, 3 × 2, 3 × 3일 때의 최단 거리를 기록해 보겠습니다.

먼저 단계별 결과를 기록해 둘 3 × 3의 표를 만들겠습니다. 한 가지 팁을 드리자면, 다이내믹 프로그래밍 방법을 적용해서 문제를 풀 때는 단계별로 필요한 만큼만 생각하는 것이 좋습니다. 여기서 우리가 풀어야 할 문제는 3 × 3의 매트릭스에서 최단 경로를 찾는 것이지만, 1 × 1과 같이 한 단계씩만 생각하면 됩니다.

■첫 번째 행 계산하기

첫 번째 행부터 보겠습니다. 열은 1개만 있는 1 × 1로 가정합니다. 1 × 1인 경우에는 (1, 1)에서 (1, 1)로 가기 때문에 1, 1의 비용인 1을 dp[1][1]에 기록하면 됩니다.

첫 번째 칸만 밟기 때문에 비용이 1입니다. 경우의 수도 이것 하나뿐이므로 최소 비용 역시 1입니다. 1 × 2의 경우도 마찬가지로 1 → 3의 한 가지 경우의 수밖에 없기 때문에 최소 비용은 4입니다. dp[1][2]에 4라고 기록합니다.

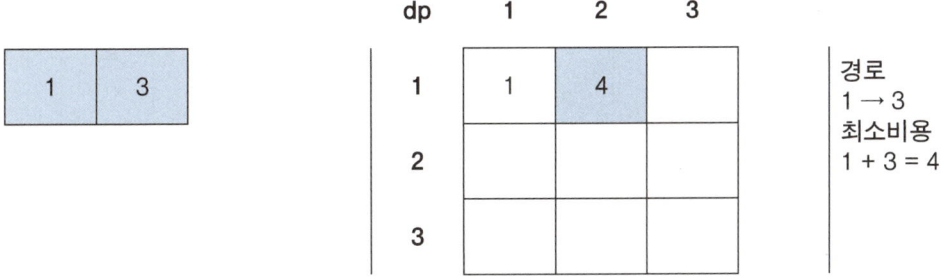

1 × 3도 마찬가지로 1 → 3 → 2의 한 가지 경우의 수 밖에 없기 때문에 최소 비용은 6입니다. dp[1][3]에 6이라고 기록합니다.

dp	1	2	3
1	1	4	6
2			
3			

경로
1→3→2
최소비용
1+3+2=6

이렇게 해서 첫 번째 행의 최소 비용 계산을 마쳤습니다. 첫 번째 행은 경우의 수가 각자 한 개밖에 없기 때문에 단순하게 정리가 되었습니다.

■ **두 번째 행까지 계산하기**

두 번째 행만 계산하는 것이 아니고 첫 번째 행까지 포함하는 최소 비용을 계산합니다. 한 개씩 하면서 어떻게 진행되는지 첫 번째 행만 있을 때 계산하는 것과는 어떻게 다른지 알아보겠습니다.

이번엔 1 × 1과 2 × 1만 있다고 가정해 보겠습니다. 그러면 1행에는 1만, 2행에는 4만 있어, 이동 경로가 (1, 1)에서 한 칸 아래인 (2, 1)로 움직이는 방법밖에 없습니다.

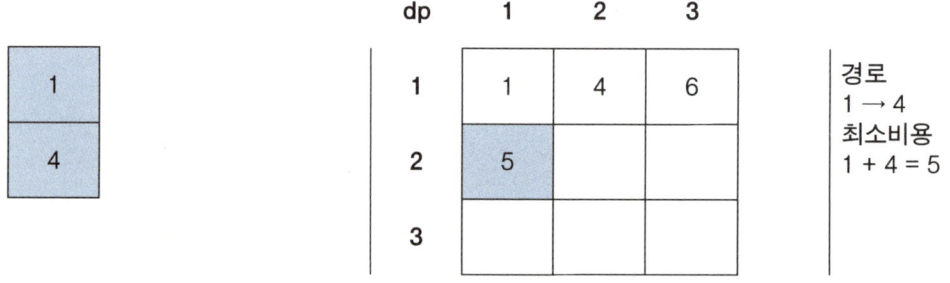

이때, 비용은 1 + 4로 5입니다. 그리고 다른 경우의 수가 없기 때문에 최소 비용도 5입니다.

이제는 2 × 2를 해 보겠습니다. 2 × 2일 때는 경우의 수가 여러 가지가 나옵니다. 1 × 1, 1 × 2, 1 × 3, 2 × 1까지는 경우의 수가 한 가지밖에 없지만 2 × 2는 앞에서 구해 보았듯이 총 3가지가 나올 수 있습니다.

각각의 비용은 아래와 같이 10, 11, 7입니다.

1 + 3 + 6 = 10

1 + 4 + 6 = 11

1 + 6 = 7

이 세 가지 중 최소 비용은 1, 6 두 칸만 밟고 가는 7입니다.

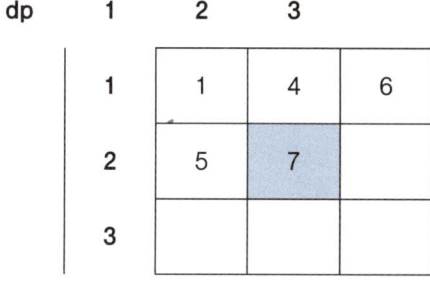

여기에서 우리가 생각해 볼 것이 있습니다. 위에서 (3, 3)까지 최소 비용은 (2, 2), (2, 3), (3, 2)중 최소 비용인 칸을 지나 오는 것이었습니다.

	2,2	2,3
	3,2	3,3

이 규칙은 2 × 2일 때도 동일하게 적용됩니다.

1,1	1,2
2,1	2,2

(1, 1), (1, 2), (2, 1) 중 비용이 최소인 칸을 거쳐, 최소 비용이 7입니다.
(1, 1), (1, 2), (2, 1) 각 칸의 최소 비용은 우리가 앞에서 모두 구했습니다.

경로에서는 아래 색칠한 부분입니다.

dp	1	2
1	1	4
2	5	

각 칸은 선택지가 한 개씩밖에 없었기 때문에 그 한 개가 최소 비용입니다. 1, 4, 5 이 세 가지 값 중 가장 작은 값인 1이 있는 자리인 1, 1을 거쳐서 오는 것이 최소 비용으로 (2, 2)에 도착할 수 있습니다. 따라서 (2, 2)에 기록될 값은 min(1, 4, 5) + matrix[2][2]가 됩니다. matrix[2][2] 는 6이므로 비용은 7이 됩니다.

동일한 방법을 적용해서 2 × 3의 최소 비용을 구하겠습니다. 전 단계에서 계산한 3개의 값 중 가장 작은 값을 찾으면 됩니다.

dp	1	2	3
1	1	4	6
2	5	7	

(1, 2), (1, 3), (2, 2)까지 가는데 각각의 최소 값은 4, 6, 7입니다. 이 중 가장 작은 것은 4입니다. (1, 1) → (1, 2)를 거쳐서 (2, 3)까지 오는 것이 최소 비용 6으로 가장 적은 비용이 듭니다.

matrix

1	3	2
4	6	2

dp	1	2	3
1	1	4	6
	5	7	6

경로
1 → 3 → 6
최소비용
1 + 3 + 2 = 6

앞에 2 × 2일 때는 (1, 1)에서 대각선 방향인 (2, 2)로 오는 것이 최소 비용이었지만 2 × 3인 경우에는 2 × 2와는 다르게 6이 쓰여 있는 (2, 2)를 거치지 않고 3이 쓰여 있는 (1, 2)를 거쳐 왔습니다. 여기까지 1~2행까지 있는 경우를 구해 보았습니다.

■ 세 번째 행까지 계산하기

세 번째 행도 3 × 1부터 시작합니다. 열이 1개밖에 없기 때문에 dp에서 왼쪽 칸은 없고 왼쪽 칸이 없기 때문에 왼쪽 위 칸도 없습니다.

코딩을 해서 알고리즘을 구현할 때도 이 점을 꼭 반영해 주어야 합니다. 행을 i, 열은 j라고 했을 때 왼쪽 열을 참조하는 코드는 dp[i][j - 1]입니다. 인덱스상 첫 번째 칸은 0번이기 때문에 j 자리에 0이 들어간다면 -1이 됩니다. 하지만 인덱스에는 -값이 없기 때문에 index out of range 에러가 날 수 있습니다. 그렇기 때문에 if j < 1 조건을 코드에 꼭 추가해 주시기 바랍니다.

1	
4	
1	

dp	1	2	3
1	1	4	6
2	5	7	6
3	6		

경로
1 → 4 → 1
최소비용
1 + 4 + 1 = 6

열이 한 개밖에 없기 때문에 1 → 4 → 1 순으로 가게 되어서 최소 비용은 6입니다.
3 × 2일 때는 어떻게 될까요? 앞에서 했던 대로 min(5, 7, 6)에 (3, 2)를 더하면 됩니다.

1	3
4	6
1	2

dp	1	2	3
1	1	4	6
2	5	7	6
3	6	7	

경로
1 → 4 → 2
최소비용
1 + 4 + 2 = 7

5	7
6	

5, 7, 6 중에 가장 작은 값은 5입니다. 이 방법을 이용하면 아무리 매트릭스에 숫자가 많아도 한 칸의 값을 구할 때 값을 3개만 확인하면 됩니다. 최소 비용은 5 + 2이므로 7입니다.

마지막입니다. 3 × 3인 경우를 해 보겠습니다.

1	3	2
4	6	2
1	2	4

dp	1	2	3
1	1	4	6
2	5	7	6
3	6	7	

경로
1 → 4 → 1
최소비용
1 + 4 + 1 = 6

이 칸에 들어갈 값을 구하면 됩니다. 앞에서 최소 비용을 계산하면서 왔기 때문에 역시나 세 칸만 보면 됩니다.

7	6
7	

7, 7, 6 중에 최솟값은 6입니다. 6은 2행 3열까지 오는데 최소 비용이며 3행 3열의 최소 비용은 6 + 4 = 10이 됩니다.

dp	1	2	3
1	1	4	6
2	5	7	6
3	6	7	10

위 dp 매트릭스 기준으로 (3, 3)에 올 수 있는 곳 중에 비용이 가장 작은 곳은 (2, 3) 6이고 (2, 3)을 오기 전 거쳐올 수 있는 곳 중 가장 비용이 적은 곳은 비용이 4인 (1, 2)입니다. 결국, (1, 1) → (1, 2) → (2, 3) → (3, 3) 이 순서로 오는 것이 가장 비용이 적게 들고 그 비용은 10입니다.

그러면 위 알고리즘을 파이썬 코드로 구현해 보겠습니다.

11.3.3. 코드로 최소 비용 알고리즘 구현하기

이제 위에서 만들었던 알고리즘을 코드로 구현해 보겠습니다. 함수 이름은 get_min_cost이고 파라미터로는 매트릭스(matrix)를 받는 함수를 만듭니다. matrix는 [[], [], []]형태로 리스트 안에 리스트가 있는 형태입니다.

```python
def get_min_cost(matrix):
    n = len(matrix)
    dp = [[0] * n for i in range(n)]
    
    for row in dp:
        print(row)
    
    return 0

matrix = [
    [1,3,2],
    [4,6,2],
    [1,2,4]
]
print(get_min_cost(matrix))
```

✅ 결과
```
[0, 0, 0]
[0, 0, 0]
```

```
[0, 0, 0]
0
```

> ⓘ 결과 해석

결과는 0, 0, 0이 들어있는 리스트 3개가 출력되었습니다. 모든 값을 0으로 초기화시킨 dp에서 한 줄씩 출력했기 때문에 이렇게 나온 것입니다.

11.3.4. 첫 번째 칸에 표시하는 로직

중첩 for문을 이용해 i, j가 움직입니다. 여기에서는 0, 0부터 2, 2까지 움직입니다. 가로로 세 번씩, 세로로 세 번씩 총 9칸을 움직입니다.

dp	0	1	2
0	1		
1			
2			

i는 행이고 j는 열입니다. i == 0이고 j == 0일 때는 한 번이긴 하지만 처리해 줍니다. 왼쪽, 왼쪽 위, 위쪽을 참조할 일이 없기 때문에 matrix[0][0]의 값 그대로 dp에 들어가면 됩니다.

```
---- 중략 ----
n = len(matrix)
dp = [[0] * n for i in range(n)]

# i는 행, j는 열
for i in range(n):
    for j in range(n):
```

```
        if i == 0 and j == 0:
            dp[i][j] = matrix[i][j]
---- 중략 ----
```

◉ 결과

```
[1, 0, 0]
[0, 0, 0]
[0, 0, 0]
0
```

◉ 결과 해석

if i == 0 and j == 0일 때 dp[0][0]에 matrix[0][0]에 들어있는 값인 1을 넣어주도록 했습니다. 처음에 밟는 칸이기 때문에 matrix[0][0]에 있는 값을 그대로 넣어주었습니다.

11.3.5. 첫 번째 줄에 표시하는 로직

앞에서 첫 칸을 밟는 경우인 i = 0, j = 0일 때를 처리했습니다. 이제는 첫 번째 줄을 처리해야 합니다. 첫 번째 줄은 참조할 수 있는 칸이 왼쪽 칸뿐입니다. i = 0, j = 0은 이미 처리했기 때문에 두 번째 칸부터는 이 로직이 실행될 것입니다.

첫 번째 줄은 아래와 같이 1, 3, 2입니다.

[1, 3, 2]

| 1 | 3 | 2 | → | 1 | 4 | 6 |

위와 같이 1, 3, 2의 3개 값만 있는 경우 각 칸에 갈 수 있는 최소 비용은 1, 4, 6이 됩니다. 표에 옮겨 보면 아래와 같습니다.

dp	0	1	2
0	1	4	6
1			
2			

```
---- ... ----
for i in range(n):
    for j in range(n):
        if i == 0 and j == 0:
            dp[i][j] = matrix[i][j]
        elif i == 0 and j > 0:
            dp[i][j] = dp[i][j - 1] + matrix[i][j]
---- ... ----
```

◎ 결과

```
[1, 4, 6]
[0, 0, 0]
[0, 0, 0]
0
```

◎ 결과 해석

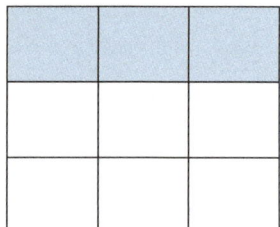

맨 윗줄의 경우는 i는 0 고정이고 j만 바뀝니다. j == 0일 때는 이미 처리를 했으니 j > 0인 경우부터 처리를 하기 때문에 조건은 elif i == 0 and j > 0입니다.

i == 0이고 j == 1인 경우는 dp[0][0] + matrix[0][1]입니다. 각각의 값은 1, 3이므로 1 + 3이 되어 dp(0, 1)의 값은 4가 됩니다.

i == 0이고 j == 2인 경우는 dp[0][1] + matrix[0][2]입니다.

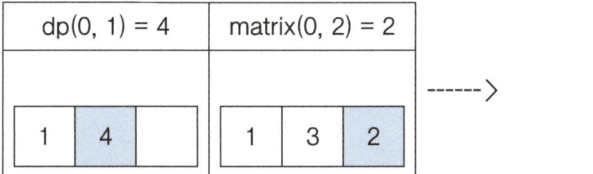

각각의 값은 4, 2이므로 4 + 2는 6이 되어 dp[0][2]는 6이 됩니다.

11.3.6. j = 0일 때 처리하기

가장 왼쪽 열은 인덱스가 0번이기 때문에 왼쪽 열이 없습니다. 가장 왼쪽 열에 있는 칸은 위에 있는 칸만 참조할 수 있습니다. 그래서 i > 0 and j == 0 도 따로 처리해 주어야 합니다.

dp	0	1	2
0	1	4	6
1	5		
2	6		

코드는 아래와 같이 열인 j는 0으로 고정이고 i만 바뀌는 경우입니다.

```
---- ... ----
for i in range(n):
    for j in range(n):
        if i == 0 and j == 0:
            dp[i][j] = matrix[i][j]
        elif i == 0 and j > 0:
            dp[i][j] = dp[i][j - 1] + matrix[i][j]
        elif i > 0 and j == 0:
            dp[i][j] = dp[i - 1][j] + matrix[i][j]
---- ... ----
```

◉ 결과

```
[1, 4, 6]
[5, 0, 0]
[6, 0, 0]
0
```

◉ 결과 해석

i > 0 and j == 0이 조건에 걸리는 경우는 i가 1일 때와 2일 때입니다.

i == 0이고 j == 1일 때, matrix[1][0]은 4이고 dp[0][0]은 1이므로 dp[1][0]은 5가 됩니다.

마찬가지로 j == 0일 때는 참조할 칸이 위 칸뿐입니다.

	dp(1, 0) = 5			matrix(2, 0) = 1				dp(2, 0) = 6		
	1	4	6	1	3	2	------>	1	4	6
	5			4				5		
				1				6		

dp[1][0]은 방금 구한 5이고 matrix[2][0]은 1이므로 5 + 1 = 6이 됩니다.

11.3.7. i > 0 and j > 0일 때 처리하기

앞에서 3가지 경우의 수를 처리해 주었기 때문에 나머지는 모두 i > 0 and j > 0에 해당합니다. 지금은 3 × 3의 행렬이지만 5 × 5, 1000 × 1000이어도 2번째 행, 2번째 열 이상은 모두 이 로직에서 처리됩니다.

dp	0	1	2
0	1	4	6
1	5	7	6
2	6	7	10

앞에서 만들었던 3가지 경우와 다른 점은 참고할 값이 총 3개라는 것입니다. 위 표 기준으로 1, 1의 값 7은 (0, 0), (0, 1), (1, 0)의 3개 값 중 최솟값인 1에 matrix[1][1]의 값인 6을 더해서 1 + 6 = 7이 된 것입니다. 이 로직을 코드로 표현하면 아래와 같습니다.

```
dp[i][j] = min(
    dp[i - 1][j - 1],
    dp[i - 1][j],
    dp[i][j - 1]) + matrix[i][j]
```

i, j를 기준으로 왼쪽, 왼쪽 위, 위쪽 이렇게 3가지 값 중 최솟값을 찾은 후 matrix[i][j]를 더하는 로직이 되겠습니다. 코드에 적용해 보겠습니다.

```python
def get_min_cost(matrix):
    n = len(matrix)
    dp = [[0] * n for i in range(n)]
    for i in range(n):
        for j in range(n):
            if i == 0 and j == 0:
                dp[i][j] = matrix[i][j]
            elif i == 0 and j > 0:
                dp[i][j] = dp[i][j - 1] + matrix[i][j]
            elif i > 0 and j == 0:
                dp[i][j] = dp[i - 1][j] + matrix[i][j]
            elif i > 0 and j > 0:
                dp[i][j] = min(
                    dp[i - 1][j - 1],
                    dp[i - 1][j],
                    dp[i][j - 1]) + matrix[i][j]

    for row in dp:
        print(row)

    return dp[n -1][n - 1]

matrix = [
    [1, 3, 2],
    [4, 6, 2],
    [1, 2, 4]
]
print(get_min_cost(matrix))
```

⊘ 결과

```
[1, 4, 6]
[5, 7, 6]
[6, 7, 10]
10
```

⊘ 결과 해석

결과로 우리가 예상했던 10이 나왔습니다.

dp[1][1]은 dp의 기록에서 dp[1][1]까지 오기 위해 밟아야 하는 최소의 칸이어야 합니다.

dp(0, 0) = 1	matrix(1, 1) = 6		dp(1, 1) = 7
1 4 6 / 5 _ _ / 6 _ _	1 3 2 / 4 6 _ / 1 _ _	------>	1 4 6 / 5 7 _ / 6 _ _

1, 4, 5 이렇게 세 개의 칸 중 비용이 1인 dp[0][0]이 가장 작기 때문에 1 + matrix[1][1]로 dp[1][1]까지 오는 비용은 7입니다. 같은 방법으로 dp[1][2]는 6이고 dp[2][1]은 7이 됩니다.

dp(1, 2) = 6	matrix(2, 2) = 4		dp(2, 2) = 10
1 4 6 / 5 7 6 / 6 7 _	1 3 2 / 4 6 2 / 1 2 4	------>	1 4 6 / 5 7 6 / 6 7 10

dp[2][2]는 7, 7, 6 중 최솟값인 6과 matrix[2][2]인 4를 더한 값인 10이 됩니다. 이렇게 해서 최소 비용 경로 문제까지 풀어 보았습니다.

찾아보기

한글

ㄱ~ㅅ

괄호	133
내림차순	274
다이내믹 프로그래밍(Dynamic Programming)	352
단순 탐색(심플 서치, Simple Search)	257
딕셔너리(Dictionary)	180
딥러닝	28
리스트	40, 107
무차별 대입법(브루트 포스, Brute Force)	96
반복문	34
배열	40, 107
배수(multiple)	67
버블정렬(Bubble Sort)	274
변수	36
셋(set)	52
소수(Prime)	212
스택(Stack)	106

ㅇ~ㅎ

알고리즘	24
에라토스테네스의 체	215
연산자	60
예약어	114
오름차순	274
오픈 어드레싱(Open addressing)	192
이진 탐색(바이너리 서치, Binary Search)	260
인공지능	110
인덱스	35
재귀(Recursive)	304
재귀함수(Recursive Function)	305
정렬(Sort)	274
중간값	263
체이닝(Chaining)	198
초기화 작업	37
최대공약수(Greatest Common Divisor)	344
최소 비용 경로(Min Cost Path)	420
최적 전략(Optimal Strategy)	380
코딩 테스트	25
퀵 정렬(Quick Sort)	295
큐(Queue)	106
클라우드	27
탈출 조건	308, 324, 342
파라미터	60
피보나치 수열	331
팩토리얼(Factorial)	327
해시(Hash)	178
해시 충돌(Hash Collision)	188

영문

A~L

| accumulate | 322 |

append()	40	range()	35
Big-O 표기법(O표기법)	80	RecursionError: maximum recursion depth exceeded	308, 338
break	145		
comprehension	42	remainder(나머지)	59
Counter	46	re.split()	170
datetime	152	split()	148
datetime.now()	232	sqrt()	223
def __init__(self):	114	swap	48
exit()	311	SyntaxError: 'return' outside function	163
for each	55	temp 변수	49
from <파일명> import <클래스명>	158	type()	112
IndexError: list assignment index out of range	38	while	77, 128. 146. 233, 240, 269
IndexError: list index out of range	314		
IndexError: pop from empty list	55, 321		

기호

IndexError: string index out of range	139
join()	148
LCS(Longest Common Subsequence)	353
len()	33

/ 연산자	71
// 연산자	72
[:i], [i:]	135
.empty()	128
.items()	47, 210
.peek()	129
.pop()	111, 118
.push()	114
% 연산자	60
_collections.deque	112

M ~ Z

max	78
memo	372
min	78
not	113
quota(몫)	59
raise Exception()	127

에필로그

알고리즘은 꾸준하고, 지속적으로 공부해야 합니다. 이 책을 다 읽는 것에 그치지 마시고 꾸준히 공부하시기 바랍니다. code up(https://codeup.kr/), 프로그래머스(https://programmers.co.kr/) 등 여러분의 실력보다 한 단계 높은 레벨의 문제를 풀어 보시기 바랍니다. 오래 걸려도 괜찮습니다. 여러분이 직접 끝까지 문제를 풀어보세요. 풀이법이 떠오르지 않아서 도움을 받아 참고해서 문제를 풀었다면, 비슷한 다른 문제를 풀어 온전히 여러분의 것으로 만드시기 바랍니다.

알고리즘이 실무와는 다소 동떨어져 있는 것처럼 느껴질 수 있습니다. 하지만 여러분이 알고리즘을 공부하면서 알게 된 퍼포먼스 개선 방법들을 실무의 실제 코드에 적용해 보시기 바랍니다. 학생분들은 애플리케이션을 구현해 보는 것을 추천합니다. 웹 앱, 임베디드 앱 등 실제 애플리케이션을 개발해 보시기 바랍니다. 이미 현업의 개발자라면, 이 책에서 새로 알게 된 내용을 개발 중인 애플리케이션에 적용해 보시기 바랍니다.

저는 알고리즘을 공부하고 나서 애플리케이션의 병목구간(느려지는 구간)을 하드웨어나 다른 인프라를 늘리지 않고도 여러 번 빠르게 만들었습니다. 만약 알고리즘을 공부하지 않았다면 하드웨어를 늘리거나 다른 인프라를 활용하는 식으로 퍼포먼스 개선했을 것입니다. 알고리즘을 배워 적용한 것만으로, 하드웨어 비용도 절약하고 인프라를 복잡하게 만들지 않고도 문제를 해결할 수 있었던 거죠.

하지만 여러분, 알고리즘이 너무 어렵다고 혹은 다른 사람들만 잘하는 것처럼 보인다고 실망하지 않기를 바랍니다. 사실 대부분의 알고리즘은 애플리케이션이나 라이브러리에 이미 구현된 것이 많습니다. 자동차에서 엔진을 만드는 부서가 아니라고 해서, 자동차를 만드는 사람이 아니라고 말할 수 없습니다. 자동차에 들어가는 각종 부품부터, 디자인, 마케팅 등 다양한 업무가 있기 때문입니다. 특히 요즘엔 전기차까지 나오면서 배터리나 자율주행 등 엔진보다 중요한 분야가 생기고 있죠.

여러분이 열심히 노력해서 배운 것들은 언젠가는 사용할 곳이 있기 때문에 알고리즘에만 너무 집착하지 않아도 됩니다. 알고리즘 말고도 지금 여러분이 할 수 있는 것을 열심히 하시면 그것만으로도 충분히 가치가 있다는 것을 잊지 마시기 바랍니다. 진심으로 여러분을 응원합니다.

파이썬으로 익히는 말랑말랑 알고리즘

차근차근 설명하고 막힘없이 이해하는 알고리즘

초판 1쇄 발행　2022년 01월 27일

지은이　김경록
펴낸이　김범준
기획/책임편집　오소람
교정교열　이현혜
편집디자인　나은경
표지디자인　주현아

발행처　비제이퍼블릭
출판신고　2009년 05월 01일 제300-2009-38호
주　소　서울시 중구 청계천로 100 시그니쳐타워 서관 10층 1060호
주문/문의　02-739-0739　　**팩스**　02-6442-0739
홈페이지　http://bjpublic.co.kr　**이메일**　bjpublic@bjpublic.co.kr

가　격　30,000원
ISBN　979-11-6592-106-4
한국어판 © 2022 비제이퍼블릭

이 책은 저작권법에 따라 보호받는 저작물이므로 무단 전재와 무단 복제를 금지하며,
내용의 전부 또는 일부를 이용하려면 반드시 저작권자와 비제이퍼블릭의 서면 동의를 받아야 합니다.

잘못된 책은 구입하신 서점에서 교환해드립니다.

소스코드 다운로드 | https://bjpublic.tistory.com/434